古今易學要籍選刊

讀易詳説

〔宋〕李　光／撰

林日波／點校

上海古籍出版社

圖書在版編目(CIP)數據

讀易詳説/(宋)李光撰;林日波點校. —上海:
上海古籍出版社, 2022.6 (2025.5重印)
(古今易學要籍選刊)
ISBN 978-7-5732-0269-7

Ⅰ.①讀… Ⅱ.①李… ②林… Ⅲ.①《周易》—研究 Ⅳ.①B221.5

中國版本圖書館CIP數據核字(2022)第094419號

讀易詳説

(宋)李 光 撰

林日波 點校

上海古籍出版社出版發行

(上海市閔行區號景路159弄1-5號A座5F 郵政編碼201101)

(1)網址: www.guji.com.cn

(2)E-mail: guji1@guji.com.cn

(3)易文網網址: www.ewen.co

浙江臨安曙光印務有限公司印刷

開本 890×1240 1/32 印張 10.625 插頁 4 字數 214,000

2022年8月第1版 2025年5月第3次印刷

印數: 2,101—2,700

ISBN 978-7-5732-0269-7

B·1257 定價: 52.00元

如有質量問題,請與承印公司聯繫

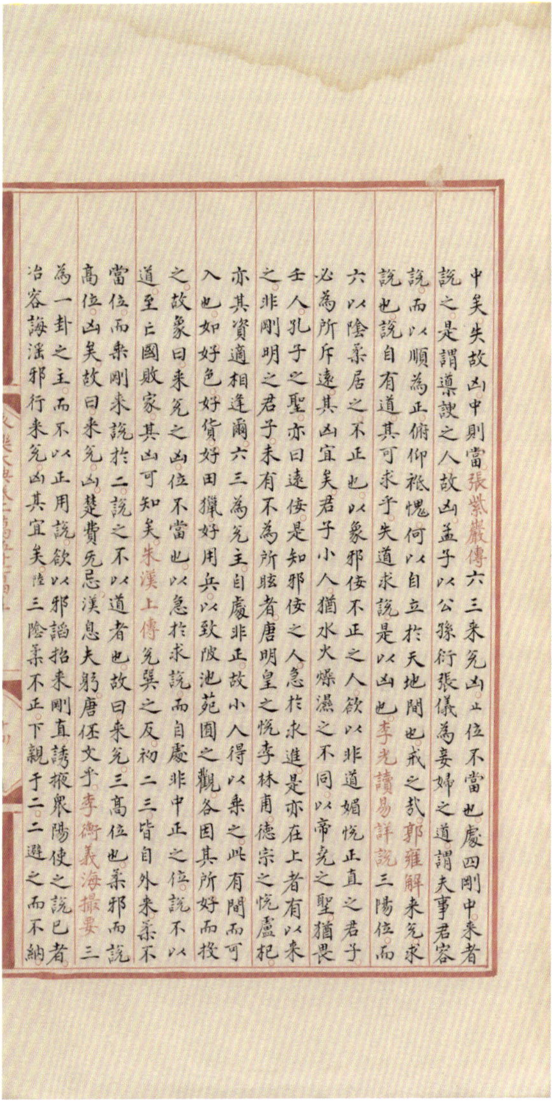

中美失故凶中則當張紫巖傳六三来兊凶𠀋位不當也處四剛中来者
説之是謂導諛之人故凶孟子以公孫衍張儀為妾婦之道謂夫事君容
説而以順為正俯仰袛愧何以自立於天地間也戒之哉郭雍解来兊求
説也説自有道其可求乎失道求説是以凶也李光讀易詳説三陽位而
六以陰柔居之不正也以象邪佞不正之人欲以非道媚悦正直之君子
必為所斥逺其凶宜矣君子小人猶水火燥濕之不同以帝堯之聖猶畏
壬人孔子之聖亦曰逺佞是知邪佞之人急於求進是亦在上者有以来
之非剛明之君子未有不為所眩者唐明皇之悦李林甫德宗之悦盧杞
亦其資適相逢爾六三為兊主自處非正故小人得以乗之此有間而可
入也如好色好貨好田獵好用兵以致陂池苑囿之觀各因其所好而投
之故象曰来兊之凶位不當也以急於求説而自處非中正之位説不以
道至亡國敗家其凶可知矣朱漢上傳兊巽之反初二三皆自外来柔不
當位而乗剛来説於二説之不以道者也故曰来兊三高位也柔邪而説
高位凶矣故曰来兊凶楚費无忌漢息夫躬唐伾文乎李衡義海撮要三
為一卦之主而不以正用説欲以邪諂招来剛直誘掖衆陽使之説已者
冶容誨淫邪行来兊凶其宜矣陸三陰柔不正下親于二二避之而不納

《永樂大典》所録《讀易詳説》書影一

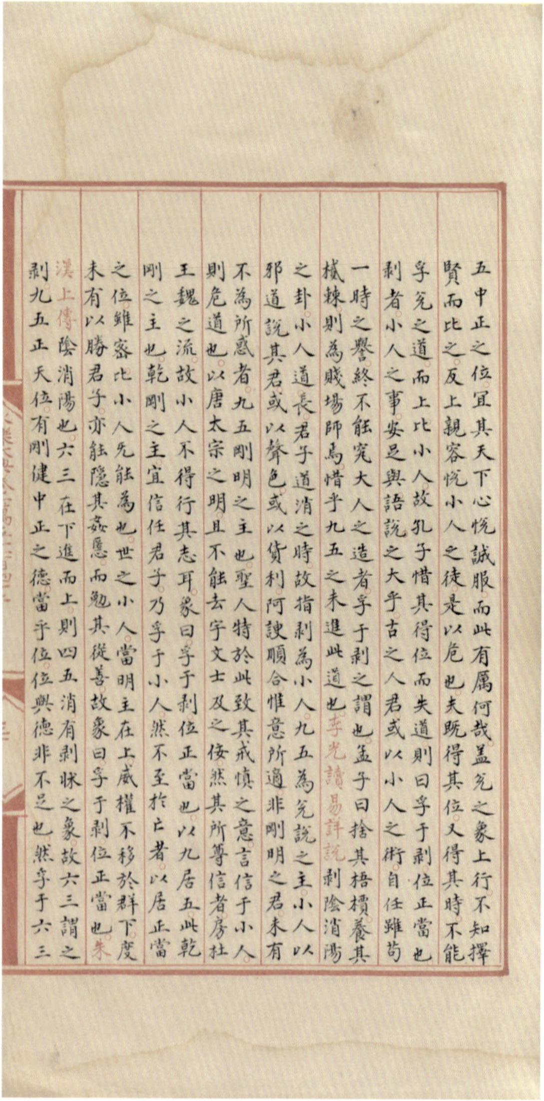
五中正之位宜其天下心悅誠服而此有厲何哉蓋兑之象上行不知擇
賢而比之反上親容悅小人之徒是以危也夫既得其位又得其時不能
孚兑之道而上比小人故孔子惜其得位而失道則曰孚于剥位正當也
剥者小人之事安足與語說之大乎古之人君或以小人之術自任雖苟
一時之譽終不能究大人之造者孚于剥之謂也孟子曰舍其梧檟養其
樲棘則為賤場師焉惜乎九五之未進此道也李光讀易詳說剥陰消陽
之卦小人道長君子道消之時故指剥為小人九五為兑說之主小人以
邪道說其君或以聲色或以貨利阿諛順合惟意所適非剛明之君未有
不為所惑者九五剛明之主也聖人特於此致其戒慎之意言信于小人
則危道也以唐太宗之明且不能去宇文士及之佞然其所尊信者房杜
王魏之流故小人不得行其志耳象曰孚于剥位正當也以九居五此乾
剛之主也乾剛之主宜信任君子乃孚于小人然不至於亡者以居正當
之位雖密比小人无能為也世之小人當明主在上威權不移於群下度
未有以勝君子亦能隱其姦慝而勉其從善故象曰孚于剥位正當也朱
漢上傳陰消陽也六三在下進而上則四五消有剥牀之象故六三謂之
剥九五正天位有剛健中正之德當乎位位與德非不足也然孚于六三

《永樂大典》所録《讀易詳說》書影二

整理説明

《讀易詳説》十卷，宋李光撰。

李光（一〇七八—一一五九），字泰發，一字泰定，號轉物居士，又號讀易老人。越州上虞（今屬浙江）人。早入太學，徽宗崇寧五年（一一〇六）登進士第，調開化令，改知平江府常熟縣。宣和二年（一一二〇）召爲太常博士，五年遷司封員外郎，因論時事忤權臣，黜知桂州陽朔縣。召爲司勳員外郎，遷符寶郎。欽宗即位，擢右司諫，遷侍御史。高宗建炎元年（一一二七），擢秘書少監。三年，知宣州。改知臨安府。紹興元年（一一三一），除知婺州，甫至郡，入爲吏部侍郎。二年，除吏部尚書，未幾，除淮西招撫使，因軍功除江東安撫大使、知建康府兼壽春滁濠廬和無爲宣撫使。後爲言者所攻，遂落職奉祠。五年，除知湖州，歷知平江、台州、温州。八年，除江南西路安撫制置大使，拜參知政事。秦檜初定和議，光上疏劾其弄權誤國。出知紹興府，改提舉洞霄宮。十一年，安置藤州。十四年，移瓊州。二十年，移昌化軍。二十五年，秦檜死，始量移郴州。二十八年，以郊恩復左朝奉大夫，任便居住。二十九年，卒於江州，年八十二。孝宗即位，賜謚莊簡〔一〕。

李光初入仕途，便稟其忠直之性，施政不畏豪横，建言不避權要，在宋室南渡伊始的混亂局面中，作爲地方官，更是智勇兼備，從容籌策，力保一方平安，展現出卓越的見識與才幹。其命運的轉折是從力阻和議、面叱秦檜開始的。《宋史·李光傳》載秦檜聞其言，「惡之」，「大怒」，李光事後求去，九上奏章乃獲予宫祠。然紹興十一年（一一四一）秦檜黨羽万俟卨論其「陰懷怨望」「乘時誹訕」，遂遭藤州之謫〔二〕。李光屢遭打壓，禍延其家。李心傳《建炎以來繫年要録》卷一六八載：「李光之得罪也，其弟寬亦被羅織，除名勒停。長子孟傳、中子孟醇皆侍行，死貶所。仲子孟堅，以私史事對獄，掠治百餘日，除名編管。孟津其季子也，至是亦抵罪。田園居第悉皆籍没，一家殘破矣。」〔三〕

垂老投荒，家破子亡，李光身心無疑遭受了沉重的打擊，時時表現出隨遇而安，不再汲汲於功名

〔一〕李光生平參見（元）脱脱等撰《宋史》卷三六三（中華書局，一九七七年，第一一三三五—一一三四二頁）及吕厚艷《李光年譜》（上海大學碩士論文，二〇〇七年）、方星移《李光年譜》（見《宋四家詞人年譜》，黑龍江人民出版社，二〇〇八年，第八五—二一四頁）。

〔二〕事見（宋）李心傳撰，辛更儒點校《建炎以來繫年要録》卷一四二，上海古籍出版社，二〇一八年，第二四一一頁。

〔三〕《建炎以來繫年要録》卷一六八，第二九〇八頁。

利禄的精神狀態。他曾自言：「一榻自俯仰，鼻息撼四鄰。……清風颯然至，自謂羲皇人。願師陶靖節，不羨石季倫。」〔一〕又言：「宴居有以自娱，動則觀書以廣智，静則息念以存誠，賦詩一首，彈琴一曲。」〔二〕李光嘗有詩題稱：「予三貶而至儋耳，又復二年，平生習氣掃除殆盡。海外去國萬里，士民不知朝廷事，免議朝政。惟是里巷之間，是非曲直偶及之。入于耳中，有如穢物置之寶器。自今客至，惟經史禪悦道家養生之説乃所樂聞，其餘非己所預者，可付之一默。」〔三〕可見「平生剛褊性，敢避窮獸搏」〔四〕的李光逐漸達到了「世方洶波瀾，我心猶古井」〔五〕的自適境界。

李光在貶謫時期所觀書中，即有被視爲五經之首的《易》，而其解《易》也在一定範圍内爲師友所知。僚友趙鼎（一〇八五—一一四七，字元鎮）曾在一次通信中與李光探討解《易》之事，李光覆信稱：

蒙別紙垂諭解《易》，不勝皇恐。僕平生不以文字取知於人，雖公久在相府，未嘗致片言求

〔一〕《題李子從清風閣》，《莊簡集》卷一，「景印文淵閣四庫全書」本，臺灣商務印書館，一九八五年，第一一二八册，第四三七頁。
〔二〕《與胡邦衡書》（其十一），《莊簡集》卷一五，「景印文淵閣四庫全書」本，第六〇一頁。
〔三〕《莊簡集》卷七，「景印文淵閣四庫全書」本，第五〇二頁。
〔四〕《縣齋清坐有懷》（其二），《莊簡集》卷一，「景印文淵閣四庫全書」本，第四三一頁。
〔五〕《九日登瓊臺再次前韻》，《莊簡集》卷一，「景印文淵閣四庫全書」本，第四三九頁。

知左右。況三畫之妙，前有胡、程諸大儒解釋，一掃漢魏以來諸儒拘礙象數之學，能通此者已是佳士，況敢落筆著書，取笑天下乎？自度嶺海，無所用心，實嘗留意於此，晝度夜思，時有所見，到瓊偶已終篇，正以無朋友琢磨之益，未嘗敢以示人。《乾》《坤》二卦，《易》之領袖，嘗見前人解釋，不以類求，多斷章取義，如《小象》《文言》所釋，不附之文，則一篇之義都不貫穿。既稍出己見，未敢輕出，須俟異日面呈以求筆削。餘卦恐有補於今日處患難之道，如《困》《蹇》等，當俟後便寫呈。〔一〕

由此可知，李光《讀易詳說》是在貶居瓊州時完成的。《莊簡集》卷六《元發弟、六十五侄遠寄貂蟬筆樣，孟博有詩，因次韻》詩曰：「十年慣使鷄翎筆，一束貂蟬愧暗投。待我明窗草玄罷，論功應合便封侯。」詩末注曰：「僕解《易》已畢。」據李光《悼亡子詩·序》知，孟博卒於紹興十七年（一一四七）十月二十三日〔二〕，則《讀易詳說》應成於此前。李光於紹興十一年（一一四一）被貶至藤州，至十七年，首尾七年，前詩所謂「十年」蓋取整而言，結合李光與趙鼎信中言「自度嶺海，無所用心，實

〔一〕《與趙元鎮書》（其七），《莊簡集》卷一四，「景印文淵閣四庫全書」本，第五九一頁。按，「到瓊偶已終篇」，「偶」疑當作「隅」。

〔二〕《悼亡子詩》，《莊簡集》卷五，「景印文淵閣四庫全書」本，第四七二頁。

嘗留意於此」，則其解《易》之始當不晚於貶居藤州時。另外，李光有詩題稱「趙丞相過藤州，相從累日」云云〔二〕，趙丞相即趙鼎，則其知李光解《易》蓋在此時。

李光將解《易》的原因輕描淡寫地歸結於「無所用心」，其實隱藏着避禍全身，寓治亂興衰之理於書中的用世之心，往日那種「一笑關頭發三箭，却驅貔虎取天驕」〔三〕的豪邁之情轉入深沉，訴諸筆端，與其詩歌托興深長的手法同出一轍。

《宋史》本傳載：「劉安世居南京，光以師禮見之。安世告以所聞於温公者曰：『學當自無妄中入。』」〔三〕李光「欣然領會」，可知其學乃遠承司馬光，其釋《易》在《温公易説》「於古今事物之情狀，無不貫徹疏通，推闡深至」，「大都不襲先儒舊説，而有德之言，要如布帛菽粟之切於日用」〔四〕的基礎上繼續推進，徹底屏斥象數之學。李光在爲胡銓《易解》所撰序中稱「《易》之爲書，凡以明人

〔二〕《趙丞相過藤州，相從累日，因言在朝與諸史官會話，論修史事，恐它時不免南行，坐中有一士云：「若有此，某當從行。」今日到此，音問也不通，退作小詩》，《莊簡集》卷六，「景印文淵閣四庫全書」本，第四九二—四九三頁。

〔三〕《紹興二年三月，還自淮西，重至宣城，與德淵寺丞諸友散步後圃，登雙溪樓》（其二），《莊簡集》卷六，「景印文淵閣四庫全書」本，第四八八頁。

〔三〕劉安世爲司馬光學生，參見《宋史》卷三四五《劉光世傳》，中華書局，一九七七年，第一〇九五一—一〇九五五頁。

〔四〕（清）永瑢等撰《四庫全書總目》卷二《〈温公易説〉提要》，中華書局，一九六五年，第五—六頁。

事，學者泥於象數，《易》幾爲無用之書」〔一〕，於是，有鑒於危難的時局，他在研讀《易》時注重結合史實，揭示《易》對當世的指導價值，以期達到經世致用的目的。

據《上虞縣志》載，李光貶居瓊州雙泉期間，「日講《周易》一卦」，最後編成十卷。南宋馮椅《厚齋易學》附録一《先儒著述上》「李莊簡《易詳説》」條稱「（李光）著書十卷，自號讀易老人。淮澧錢沖之序其後」。陳振孫《直齋書録解題》卷一著録「《讀易老人詳説》十卷」。《宋史》卷二百二《藝文志一》著録「李光《易説》十卷」。李光此書在明代尚存，楊士奇等編《文淵閣書目》著録兩部《讀易老人詳説》，均爲五册，然已稱「闕」〔二〕。明以後久無傳本，清初朱彝尊《經義考》卷二三著録《讀易老人解説》，已云「未見」〔三〕。今傳本乃四庫館臣據《永樂大典》薈萃成編，雖仍舊分爲十卷，但已非完璧。《永樂大典》原缺《豫》《隨》《无妄》《睽》《蹇》《中孚》《大壯》七卦及《晉》卦六三以下；而《復》與《大畜》二卦，《永樂大典》本不缺，其所載李光解《復》卦却缺後四爻，《大畜》則一字不存，《繫辭傳》以下亦無解説。關於缺失的緣由，清人瞿鏞所言或可備一説，他曾推論：「不解《繫辭》以下，始於王輔嗣，北宋大儒如安定胡氏、横渠張子、伊川程子皆用其例，然未有不解《文言》者也。

〔一〕《四庫全書總目》卷二《〈讀易詳説〉提要》引，第八頁。
〔二〕（明）楊士奇等編《文淵閣書目》卷二，「叢書集成初編」本。
〔三〕（清）朱彝尊撰，林慶彰等點校《經義考新校》卷二三，上海古籍出版社，二〇一〇年，第四一五頁。

莊簡則爲例獨殊，觀其解乾坤《彖》《象》即引《文言》以爲説，殆以大義已具，故不復作《文言》專解，亦未必有佚脱也。」[一]

李光解《易》，多以史爲證，四庫館臣稱其書「于卦爻之詞，皆即君臣立言，證以史事，或不免間有牽合」，但總體上「切實近理，爲有益于學者」[二]。李光在該書中寄寓了個人對歷史的理解和政治主張，其論解或言簡意賅，點到爲止，如解《否》之六二云：

> 小人莫得指目而忌惡之，非獨明哲全身之道當然，亦所以傾否而開泰也。漢之陳太丘足以當之，若李膺、杜喬之流，徒激禍亂耳。

或旁徵博引，縱橫捭闔，如解《蒙》之上九云：

> 上九以剛明而居人臣之極位，握威福之柄，擅廢置之權，昏蒙之幼主卒不開悟，則當擊去其蒙蔽，俟其思庸如太甲、悔悟如成王，然後復子明辟，此伊尹、周公之任也。若乘時微弱，掩神器而有之，如王莽、董卓，則天下英豪將共起而圖之，鮮有不敗者，故曰「不利爲寇」。若能衛護宗社，勤勞王家，如周公之伐三監，誅管、蔡；霍光之誅燕王、上官桀等，孰敢不

[一] （清）瞿鏞編纂，瞿果行標點，瞿鳳起覆校《鐵琴銅劍樓藏書目録》卷一，上海古籍出版社，二〇〇〇年，第二一頁。
[二] 《四庫全書總目》卷二《〈讀易詳説〉提要》，第八頁。

聽命者？故人心向背特在逆順之間耳。以曹操之勢，雖漢祚已盡，終身不敢失臣節，蓋知内外人心未順故也。桓階勸操正位，而夏侯惇欲俟吴、蜀既定，然後遵舜、禹之軌，操卒從其言，蓋亦畏二方有辭，將合而攻我，則曲在我矣。以荀彧之賢，操所信任，謀無不從，欲稍遲回九錫之命，且不免死，不然，豈惇單辭所能沮之哉？

或正反對比，得失相較，如解《夬》之《象》云：

> 武王伐紂，誅一獨夫耳。周公、太公之徒爲輔佐，克商之後，分土列爵，散鹿臺之財，發鉅橋之粟，大賚四海而萬姓悦服。項羽使人有功，當封爵，刻印刓，忍不能予，豈足以成大功哉？武王所以長有天下，項氏卒爲漢所滅，成敗之效豈不昭然哉？

有時，李光則基於對自己境遇的認識，表達全身遠禍，適時進退的觀點。如解《蠱》之上九云：

> 若不能遐舉遠引，奉身而退，則禍不旋踵矣。「伊尹既復政厥辟，將告歸」；漢留侯佐漢得天下，然後從赤松子遊，其知此矣。老子曰：「功成名遂身退，天之道也。」《象》言「志可則」者，聖賢君子能知進退存亡之幾，固可爲法于後世也。

李光《讀易詳説》頗具特色，在宋代易學發展史上具有重要地位，是後世學者以史解《易》的典範，南宋楊萬里《誠齋易傳》可與之并駕。徐志鋭先生稱李光此書爲「憤世之作」，爲「經世易學」，并揭示其價值意義説：「他堅持了《周易》哲學與政治結合的方向，使義理的研究更注重於社會實際，從而顯現出易學的實用價值。在宋代的易學史中，李光《讀易詳説》是代表着一個流派的出現。其後又有楊萬里引史以證經，可視爲是這一流派的接續。」[二]潘雨廷先生則進一步指出：「李氏此書已多采史事，然仍重説理，與《誠齋易傳》一意於史事之配合，體例當有一間。」[三]

《讀易詳説》僅有輯自《永樂大典》的「四庫全書」本傳世，本次整理以「文淵閣四庫全書」本爲底本，以目前所能獲見的《永樂大典》殘本中相關内容及「文津閣四庫全書」本對校。除羅列異文外，綜合運用本校、他校、理校三種方法辨析疑誤字，並出校。《周易》經傳原文則以「中華再造善本」叢書影印之《周易》宋刻本校勘。對書中所引文獻亦逐一核對，糾正其訛脱衍倒並出校。限於本人學識，點校難免出現失誤，敬祈讀者批評指正。

林日波

[二] 徐志鋭著《宋明易學概論》，遼寧古籍出版社，一九九七年，第一六八頁。
[三] 潘雨廷著，張文江整理《潘雨廷著作集》之肆《讀易提要》，上海古籍出版社，二〇一六年，第一七二頁。

目録

讀易詳説卷一

上經　乾至蒙

☰乾下乾上

乾：元、亨、利、貞。

乾，天也。以廣大无所不包，謂之天；以剛健運行不息，謂之乾。乾，純陽之卦，人君之象也。夫以區域之大，非有以主宰之，則强弱相陵，衆寡相并，高下相傾，紛紛者何時而已邪？聖人作《易》之意，首立《乾》《坤》兩卦，以明君臣之大分。孔子繫之曰：「天尊地卑，乾坤定矣；卑高以陳，貴賤位矣。」言君臣之位如天地之不可易也。有一言以盡乾之功用者，健而已。執大象以御神器，非天下之至健，孰克勝任，故以象人君之德，賞罰威福之柄、利害生殺之權，皆自我出而不移于臣下，則乾綱立矣。

元、亨、利、貞，乾之四德，猶四時之運。施之于人，則仁、義、禮、智而信行乎其中矣。天之道，一噓爲春夏而物以生長，一吸爲秋冬而物以肅殺。《文言》曰「元者，善之長也」，故體乾之元，足以長人。「亨者，嘉之會也」，故體乾之亨，足以合禮。「利者，義之和也」，故體乾之利，足以和義。「貞者，事之幹也」，故體乾之貞，足以幹事。「乾元者，始而亨者也；利貞者，性情也。」乾之德，析而爲四，則元也，亨也，利也，貞也，各主一時之事也。合而爲二，則元亨者，始而亨者也；利貞者，性情也。乾始萬物而亨之；利者，情也；貞者，静而正，静而正則性也。六爻發揮，旁通爲情，則情者性之動也。以發揮爲情，則剛健中正純粹精爲性可知矣。

《彖》言「大哉乾元」，終之以「萬國咸寧」。《文言》稱「大哉乾乎」，終之以「天下平」。文王之言，本之乾元；孔子之言，本之聖人。聖人體天以立德，帝王之道以剛健中正純粹精爲體，以變化隨時、施澤利物爲用，言各有所主。「乾始能以美利利天下，不言所利，大矣哉」者，餘卦皆指名所利，如《坤》「利牝馬之貞」，《屯》「利建侯」之類是也。乾道无所不利，故不言所利，以見乾道之大也。「時乘六龍以御天」者，乘此六爻之時，則可以御造物之大權，而出乎造物之外矣。「雲行雨施天下平」者，德澤旁流，如雲行雨施，物各適其平，天下孰有泮涣者乎？此反復以盡乾德之妙也。乾道至此，孰知乾之爲聖人，聖人之爲乾乎？

《彖》曰：大哉乾元，萬物資始，乃統天。雲行雨施，品物流形。大明終始，六位時成，時乘六龍以御天。乾道變化，各正性命，保合太和，乃利貞。首出庶物，萬國咸寧。

乾道大矣，惟元、亨、利、貞四者足以盡之。乾以一元之氣，生養萬物，物莫不禀氣於元。天何爲哉？故曰「大哉乾元，萬物資始，乃統天」也。鼓之以雷霆，潤之以風雨，雲行雨施，然後蟄者以奮，甲者以坼，草木鳥獸流動分形，形質呈露矣。此釋乾之所謂元、亨也。

「大明終始，六位時成，時乘六龍以御天」者，聖人體元亨之德，運用造化，以成位乎其中也。天之道有終有始，四時之代謝，六子之運動，循環无窮。聖人大明乎終始之運，故卦之六爻以時而成，潛見飛躍不失其幾，然後可以乘天地之正，御六氣之辨也。

「乾道變化，各正性命，保合太和」，此釋乾之所謂利、貞也。天地絪緼，萬物化醇，物有因形而移易者，亦有自有而入无，自无而入有者，此乾道變化之妙，故物各得正其性命，以保合太和也。與生俱生者，性也，命則所禀受于天者。保謂存之而不亡，合謂聚之而不散，保之合之，不失其太和，故能利且貞也。

乾備此四德，以統御群形，而爲萬物之宗。聖王體乾之四德，以臨制海内，而爲庶邦之長。乾與聖人各盡其剛健之德，同功而異用，所以俱爲域中之大歟！

《象》曰：天行健，君子以自强不息。

《易》无非象，乾、坤至大之物，不可形容，故但言其用而已。至健者，乾之用也；自强不息者，君子取法于乾也。天所以歷萬古而无敝者，以息息不停運而无迹也。君子體之，以進德修業，如成湯之昧爽丕顯，坐以待旦，文王日昃不暇食，固足以繼天道矣。蓋處尊崇富貴之地，内有淫聲美色之蠱，外有臺池苑囿之觀，自非以道制欲，未有不荒怠者。《中庸》曰：「至誠無息，不息則久。」非體本剛健，安能无作輟者乎。

夫子于《彖辭》之外，別以八卦錯綜取義，謂之《大象》。惟《乾》《坤》《坎》《離》《震》《兑》《艮》《巽》八純卦，无互體、合體、卦變之異，故《坎》曰「洊至」，《離》曰「明兩」，《震》曰「洊雷」，《兑》曰「麗澤」，《艮》曰「兼山」，《巽》曰「隨風」，各取一物以爲象，而《乾》《坤》至大之物，又異乎六子，故但云「天行健」「地勢坤」而已。此无象之象，衆象之所宗也。

初九，潛龍勿用。

《象》曰：潛龍勿用，陽在下也。

龍之爲物，變化不測，因時而飛潛，故龍全其神。聖人涉世，消息盈虚，觀時而進退，故能合于道。《乾》體純陽，方群陰在上，則退遁而潛伏。《乾》之初九，一陽之氣方伏而未動，于卦爲《復》，乃神龍蟄藏之時，猶聖賢君子當小人道長，則以儉德避難，消聲滅迹，惟恐入林之不深，況可求用于世而榮以禄哉？《象》言「陽在下」者，陽伏而在下，是陰方爲主之時。

《文言》曰：「龍德而隱者也。不易乎世，不成乎名。遁世无悶，不見是而无悶。樂則行之，憂則違之，確乎其不可拔，潛龍也。」蓋有龍德而潛隱則當。「不易乎世」者，不爲時世所易也。「不成乎名」者，不爲名高之所累也。「遁世无悶」者，身否而心亨也。「不見是而无悶」者，舉世非之而不見沮也。「樂則行之，憂則違之，確乎其不可拔」者，能順乎消息之理，而不爲萬物之所移也。又曰：「潛龍勿用，下也。」龍之潛隱，非得已也，時尚未可，而不强行，故伏而在下也。又曰：「潛龍勿用，陽氣潛藏。」一陽之氣，方潛藏于九淵之下，是其時之未可有爲也。又曰：「君子以成德爲行，日可見之行也。潛之爲言也，隱而未見，行而未成，是以君子弗用也。」聖人觀時爲隱顯，雖有成德形于可見之行，方時屯否，故隱而未見，非終不見也。君子以成德爲行，行而未成，非卒不成也。聖人豈真无意于世哉？時未可用故也。聖人用時而不用于時，故不先時而動，亦不後時而縮也。其潛而勿用也，待時而已。弗用者，非爲時之所棄也。聖人當斯時而弗之用也，則用在我矣。

九二，見龍在田，利見大人。

《象》曰：見龍在田，德施普也。

《乾》之六爻，无人臣之位。聖人乘六爻以御天，升降上下，因時而飛潛。當初九陰長之時不得不潛，九五陽盛之時不得不飛，豈有二哉？九二，群陰退聽，出潛離隱，居中漸大，是聖人將有爲有行之時，利澤可以及物矣。《象》曰：「見龍在田，德施普也。」田者，農所興作，以養利萬物者也。聖人居及物之地，可以施恩澤于天下，如田時之利，其施普矣。

《文言》曰：「龍德而正中者也。庸言之信，庸行之謹，閑邪存其誠，善世而不伐，德博而化。《易》曰：『見龍在田，利見大人。』君德也。」餘卦皆以二爲臣位，《乾》之六龍皆君德也，故九二以龍德而處正中之位，與五雖非相應，而或飛或見各因其時。庸者，中之用也。孔子曰：「中庸之爲德也，其至矣乎。」「庸言之信，庸行之謹，閑邪存其誠」，所以修胸中之誠，發而爲言行者，无非中庸也。此聖人居正中之地，而能履正中之德者。有此功德，足以善世，未嘗自伐，故其德溥博而能化。治至于能化，則雖頑獷者无不服從矣。又曰：「君子學以聚之，問以辨之，寬以居之，仁以行之。《易》曰：『見龍在田，利見大人〔二〕。』君德也。」九二一爻稱「龍德」者一，稱「君德」者

〔二〕「利見大人」，原闕，據《周易》（宋刻本）補。

二，聖人深著其非人臣之位，能進德修業，則可漸躋乎大君之道也。聚者，儲蓄其見聞也；辨者，辨析其義理也；寬者，不狹其所居也；行者，非獨善其身也。利見大人者，非獨利見九五之大人，能以利澤及物，則天下皆利見之矣，豈特二、五自相求哉？

九三，君子終日乾乾，夕惕若厲，无咎。

《象》曰：終日乾乾，反復道也。

《乾》之六爻皆龍也。三獨稱「君子」，以得人位之正，不待象而明。當二卦之際，處重剛之中，上下皆乾，故曰「乾乾」。以九居三，至健也，稍進則登乎君位矣。禍福存亡之幾，間不容髮，聖人處此時也，則憂勞畏慎，不敢自暇自逸，故《象》曰「終日乾乾，反復道也」。三居下卦之極，上卦之下，終始之際。終則有始，天行也，反復皆不離乎道。君子體此剛健之德，自强不息，雖宴息休暇安身之時，惕然有臨深履薄之危，敬慎如此，故得无咎也。

《文言》曰：「君子進德修業。忠信，所以進德也；修辭立其誠，所以居業也。知至至之，可與幾也；知終終之，可與存義也。是故居上位而不驕，在下位而不憂，故乾乾因其時而惕，雖危无咎矣。」聖人處危疑之時，非孔子反復其辭，安知「終日乾乾，夕惕若厲」爲進德修業乎？忠信者，進德之階也。修辭立誠者，居業之具也。「至」與「終」，皆謂三也。知至而能至之，則居下卦之上，而不失其幾；　知終而能終之，則處上卦之下，而不廢其義。故居上位而不驕，在下位而不憂，因時而惕，雖危无咎也。又曰「終日乾乾，行事」者，乾以剛健之道進而行事，非潛隱之時也。又曰「終日乾乾，與時偕行」者，乾生于子，統三男，而長子用事，雖欲退遁，不可得也。故知終日乾乾者，與時而偕行也。又曰：「重剛而不中，上不在天，下不在田，故乾乾因其時而惕，雖危无咎。」三處重剛不中之位，又以陽居陽，高亢之甚，已過九二之中庸，故下不在田，未登九五之大位，故上不在天。當斯時也，欲進則有逼上之嫌，欲退則有失位之懼，故「乾乾因其時而惕，雖危无咎」矣。聖人慮患之意纖悉周盡如此。

九四，或躍在淵，无咎。

《象》曰：或躍在淵，進无咎也。

九四雖以陽剛處陰爻，然已在下卦之上，有進而已。淵者，神龍所居，物所不能害也。在淵而能躍，則升降變化，舉皆在我，孰能制之？故不如九三之危，直曰「无咎」也。四爲陰位，有淵之象，與五同體，有躍之象，勢既至此，雖欲退就安全之地，不可得也，故《象》曰「進无咎也」。湯伐桀，升自陑，武王師逾孟津，斯其時乎。

《文言》曰：「上下无常，非爲邪也。進退无恒，非離群也。君子進德修業，欲及時也，故无咎。」九四位升于外，履重剛之險，居不中之地。一上一下，疑于爲邪；一進一退，疑于離群。聖人方進德修業，欲乘可爲之時，時不可失，故上下進退使人莫得而測也。又曰「自試」者，此舜之歷試諸艱也。曰「乾道乃革」者，四近九五之位，與上同體，此湯武革命，應乎天而順乎人也。又曰：「九四，重剛而不中，上不在天，下不在田，中不在人。」此正聖人危疑之時，故曰「或躍」。或者，疑之也。居危疑之地，能以道消息，而卒不爲人所疑，故得无咎也。《乾》至九四，舜、禹居攝之時也。孔子于此反覆周慎如此，不然，其能免乎？

九五，飛龍在天，利見大人。

《象》曰：飛龍在天，大人造也。

九五以剛健履正中之位，變化不測，故曰「飛龍在天」者，位乎天德，升乎天位也。當草昧雲擾之時，則天地閉而賢人隱，有聖人出，豪傑智謀，翕然響應，天下莫不利見之也。有堯、舜之君，則有臯、夔、稷、契之臣；有湯、武之師，則有伊尹、太公之佐。故二、五兩爻皆曰「利見大人」，以見上下之相須也。故《象》曰「飛龍在天，大人造也」。造者，至也。聲氣之同，不約而會，故曰造也。

張良、韓信之從漢王，耿弇、鄧禹之從光武，房玄齡、杜如晦之輔唐太宗，皆心德之同，如水火之就燥濕，風雲之從龍虎。故《文言》曰：「同聲相應，同氣相求。水流濕，火就燥，雲從龍，風從虎。聖人作而萬物睹。本乎天者親上，本乎地者親下，則各從其類也。」蓋君子則有君子之類，小人則有小人之類，資適相逢，故邪臣不能事明君，暗主不能容正士。上有九五中正之君，則下有九二剛直之臣，君臣相遇，古人謂之千載一時，詎不然哉！又曰「飛龍在天，上治」者，在上而可以致治，勢足以有行也。又曰「飛龍在天，乃位乎天德」者，九五之君如飛龍在天，則造乎神聖之域，合散消息與天同德矣。故終之曰：「夫大人者，與天地合其德，與日月合其明，與四時合其序，與鬼神合其吉凶。先天而天弗違，後天而奉天時。天且弗違，而況于人乎？況于鬼神乎？」此皆仲尼盛贊九五之德，而正名曰「大人」，宜天下之所利見也。

上九，亢龍有悔。

《象》曰：亢龍有悔，盈不可久也。

乾剛至上九，則位已極矣。陰陽之理，未有極而不反者。揚雄曰：「聖人之道猶日中。」日之既中，无不昃者。處天位之尊，據崇高富貴之極，苟不知消息盈虚之理，雖以聖人居之，未有无悔吝者。蓋四時之運，功成者去。老氏曰：「功成名遂身退，天之道也。」《泰》之上六「城復于隍」，《剥》之上九「碩果不食」，以見窮上者未有不反下者也，故《文言》曰：「貴而无位，高而无民，賢人在下位而无輔，是以動而有悔也。」

上九，亢陽之地。六爻雖統謂之六位，初上者，事之終始而非位也。《繫辭》但稱二四、三五同功而異位，不及初上，可識矣，故曰「貴而无位」也。《乾》，純陽之卦，下皆无應，无民之象也。无位无民，賢人在下而不爲之用，此可退之時也。又曰：「亢龍有悔，窮之災也。」蓋陽數窮于九，六位窮于上，苟不知變，則災禍隨之。又曰：「亢龍有悔，與時偕極。」偕極者，不能消息盈虛，與時偕行，昧乎變通之機，窮而不知變也。故堯老不得不傳之舜，舜老而不得不傳之禹，觀其命舜禹之辭曰：「天之曆數在爾躬，允執其中。四海困窮，天禄永終。」若堯舜者，可謂知此矣，故曰「知進退存亡而不失其正者，其唯聖人乎」。

雖然，悔吝者言乎其小疵也。亢之爲言，謂力足以抗彼也。以乾德之剛健，若久居大位，威福自我，孰能傾之？自禹湯而下，皆傳諸子孫，歷年數百，豈必盡逃禍敗也哉？故曰：「亢之爲言也，知進而不知退，知存而不知亡，知得而不知喪。其惟聖人乎？」仲尼之意以爲非夫聖人不能升降變化，握其機權，使合散消息常在我而不在彼也，豈非天下至剛至健之德哉？如使後世之君懼亢龍之有悔，必求賢人而授以天下，則是啓攘奪之風，開覬覦之門，天下紛紛，何時而定乎？善乎！韓愈之言曰：「堯舜之傳賢也，欲天下之得其所也。禹之傳子也，憂天下後世争之之亂也。」其知此乎！

用九，見群龍无首，吉。

《象》曰：用九，天德不可爲首也。

《乾》體純剛，六爻皆以九爲用，聖人能用此純剛以御天下，故群剛莫不爲我用。乾之六爻莫相統一，非如餘卦可舉一而明、立主以定也。方群雄角逐之時，善用陽剛者必不爲稱首，不善用者則爲世所指名。爲世指名，必將合而攻我矣。漢祖卒滅項氏，光武卒降劉盆子，皆不爲之首也；陳勝首事，則禍不旋踵矣。故《象》曰「天德不可爲首也」，天之道虚而不屈，應而不藏，未嘗先物而動也，能體乎天德，故不爲之首也。

《文言》曰：「乾元用九，天下治也。」乾元者，萬物之始，衆善之長也。能體乾元而用此剛直之德，則天下治也。又曰：「乾元用九，乃見天則。」天之法象莫大于用九，聖人能盡其道，則不違乎天則而與乾同功矣。

䷁坤下坤上

坤：元亨，利牝馬之貞。君子有攸往，先迷後得主，利西南得朋，東北喪朋。安貞吉。

乾坤二物，異體而同用，異位而同功，故乾元資始，而坤元資生，有君臣之象焉。故四德者，乾坤之所同也。然乾以不言所利爲大，自坤以下各指一事以爲利，坤雖與乾合體，亦指言「利牝馬之貞」。坤之致用，尤以柔順而貞爲所利之大，人臣之道也。「君子有攸往」者，臣道固以柔順爲主，然不以正濟，則枉道偷合，爲鄙夫妾婦之道者多矣。有攸往者，如伊尹之就桀，孟子見齊梁之君是也，有辭受可否之義焉。故道合則從，不合則去。小人枉道干禄，一于求合而已。故惟君子爲可，蓋君子能敬以直内、義以方外，如六二之動，則不疑其所行也。「君子有攸往」繼之以「先迷後得主」，人臣之道雖志在得君，又惡不由其道，如伊尹耕有莘之野，必待三聘而後行，諸葛亮卧草廬之中，必待三顧而後見。蓋先則迷惑而失道，後則順而得常，此人臣進退去就之大節也。

「利西南得朋，東北喪朋」，何也？《坤》，純陰之卦也，西南陰位，朋者其同類也，東北陽位，陰非陽不能獨成其功，臣非君不能獨成其道，故喪其同類之陰，以從剛德之陽，然後可與有爲，无躁求失守之嫌，而獲安貞之吉也。王弼云：「行之不以牝馬〔一〕，利之不以永貞。方而又剛，柔而又圓，求安難矣。」蓋坤雖以順爲主，而有貞焉，雖以柔爲體，而有剛焉，則不入于邪矣。先儒皆以「先迷後得主，利西南得朋」，「利」字屬下文。程氏欲以「利」字屬上文，云「先迷後得主利」；至

〔一〕「馬」，原闕，據《周易》（宋刻本）補。

《文言》「先迷後得主」，則云「主」字下脱「利」字。不若從其舊之爲愈。觀《蹇》《解》二卦，皆曰「利西南」得朋，何獨于此而疑之哉？

《彖》曰：至哉坤元！萬物資生，乃順承天。坤厚載物，德合无疆，含弘光大，品物咸亨。牝馬地類，行地无疆，柔順利貞。君子攸行，先迷失道，後順得常。西南得朋，乃與類行。東北喪朋，乃終有慶。安貞之吉，應地无疆。

坤元雖不若乾之大，然其資生萬物，亦不可有加矣，故曰「至哉坤元」也。蓋天以氣始，而地以形生，天道日運而不窮，一嘘一吸而歲功成，地隤然而處乎下，豈能違之哉？天之覆燾萬物，四維上下不可測度，古往今來无有窮盡，可謂无疆矣。地能以厚德持載之，則與天合矣。天地合德，故能「含弘光大，品物咸亨」也。

地以柔順爲正，故有牝馬之象，然行天莫如龍，行地莫如馬。「行地无疆」，非有剛健之材不能也。牝馬雖柔順而利于貞固，是柔而能剛，弱而能强。若一于柔順，則妾婦之道爾，非君子之所行也。蓋坤之道專以象人臣，雖以柔順爲體而有貞焉，則剛健矣。如此，乃能與坤德相應，故「安貞之吉，應地无疆」也。此三「无疆」所以各不同也。

《象》曰：地勢坤，君子以厚德載物。

《乾・大象》曰：「天行健，君子以自强不息。」《坤・大象》曰：「地勢坤，君子以厚德載物。」乾坤之道皆聖賢所取法也。天地者，乾坤之體也。乾健而坤順，地勢非止于順，而大體則順也。人臣非體坤之厚德，曷足以任重致遠，以當國之大事哉？

初六，履霜，堅冰至。

《象》曰：履霜，堅冰，陰始凝也。馴致其道，至堅冰也。

履霜者，寒之始也；堅冰者，寒之極也。方履霜而有堅冰之象。蓋柔順者，坤之道，人臣之象也。臣道固貴乎柔順，然順而不已則阿諛迎合，其始甚微，比其終也，禍有不可勝言者。唐高宗欲立武氏，大臣皆力争，長孫無忌、褚遂良相繼以死，李勣獨曰：「此陛下家事，何須問外人。」武氏立而唐之社稷幾殲焉。秦二世專任趙高，卒有望夷之禍。故孔子曰：「臣弑其君，子弑其父，非一朝一夕之故，其所由來者漸矣，由辨之不早辨也。《易》曰『履霜，堅冰至』，蓋言順也。」夫始于順，其極至于窮凶極惡而不可制，故《易》之初六首以爲戒也。雖然，乾坤合體，一剛一柔，本以相濟，以剛健之主而御柔順之臣，天下之常理也。聖人之意，蓋爲後世之慮如此。

六二，直方大，不習无不利。

《象》曰：六二之動，直以方也。不習无不利，地道光也。

《易》以五爲君位，二爲臣位，以六居二，人臣而處陰位，位之正中者也，故无初六馴致之漸、六四逼上之嫌，可以守道而行志矣。夫盡道事主，既直且方，鮮有不蹈禍悔者。惟六二以陰柔處下，故得任其直方，引其黨類而朝无忌惡之者。唐虞之際，皋、夔、稷、契之徒咸聚之朝廷〔一〕，此臣道之大也。以此事上，往无不利矣，何疑之有哉？故曰：「敬義立而德不孤。直方大，不習无不利，則不疑其所行也。」

六三，含章可貞，或從王事，无成有終。

《象》曰：含章可貞，以時發也。或從王事，知光大也。

人臣積善在己，瞭然使家喻户曉〔二〕，必有忌惡之者，惟深自晦匿，然後可以守正而行志。故竭力以從王事，有功而不敢成，亦不敢貽患于後，而卒能終之，但歸美以報其上爾。如此，庶免于咎悔，周公之事成王是也。蓋六三處下卦之上，以陰居陽，人臣之極位也。

〔一〕「契」，《永樂大典》作「卨」。
〔二〕「家喻」，《永樂大典》無此二字。

又《坤》无正主，其道微弱，此正大臣嫌疑危懼之時，故致其曲折如此。使君臣道合，无所疑間，任之專而付之重，有功而見知，則臣豈當藏其智謀[二]，不以時發哉？孟子曰：「人有所不爲，然後可以有爲。」人臣内有積美之德，當可行之時，則動而不括矣；外有能爲之才，盡恭順之道，則功業見乎時矣。故《象》曰：「含章可貞，以時發也。或從王事，知光大也。」

六四，括囊，无咎，无譽。

《象》曰：括囊无咎，慎不害也。

《坤》，臣道也。六五得人臣正位，而四爲未得位得時者，否泰之分繫乎！四之用否，其責任甚大，進而至五，則發爲事業有不可掩者矣。括囊，蓋内充其德，静以待時之義。漢儒乃以括囊不言爲訓，豈不陋哉？坤在内爲括囊，孔子釋之曰：「蓋言謹也。」謹于養德，謹于正己也[三]。六四一爻最近君位，乃人臣居高履危，處嫌疑之地，當閉藏知謀，如囊之括結其口，不復出納，以爲明哲保身之謀。聖人發此爻爲萬世人臣之戒，則善矣。

雖然，大臣以道事君，不可則止，若君有失德而不敢諫，朝有闕政而不敢言，則是冒寵竊位，持

[二]「臣」，《永樂大典》作「説」。如此，則句讀當作「有功而見知則説，豈當藏其智謀」。
[三]「己」，《永樂大典》無此字。

祿養交，豈聖人垂訓萬世之意哉？蓋《坤》之六五，非女君則攝主也，斯正屯否隔絶，賢人隱遁避禍之時，故《文言》曰：「天地變化，草木蕃。天地閉，賢人隱。」若已在高位如《遯》之初六，危至而後求行，是速其禍〔一〕，故「遯尾之厲，不往何災也」？方其時也〔二〕，雖循默可也，不然，則是凡爲大臣皆當坐視國之顛覆〔三〕，孰任其咎？學《易》者不觀其時，不悟其幾，曷足以究聖人之微言哉？

六五，黄裳元吉。

《象》曰：黄裳元吉，文在中也。

《乾》无臣位，故九二稱「見龍在田」。《坤》雖无君位，然五實君位，曰「黄裳元吉」者，凡以爲戒云。黄，中央之色；裳，下體之飾。是人臣據南向之位，秉大君之權，而能居中守正不失臣節，吉莫大焉，文孰甚焉，伊尹、周公是也。故《文言》曰：「君子黄中通理，正位居體，美在其中，而暢于四支，發于事業，美之至也。」

上六，龍戰于野，其血玄黄。

〔一〕「禍」下，《永樂大典》有「也」字。
〔二〕「其」，《永樂大典》作「是」。
〔三〕「當」下，《永樂大典》有「陰拱」二字。如此，則句讀當作「則是凡爲大臣皆當陰拱，坐視國之顛覆」。

《象》曰：龍戰于野，其道窮也。

人臣久據大位，操生殺之權，内有震主之威，下有非覬之望，自非伊尹、周公一旦欲釋位而去，則禍不旋踵矣。以霍光之忠，身死之後猶不免滅族之禍。故其勢必至于戰，戰則有勝有負，君臣兩傷。《坤》之上六，其微見于初爻。「臣弑其君，子弑其父，非一朝一夕之故，其所由來者漸矣，由辨之不早辨也。《易》曰『履霜，堅冰至』，蓋言順也。」

小人事主，其初但阿順而已，人主利其順適之快，任之必專，至于威柄潛移而不悟，陰盛傷陽而卒不可制。雖欲就臣位，不可得也。故《象》曰：「龍戰于野，其道窮也。」戰必寬閒之鄉，故云「野」。湯伐桀，戰于鳴條之野；武王伐紂，戰于牧野。湯、武之師，雖應乎天而順乎人，然以臣伐君，亦由威權不立，積習以致之也。《坤》卦專主人臣，其防微杜漸之戒，豈不深且遠哉？天玄而地黄，「其血玄黄」者，非君傷臣，則臣必傷君也。

用六，利永貞。

《象》曰：用六，永貞，以大終也。

用六之道，用此衆爻之六，而長守以正固，是能以大終也。人臣立朝，非失之邪佞，則失之剛强。《坤》以柔順爲體，終守以正固，上能尊君，下不失臣節，功成名遂則奉身而退，是能以大終也。

䷂震下坎上

屯：元、亨、利、貞。勿用有攸往，利建侯。

《彖》曰：屯，剛柔始交而難生。動乎險中，大亨貞。雷雨之動滿盈。天造草昧，宜建侯而不寧。

《屯》異于《否》。《否》則小人在内，君子在外，上下不交而天下无邦。《屯》則陰陽始交而難生，賢人君子經綸事業之時。經綸事業，非備此元、亨、利、貞之四德，曷足以戡難解紛，致康濟之效，與《乾》同其功用哉？屯難之世，英豪競逐，静以觀變，徐起而應之可也，故勿用有攸往。自唐、虞、三代莫不建侯樹屏，内以蕃王室，外以寧萬民，況屯難之世，干戈日尋，斯民離散泮涣，强弱相陵，衆寡相暴，非立主以定之，孰與保其生業哉？故利建侯也。

《象》曰：雲雷，屯。君子以經綸。

諸卦多以坎爲水，爲雨，爲澤，爲泉，其功用皆足以及物。以坎爲雲，獨《需》《屯》二卦耳。《屯》未行，《需》有所待，故以象雲。雲上于天，未必成雨。惟地氣上騰，天氣下降，畜而成雨。若陰陽始交，雲雷方作，此正聖賢經綸馳騖之秋也。經謂有定制，綸謂有端緒。經綸天下事業，必先定其規模，然後緝理之，如治絲棼，詎可遽爲之哉？

初九，磐桓，利居貞，利建侯。

《象》曰：雖磐桓，志行正也。以貴下賤，大得民也。

九五本一卦之主，今民心所歸，乃在初九，何也？屯難之世，居大位者非昏庸即幼主也。昏幼之主多劫于强臣，身陷險難，非能濟難者也。君子之遇斯時也，宜睹其機會，徐起而應之，與天下同其利，故「磐桓，利居貞，利建侯」也。

守節居貞非爲邪也，列爵分土非爲利也，故《象》曰「雖磐桓，志行正也。以貴下賤，大得民也」。蓋得乎丘民而爲天子，得乎民者，得其心也。初九以剛陽之才處群陰之下，屈己禮賢，卑以自牧，方民思真主，而爲人望所歸，孰能違之哉？武王觀政于商之時也。

六二，屯如邅如，乘馬班如，匪寇婚媾。女子貞不字，十年乃字。

《象》曰：六二之難，乘剛也。十年乃字，反常也。

六二上應九五，乃人臣居中守正者也。然初九陽剛在下，爲群陰所歸，方天下板蕩，國勢微弱，下有一撥亂之主，天下將靡然從之。二獨憑陵而不肯爲之下，志欲遠應九五，而逼近于初，不敢遽進，此大臣之居正守節者也。故「屯如邅如，乘馬班如」也。然初之難二，非有侵害之意，以二守正，欲使歸己，故幣聘雖行而志不從，如女子之不踐二庭也。

字，生育也。女子得所歸，則能遂其生育；賢人君子有所從，則能行其志願。十者，數之終。君子厄窮，禍患至于十年，亦已極矣，故曰「女子貞不字，十年乃字」也。士當亂世，退處寬閒之鄉、寂寞之濱，消聲滅迹，所以遺寵榮而避世患也，何危難之有？蓋六二嘗爲大臣者，如管寧之流是已。夫守節固志十年之久，天下之勢必定于一。上无可爲之君，下有厭亂之民，理必反常，君子則必能觀會通以行其道，此聖人之微意也。故《象》曰：「六二之難，乘剛也。十年乃字，反常也。」

六三，即鹿无虞，惟入于林中。君子幾，不如舍，往吝。

《象》曰：即鹿无虞，以從禽也。君子舍之，往吝窮也。

屯之時，固聖賢馳騖有爲之時，然外内无應，當磐桓居貞以待幾會。如獵者之即鹿，非得虞人熟于山林，知鹿之所在，而徒往入于林中，何所得乎？知幾之士不如舍之，若急于有獲，弗慮而妄動，往則愈屯耳。故《象》曰：「即鹿无虞，以從禽也。君子舍之，往吝窮也。」

六四，乘馬班如，求婚媾。往吉，无不利。

《象》曰：求而往，明也。

六四逼近九五，輔弼之臣也。當屯之時，九五之君无大有爲之志，四雖與初爲正應，志欲求初，不敢遽進，必待求而後往，往必合矣。班者，遲回不進之貌。蓋屯難之世勿用有攸往，雖以正應，理无不從，猶當遲回顧望，察其誠心相與，可以同濟時難，然後往，則吉无不利也。

九五，屯其膏，小貞吉，大貞凶。

《象》曰：屯其膏，施未光也。

當屯之時，居九五之位，處乎險中。漢獻帝、魏高貴鄉公、唐昭宗之流是也。威福賞罰已不自己出，又群陰下歸于初，人主擁虛器而已。方是時，從容以求濟可也，若輕意肆志，不能以道消息，而欲大有所爲，是速其禍耳，故曰「屯其膏，小貞吉，大貞凶」也。屯其膏者，非吝之也，人不以爲榮也，故《象》曰「屯其膏，施未光也」。

上六，乘馬班如，泣血漣如。

《象》曰：泣血漣如，何可長也。

屯難之世，人有濟難之志。上六以陰柔在上，乘險而下无應援，又才非剛健，道已上窮，雖欲有爲，孰肯從之？處屯之極，窮厄已甚，故「乘馬班如，泣血漣如」也。夫君道屯厄，危而必亡，非可以逃難而苟免也，故《象》曰「泣血漣如，何可長也」。何可長，則非特凶悔吝而已。

䷃坎下艮上

蒙：亨。匪我求童蒙，童蒙求我。初筮告，再三瀆，瀆則不告。利貞。

乾爲剛健創業之主，蒙爲繼體幼沖之君。人主之尊，雖在童幼，與臣下之分固懸絶矣，非求師臣以自輔則聰明不開，古今治亂成敗之迹无自而知。惟尊德樂道，屈己以求剛明之賢以啓迪其性，則蒙固有亨之道。若嚴上下之分，峻廉陛之等，不能遜志務學，則有過而不能改，見善而不能從，驕奢淫佚，爲狂爲愚矣。

筮所以決疑，童蒙之求師亦以決疑。善學者得師之一言，雖終身行之可也。若再三叩之，則有自疑不信之心。若復改其初意，以他辭告之，則問者將輕吾言而莫知適從，故「再三瀆，瀆則不告」也。蓋師道貴乎剛嚴簡重也。如此，利貞者，所利在正。蒙以養正，聖功也。童蒙之主樂軟熟而惡剛正，師臣之道一，正君而國定矣，故所聞所行與左右近習之臣无適而非正，則放僻邪侈无自而入矣。

《彖》曰：蒙，山下有險，險而止，蒙。蒙亨〔一〕，以亨行，時中也。匪我求

〔一〕「亨」，原作「言」，據文津閣本及《周易》（宋刻本）改。

童蒙，童蒙求我，志應也。初筮告，以剛中也。再三瀆，瀆則不告，瀆蒙也。蒙以養正，聖功也。

水者，天下至潔之物，濬其源則日流而常清，畜而止之則滓穢而不食。山者，泉之所自出，今遇險而止，所以爲蒙。人之性猶水之性，其源未嘗不清，蒙者有物以蔽覆之也，故蒙有亨道，行之不失其時則可以作聖矣。夫以人主之尊，雖在童孺，若以勢位自居，則師道廢矣。今六五之君下求九二之臣，是能屈體以尊賢，上下相應，君得發其蒙，師得行其道，理无不順，故曰「匪我求童蒙，童蒙求我，志應也」。

師道貴乎剛嚴，舉一隅不以三隅反，則不復也。有疑而問，問而應，得一善則拳拳服膺而不失，如此，則疑者必釋，應者不煩。若不能專精致志，退而深思，問而復問，至再至三，則不復告矣，告之適以瀆之也。《洪範》休徵曰「聖時風若」，咎徵曰「蒙恒風若」。蒙者，聖之反也。蒙之與聖，特在學與不學之間耳。傅説告高宗曰：「惟狂克念作聖，惟聖罔念作狂。」狂之與聖，特在克念、罔念之間耳。周公相成王，動以沖人、孺子稱之，其告戒之嚴、教督之至，居父師之位而能盡父師之道，卒使成王爲守成之賢主，享國四十餘年，豈非蒙以養正以成作聖之功乎？

《象》曰：山下出泉，蒙。君子以果行育德。

山澤之氣升而爲雲雨，畜而爲泉源。泉之出乎山，非疏瀹而利導之，則失其至潔之性，若有物以蔽之，如童蒙未知所適從也，故山下出泉有蒙之象。君子當法此象，因其性而利導之，使知其所向，則果決而行之，涵容渟蓄以豐其源，源既深而流長矣，故曰「君子以果行育德」。

初六，發蒙，利用刑人，用説桎梏，以往吝。

《象》曰：利用刑人，以正法也。

初六以柔弱之質，屈體以承剛明之師，則蒙蔽之性得以啓發。蒙既發去，則燭理无障，用以刑人，則有罪者必誅，而冤枉者獲伸矣。是道也，特有司之職，非人主所獨任也。蓋發蒙之初，姑以試其明決爾。童幼之君或不足于威權，則衆得而陵犯之。周公戒成王云：「亦敢殄戮用乂民，若有功。」故蒙之初爻以刑人爲先，則强梗者肅然而有所畏憚矣。雖然，人主當純任德教而輔以刑名可也，若純任刑名，則商君之術耳。故「利用刑人，用説桎梏」，以往則吝道也。

九二，包蒙，吉。納婦，吉。子克家。

《象》曰：子克家，剛柔接也。

九二以陽剛之才處臣位之中，與六五爲正應，五反居陰，是能屈己以尊師傅之象也。五既屈己，二當循循善誘，包涵容納以成其聖質。周公于成王，雖告戒之甚嚴，然所以訓迪之者，雍容而不迫。雖居父師之尊，弗敢專也。若童之未有所知、婦人之柔闇，一切容納之，則无不利矣。子克家者，勤勞王家是也。觀《鴟鴞》之詩，其自叙如此。故居東二年而罪人斯得〔一〕，內則制作禮樂，外以攘却寇讎，外剛明而内忠順，未有若周公者也。然所以得行其志、遂其功者，亦在成王悔悟之後，君臣之分洞然无疑也，故《象》曰「子克家，剛柔接也」。

六三，勿用取女，見金夫，不有躬，无攸利。

《象》曰：勿用取女，行不順也。

童蒙之從師猶女子之從夫也，六三以柔闇而處剛陽之位，非能遜志以受教者，正應在上而下比于二，兩者皆剛，將安從乎？將捨其貞固之道，近從所乘，此女之醜行也。「金夫」謂九二，九二體剛，故曰「金夫」。童蒙之主委任不專，捨正應而從非應，則賢者將望望然去之矣，故曰「勿用取女，見金夫，不有躬，无攸利」也。六五之君能近捨上九而遠求九二，故二五皆吉，六三反此，將下比九二，輕身以從之，何所利哉？六三體本陰柔，性復趨下，故《象》曰「勿用取女，行不順也」。

六四，困蒙，吝。

〔一〕「二」，原作「三」，據文津閣本改。「周公居東二年」見《尚書·金縢》。

《象》曰：困蒙之吝，獨遠實也。

困固有亨之理，六四之困，陷於群陰之中。艮之初爻，下乘于坎險而止，困而不能亨者，吝道也。陽奇陰偶，奇實而偶虚，四欲上求上九則礙于六五，欲下求九二則礙于六三，昏蒙之性无自而發，故《象》曰「困蒙之吝，獨遠實也」。「實」謂九二之陽也。

六五，童蒙，吉。

《象》曰：童蒙之吉，順以巽也。

六五居尊極之位，而能以童幼自處，與二爲正應，是能虚己求賢師以自輔，而不爲群陰所移，吉孰大焉？故曰「童蒙，吉」。《象》曰：「童蒙之吉，順以巽。」順爲先，順則悦而從之，心不逆也；巽則優而柔之，能順乎剛也。既順且巽，則孰不告以善道乎？

上九，擊蒙。不利爲寇，利禦寇。

《象》曰：利用禦寇，上下順也。

九二以剛明而居臣位之正，君臣之分不敢失也，故貴乎包容。上九以剛明而居人臣之極位，握威福之柄，擅廢置之權，昏蒙之幼主卒不開悟，則當擊去其蒙蔽，俟其思庸如太甲、悔悟如成王，然後復子明辟，此伊尹、周公之任也。若乘時微弱，掩神器而有之，如王莽、董卓，則天下英豪將共起而圖之，鮮有不敗者，故曰「不利爲寇」。

若能衛護宗社，勤勞王家，如周公之伐三監，誅管、蔡，霍光之誅燕王、上官桀等，孰敢不聽命者？故人心向背特在逆順之間耳。以曹操之勢，雖漢祚已盡，終身不敢失臣節，蓋知内外人心未順故也。桓階勸操正位[一]，而夏侯惇欲俟吴、蜀既定，然後遵舜、禹之軌，操卒從其言，蓋亦畏二方有辭，將合而攻我，則曲在我矣。以荀彧之賢，操所信任，謀无不從，欲稍遲回九錫之命，且不免死，不然，豈惇單辭所能沮之哉？

[一]「桓階」，原作「桓楷」。按，《三國志·魏書·武帝紀》裴松之注云：「《曹瞞傳》及《世語》並云桓階勸王正位，夏侯惇以爲宜先滅蜀，蜀亡則吴服，二方既定，然後遵舜、禹之軌，王從之。」故知「桓楷」爲「桓階」之誤，兹據改。

讀易詳說卷二

上　經　需至履

䷄乾下坎上

需：有孚，光亨，貞吉，利涉大川。

需，須也，待也。上下相需，非特待而已。君非臣，不能自免于險難；臣非君，不敢冒進而排難，君臣相需之急如此。今人君負剛明之德，能以誠實相與，上下皆有孚信，其德乃光顯而亨通也。既能光顯亨通，又以正濟，所以吉也。

九五之君雖在坎窞之中，已正乎天位。三陽雖伏而在下，皆剛健之君子，險雖在前，无所憚也，但觀時度宜，不敢妄進耳。夫君臣同心，内外協濟，有所不往，往必有功矣。世之言險難者莫如涉大川，需之利涉，蓋有所恃矣，三陽是也。

《彖》曰：需，須也，險在前也。剛健而不陷，其義不困窮矣。「需，有孚，光亨，貞吉」，位乎天位，以正中也。利涉大川，往有功也。

「需，須也」者，需之爲義，有所須、有所待也。所以須、所以待者，以險在前。乾下坎上，險在前之象，險既在前，若冒昧遽進，則爲小人之所傾陷矣。乾之三陽，本鋭于進趨，以能觀時而動，才又剛健，雖小人善陷者莫得而害之。道雖否而心未嘗不亨，身雖窮而志未嘗不遂也，故曰「其義不困窮矣」。

「位乎天位，以正中」者，此夫子釋「需，有孚，光亨，貞吉」之義也。九五處乎尊極，居中正之位，故其道交信于人而光亨貞吉也。聖人雖其道已孚于人，而發揮光亨乃在履尊居正之後。聖人易上六、九二二爻而成離，離有光明之象，所謂「坤以陰交乾而生離」也，其德如是，故涉險濟難无往而不利也。以剛健之德待時而動，動則有功矣，何難而不濟乎？

《象》曰：雲上于天，需。君子以飲食宴樂。

陽上薄陰，陰能固之，然後蒸而爲雨，釋疑解難之象也。今雲既上于天而未爲雨，則疑未釋而難未解，故爲需，須也，待也。物有所須，則有所待。君子處此時，則當飲食宴樂以俟幾會，不可亟也。飲食者宴樂之具，宴樂必資于飲食，此君子從容避禍，以禮自娱樂之時也。

初九，需于郊，利用恒，无咎。

《象》曰：需于郊，不犯難行也。利用恒，无咎，未失常也。

乾下坎上，險難在上，雖有衆君子伏而在下，未能遽進。九五之君位乎天位，處二陰之間而剛健不陷，與下三陽實相需，雖小人在側，終必退聽，但守正不動以待其應耳。初九最處遠外寬閒之鄉，故「利用恒，无咎」。恒，常也。利用于常，則動静起居未嘗少改其度，迫窮禍患未嘗少易其節，故可以无咎也。初九之陽在下，以待六四之應，彼小人方挾主以擅朝權，若不慮患待時而輕躁妄動，則禍不旋踵矣。

九二，需于沙，小有言，終吉。

《象》曰：需于沙，衍在中也。雖小有言，以吉終也。

《需》卦「利涉大川」，沙與泥皆近乎水際，所謂「險在前」，將進而涉難也。沙比泥爲饒衍之地〔二〕，彼不我疑，但小有言而已。二爲中位，剛而得中，雖无應于五，小人不能害也。進而涉難，何往不濟？故終必獲吉也。

九三，需于泥，致寇至。

〔二〕「沙」，原作「涉」，據文津閣本改。

《象》曰：需于泥，災在外也。自我致寇，敬慎不敗也。

坎爲水，有川之象。九三在坎窞之下，逼近險難，小人覺悟，有凌犯之意，自我致之也。然三陽以剛健之才，心德俱同，以此涉難，往必濟也。然寇自我致，所以禦之者必有豫備，加敬與慎，乃不致反爲所乘耳。

六四，需于血，出自穴。

《象》曰：需于血，順以聽也。

六四以陰柔而居君側，三陽既進，必有所傷，能釋位而去，順以聽命，可以免咎矣。君子之去小人，不爲已甚，彼能退聽，斯已耳。況四與上雖處險，而皆有内應，故不至甚傷也。穴者，陰物之所處。四「出自穴」，上「入于穴」，狐鼠依憑城社之象。小人能自竄伏，不窮治之也。李膺破柱以取張朔，激成黨錮之禍，身既不全，卒以亡漢，可不戒哉？

九五，需于酒食，貞吉。

《象》曰：酒食，貞吉，以中正也。

九五陷于坎險上下二陰之間，然三陽在下，將同心以排難，上下相須之時，又材皆剛健，險難必濟，但當從容以應物之求耳。四與上方挾我以握其威權，若不能以道消息，則寇害必至，故需于酒食，示以閒暇，静正以待之。剛明之賢自下競進，爲吾羽翼、舟楫之用，則剛中居正，位乎天位，爲需之主，吉莫尚焉。

上六，入于穴，有不速之客三人來，敬之，終吉。

《象》曰：不速之客來，敬之，終吉。雖不當位，未大失也。

上六以陰柔乘剛，而居人臣之極位，處險難之終，否極將泰之象。乾之剛陽豈久爲人下哉？需之既久，險難將平，故衆賢不俟號召而皆進。小人自知力不能拒，能以誠敬而待君子，君子豈復窮治之哉？君子之待小人，其恕如此。然三陽在下，而一陰反處乎上，今群陽已升，而陰能退聽，不忌其進，雖不當位，未大失也。古人以飲食致訟者多矣。宋華元殺羊享士而不及羊斟，鄭靈公解黿而不及子公，皆足以致禍。今三陽健進，雖非己所召，敬以待之，乃獲終吉。聖人爲小人計亦深矣，豈必誅絶之哉？

䷅坎下乾上

訟：有孚窒惕，中吉，終凶。利見大人，不利涉大川。

訟者，人所不得已也，非其中心誠寔，不敢訟也。二之與五，皆以陽剛居中，有孚之象也。凡訟，必抑塞而不獲伸，然猶惕然而懼，慮有司之未能明辨也。中吉，中止則吉也；終凶，終竟其事則凶也。利見大人，求辨明也；不利涉大川，涉險則危也。入于淵者，没溺之象，囹圄之謂也。聖人既不能使人无訟，凡爲好訟之戒盡于此矣。所以塞其源，窒其流，欲使之无訟也。

《彖》曰：訟，上剛下險，險而健，訟。「訟，有孚窒惕，中吉」，剛來而得中也。終凶，訟不可成也。利見大人，尚中正也。不利涉大川，入于淵也。

訟，乾上坎下，乾剛健而坎陰險，健則果于訟而不可制，險則巧于訟而不可測，合此二象，此小人之善訟者也。大抵訟非君子之所樂爲也，「有孚窒惕，中吉」，不得已而言之于上也。九二以剛自外來，居人臣之正位，雖在坎窞，而陽剛君子，小人不能加害，乃反爲訟主。陽來而得中，此有司之善决獄訟者也。九五爲訟主，履尊位而有中正明辨之德，有罪者刑，无罪者釋，是非曲直，所取决也。《訟》有二主，而爻辭特以自下訟上爲言。《易》固有遺爻以舉二體者，卦體不由乎爻，蓋《彖》統論一卦之體，爻者適時之變，互見之也。

聖人既不能使人无訟，若有理者獲免，无理者退聽，則已耳。健訟者必欲終竟其事，則凶之道也。大人者，有位之大人也。《吕刑》稱「皇帝清問下民」，「鰥寡无蓋」，又曰「兩造具備，師聽五辭」，「明清于單辭」，「察辭于差，非從惟從」。古人于獄訟，其欽慎審克如此，宜乎冤枉者所利見也。訟者必審量事機，理直而主明，乃可訟也。若恃理直，冒昧而進，如涉險難，則有不測之禍矣。

《象》曰：天與水違行，訟。君子以作事謀始。

天體極乎上，水性極乎下，天右行而水東注，此形性之相違也。夫相親相友，患難相救，疾病相扶持，此人情之常。至于乖争而致訟，必由二體之相違也。君子知訟之所由興，凡所作事皆當謀始。如議婚禮者或大小之非耦，恃契券者或經界之不正，皆始之不慎而終訟者也。

水性固下而坎復在下，天體極上而乾復在上，此其相違之甚者。若止以乾坎二體爲相違，則《需》亦以乾坎成卦，乃以雲上于天爲需之象，有相須相成之義，猶天地交爲《泰》，不交爲《否》，上火下水爲《未濟》，上水下火爲《既濟》也。

初六，不永所事，小有言，終吉。

《象》曰：不永所事，訟不可長也。雖小有言，其辨明也。

初六以險柔居訟之始，然險而不健，故所訟之事雖誣罔而不敢終執，抑塞而不敢必伸，有惕然畏懼之心，知訟之終凶而不敢竟也。然外有九四爲之正應而辨明之，雖有小言，故終獲吉也。

九二，不克訟，歸而逋，其邑人三百户，无眚。

《象》曰：不克訟，歸逋竄也。自下訟上，患至掇也。

九二以陽剛居險陷之中，初與三恃以爲主也，然上无應援，二剛皆居中履正，相違而不相下，五既君位，非二可敵，故不克訟而歸逋。其邑人三百户，蓋三百户之小邑，儉陋之邦，非人所競，故可免咎而无罪悔也。自下訟上，于理爲逆，若非逋竄，以寡約自處，則禍患之至猶掇取之也。先儒曰：「大都偶國，固非逋竄之道。」胡翼之曰：「若反據强盛之國，是復有敵上之意，故退避至小之邑而人三百户，則可以无災眚也。」

六三，食舊德，貞厲終吉。或從王事，无成。

《象》曰：食舊德，從上吉也。

六三以陰柔處兩剛之間，失位而居險之終，能以静正自處，慄慄危懼，則獲終吉而永保其禄位矣。食舊德，世禄也。古者分田制禄，公卿以下咸有圭田，兩漢子孫猶有世侯爵者。能食其舊德之禄，則能承家矣。六三處四陽之間，而柔順不競，雖有失位之危，而正應在上，故能食其舊德而獲終吉也。

既能從上，順以聽命，使從王事，竭力赴功，必歸美以報其上而不敢成也，與夫尸禄素餐者異矣。處險難之中，能不競如此，豈復蹈禍悔者哉？聖人貴乎明哲保身，居危疑之時，遇剛强之敵，不量己力，動輒相違，其取禍必矣，尚何舊德之可保乎？

九四，不克訟，復即命，渝，安貞吉。

《象》曰：復即命，渝，安貞不失也。

初與四本爲正應，然九四居上卦之下而剛健，初六在下卦之下而陰險，體性相違，争訟之所由興也。初雖陰險而柔弱，非能與剛健爲敵，勢必退聽，故「九四，不克訟」，而反前欲訟之命而變其初心，乃能安其分義而貞且吉也，此則于己无所失矣。

九五，訟，元吉。

《象》曰：訟，元吉，以中正也。

聽訟者，有司之事爾。《訟》之九五，非必履尊位也。蓋聽訟之主，訟者所取決也。體既剛明，又居中而得正，强梗必有所憚而柔弱者獲伸矣，其獲元吉，不亦宜乎！堯之皋陶、周之召伯、漢之于公、唐之徐有功，足以當此爻矣。

上九，或錫之鞶帶，終朝三褫之。

《象》曰：以訟受服，亦不足敬也。

《書》稱：「天命有德，五服五章哉。」服者，所以彰有德也。人能藴德行道藝，修身于隱約之中，一旦錫命于朝，衆人必以爲榮。今以剛强善訟而受命服，如「小人乘君子之器，盜斯奪之」〔二〕，故有「終朝三褫」之辱。雖復垂紳正笏，儼然有士大夫之容，見者孰不鄙賤之，又何足敬乎？

䷆坎下坤上

師：貞，丈人吉，无咎。

古者不得已而用兵，常以曲直爲勝負，若辭直而理正，非徒衆必爲用，而敵人固已喪氣矣。行師之道以貞爲主，不曰正者，静而正也。静而无譁，以聽主帥之命，提三軍之衆，坐作進退，惟命是聽，非人望素爲衆心所畏服者，曷足以當其任哉？李光弼、郭子儀、顔真卿連衡河北，裴度之討淮西，足以當此爻矣。

丈人者，宿將老臣之謂也。宿將老臣，方略必素定乎胸中，雖驅市人而戰可也。「吉，无咎」

〔二〕「斯」，《周易·繫辭上》作「思」。

者，吉而又无咎悔也。如樂毅之伐齊，王濬、王渾之平吴，鄧艾、鍾會之滅蜀，雖吉而有咎悔，故知成功名非難，守功名者難也。

《彖》曰：師，衆也。貞，正也。能以衆正，可以王矣。剛中而應，行險而順，以此毒天下而民從之，吉，又何咎矣。

《周官》六鄉之兵出則爲六師，兵法亦以二千五百人爲一師，則師之爲言衆也。古者興師動衆必本于正。此卦以九二爲主帥，以寡制衆，群陰所從，居險之中，上應六五。蓋禀命以征伐者，正也。用衆之道非出于正，孰肯歸之？

九二以剛中之才，應天順人，履險以用衆，雖驅之以萬死一生之地，民皆悦而從之者，正且順也。若違命犯上，師出无名，雖復誘以重賞，孰肯從之？夫履至險者莫甚于行師，毒天下者莫慘于矢石。今師以正行，兵以順動，其害之也乃所以利之，其勞之也乃所以逸之，其毒之也乃所以生之，則民之從之也輕，故能吉且无咎也。

《象》曰：地中有水，師。君子以容民畜衆。

坎下坤上，地中有水之象。天一生水，五行之本。在天地之間，至多者莫若水，故有民衆之象。卦有五陰，民衆也。水由地中行，江河淮濟何所不受，則水不失其性。君子能體此以容民畜衆，各樂其業。容者，包容之，包容則不擾；畜者，聚畜之，聚畜則不散。此聖人御人群之道，豈獨用兵行師哉？

初六，師出以律，否臧凶。

《象》曰：師出以律，失律，凶也。

用兵行師必先繩以紀律，然後可以萬全，縱不大勝，亦不至大敗也。「律」謂正部曲、行伍、營陣，進退坐作皆有常法，司馬掌九伐之法是也。韓信多多益辦者，用紀律也。若不知嚴紀律，肅號令，雖復邀倖一勝，軍政必自此壞，後必有受其禍者，故曰「否臧凶」。否，不然也。出師而不以紀律，雖善猶凶也。初六，出師之始，聖人致其戒懼之意深矣。

九二，在師中，吉，无咎，王三錫命。

《象》曰：在師中，吉，承天寵也。王三錫命，懷萬邦也。

六二、九五，君臣之正位。今九二以陽居陰，六五以陰居陽，雖不可謂正，而得中也。況二與五爲正應，有主于中，可以專制于外，以必其成功也，故在師中吉且无咎也。吉者，委任之專，故戰可必勝也。无咎者，君臣意合，讒間不能移也。人主操威福之柄，有功必賞，有罪必討，況戰陳之事，賞不逾時，故「三錫命」也。

按《曲禮》「一命受爵」，「三命受車馬」，錫命至于三，所謂功多有厚賞，豈特爵服、車馬之間哉？古之爲將者不以成功名爲難，能保功名者難也。居功名之際，主不疑而朝不忌者，唐惟郭子儀一人。《師》之九二以陽剛處中，履險而順，雖外握重權而不失人臣之分，故能吉且无咎也。古者討有罪，命有德，皆稱天，示不敢私也。賞一人而千萬人悦。故《象》言：「在師中，吉，承天寵也。王三錫命，懷萬邦也。」

六三，師或輿尸，凶。

《象》曰：師或輿尸，大无功也。

九二以剛而居柔，故爲上所信倚，托不御之權，專閫外之寄，戰可必勝，功可必成也。六三體柔而居剛，體柔則其才不足仗也，居剛則其任不可專也。九二爲衆陰所歸，三當退聽而受其節制，今乃欲共主其事以分權，其无功必矣。

自古將相委任不專則號令不一，號令不一則衆莫知所從，如此，鮮有不敗北者。漢祖登壇拜韓信，使盡護諸將，故能下齊破趙，卒成大功。唐肅宗大舉節度之師以當安、史，而无主帥，進退相顧望，雖郭汾陽、李臨淮不免奔潰。將之成敗，在委任之專與不專之間耳。

六四，師左次，无咎。

《象》曰：左次，无咎，未失常也。

老氏云：「君子居則貴左，用兵則貴右。」又曰：「吉事尚左，凶事尚右。」天地之道，左陽而右陰，陽生陰殺。兵者，聖人不得已而用之。殺人固非所樂，若知難而不能退，則有覆軍辱國之禍。

六四以柔弱而處陰位，内險既終，外體柔順，故堅壁以守，敵不能犯，雖爲无功，亦无咎悔，故「左次，无咎」。《象》曰：「左次，无咎，未失常也。」用兵行師固以克敵制勝爲常，若知難而退，全師以歸，愈于敗亡，未爲失常也。晉師救鄭，及河，聞鄭既及楚平，桓子欲還，彘子不可，師遂濟，晉師大敗，是安知用兵之常道哉？

六五，田有禽，利執言，无咎。長子帥師，弟子輿尸，貞凶。

《象》曰：長子帥師，以中行也。弟子輿尸，使不當也。

兵法曰：「師直爲壯，曲爲老。」古者興師必有辭，雖湯武之師應天順人，而鳴條、牧野之誓尚聲桀、紂之過惡，況餘人乎？執言者，非无辭也。執我之辭，聲彼之罪。羲和湎淫，廢時亂日，胤侯承王命徂征；葛伯不祀，湯往征之，皆有辭也。田者，播種百穀，生民之本也。田非鳥獸之所犯，有禽則將害我穡事，以此出狩，非馳騁畋獵，荒于禽者。如夷狄侵擾邊陲，諸侯一遵軌度，聖王興師動衆，有不得已者。

六五之君以柔弱而居尊位，物來犯我，則以兵應，往无不克矣。動既有辭，何咎之有？「長子帥師，弟子輿尸，貞凶」，何也？九二以一陽而爲衆陰所歸，長子之象，即繇辭所謂「師，貞，丈人吉」也。丈人，尊嚴之稱。任帥師者，非得尊嚴之人，人望素著、衆心所歸者以統御之，安能責其成功哉？秦用三帥而爲晉襄公所敗，唐用九節度而爲史思明所乘，蓋委任不專，軍無統帥，雖用天子之命以伐叛逆，猶凶也。九二在師中，故《象》言「以中行也」。人主之職在任將相，不能擇帥而專任之，則是人主之過，故曰「使不當也」。

上六，大君有命，開國承家，小人勿用。

《象》曰：大君有命，以正功也。小人勿用，必亂邦也。

上六，《師》之終，以柔弱而居无位之地，蓋功成而退，非久專兵柄者也。故大君有命，量其功之大小以爲諸侯。大夫有功者不可不賞，小人不可使有功，故終戒之以小人弗用也。

《象》曰：「大君有命，以正功也。小人勿用，必亂邦也。」人主操賞罰利害之權，命自我出，開國承家，所以正功也。苟用小人，或恃功而跋扈，或開邊而生事，其亂邦必矣。聖人戒之于終，欲後世之君命將謀帥之際，不可不慎始也。始之不慎，至于有功而不賞，則過在我矣。

䷇坤下坎上

比：吉。原筮，元永貞，无咎。不寧方來，後夫凶。

凡有所比，或爲人所比，无不吉者，君子必擇其所比。原筮者，推原所比之人可從可違，而決斷之也。「元永貞，无咎」者，惟得剛中之賢君爲比之主而親附之，則可无咎悔也。元者，衆善之長，群陰皆附于我，非其善出乎衆人之上，安能翕受而无間言乎？「永」謂常久而不變易，「貞」謂正固而无傾邪。所親如此，何咎之有？

「不寧方來，後夫凶」者，諸侯之國，上无道揆，下无法守，則各相并吞，小大强弱必有受其害者。上有剛中之君以爲比主，則不寧之國皆有所恃且有所畏，莫敢不來享矣。大君在上，朝覲會同之禮其敢後乎？其或懷疑偃蹇，獨後于衆人，此取禍之道也。小則削地黜爵，大則如禹之戮防風氏，凶其宜矣。

《彖》曰：比，吉也。比，輔也，下順從也。原筮，元永貞，无咎，以剛中也。不寧方來，上下應也。後夫凶，其道窮也。

《比》以一陽統五陰，陽又處尊位，而四陰在下而順從之，所以能吉而衆爲之輔也。故曰：「比，吉也。比，輔也，下順從也。」此以九五言比道之大也。原筮者，卜其所當比當從之人。以人主之尊，比者雖衆，而有正有邪，所比者君子則衆君子皆進，所比者小人則群小人皆進。同心同德，群而不黨者，比也；阿諛順旨，朋淫狎比者，亦比也。始之不愼而能克終者，鮮矣。故愼之于始，誠善矣；考之于終，能永且貞矣，故无咎悔也。非剛健中正之君，鮮有不昵于私者，故曰「以剛中也」。

「不寧方來，上下應」者，一陽居中爲比之主，而群陰皆應，如人主秉其威權，禮樂征伐自我而出，孰有不聽命者乎？《書》稱文王曰：「大邦畏其力，小邦懷其德。」有力以制之，有德以懷之，强不敢陵弱，衆不敢暴寡，不寧者我能寧之，孰有不來享來王者乎？若其偃蹇跋扈，後衆人而來，失比輔之義，則有問罪之師。如啓之征有扈，文王之伐崇，乃自取困辱之道也，故曰「其道窮也」。

《象》曰：地上有水，比。先王以建萬國，親諸侯。

先王觀地上有水，而得比之象。非特地水之相比也，蓋地上有水，非有溝洫畎澮以防範儲蓄之，則泛濫奔衝，反爲害矣。聖人觀此象，故建萬國，親諸侯。小大强弱不相陵犯，或以德懷，或以力制，咸親比于我矣，自堯、舜、三代不敢廢也。至秦并吞諸侯而郡縣之，一夫叫號，天下響應，孰有親比于我者？

王氏論本朝罷侯置守，則曰萬一有秦之變，豈可諱哉？靖康之禍，金人長驅如入无人之境，諸路守臣奔竄迎降之不暇，其間能仗節死難者不過數人，何補于治亂哉？然則衆建諸侯，或大封同姓，以復唐、虞、三代之制，豈非今日之先務哉？

初六，有孚比之，无咎。有孚盈缶，終來有它吉。

《象》曰：比之初六，有它吉也。

初六以陰柔之質爲比之始，若不擇所從而急于求比，則有阿附之嫌。惟初无應于上，義之與比而已，故曰「有孚比之，无咎」。人之相與，不以誠實，視利之所在，則詭隨而苟合，利窮則散矣。惟中懷誠寔，无矯飾之僞，如質素之缶，則衆心所向，始雖難合，終必從之，而有它來之吉也。它來者，非獨五服之内而已，雖蠻貊之邦皆不約而自至也。

夫比之道如交神明，其始不以誠而徒事繁文末節，曷足以感之？故《觀》卦言：「觀：盥而不薦，有孚顒若。」孔子曰：「禘自既灌而往者，吾不欲觀之矣。」故《象》曰：「比之初六，有它吉也。」蓋言慎其始也。

六二，比之自内，貞吉。

《象》曰：比之自内，不自失也。

六二與九五爲正應，在它卦則吉孰甚焉，盡比之道則狹矣。二處于内，專比于五，于人臣之道爲正，雖所比不廣，必免凶咎。自内者，不汲汲馳騖于外以求比者也，故必貞而後吉。《象》曰：

「比之自内，不自失也。」夫比之道當惟正之從，若專應于一則有朋比之嫌。今二能應五，不失正道，故曰「不自失也」。

六三，比之匪人。

《象》曰：比之匪人，不亦傷乎。

六三以陰柔而居陽位，上六雖非正應而遠比之。上六陰柔不中而居高顯之位，比之无首而无所終者，又處坎之終，此陰險之小人而在高位者也，而三乃比之，比不以正而終不爲所傷陷者幾希矣。

六四，外比之，貞吉。

《象》曰：外比于賢，以從上也。

四无應于初而切近君位，雖非正應，而外比于賢君。五又爲比主，以臣比君，以下比上，以陰柔而比陽剛，相比以正，其獲吉宜矣。夫人之相比，有敵體而比者，有尊卑相臨而比者，有因勢利而比者，有下比于群邪者。今四之比五，特以君臣之分，義所當從，捨初而比五，故《象》曰「外比于賢，以從上也」。

九五，顯比。王用三驅，失前禽。邑人不誡，吉。

《象》曰：顯比之吉，位正中也。舍逆取順，失前禽也。邑人不誡，上使中也。

九五以一陽而比衆陰，處中正之位，无所偏係，比之主也。當明示天下以大公至正之道，无私親也，无私應也。譬之畋獵三驅之禮，取其向順之心，捨其逆犯之意，前去者皆免，故常失前禽也。

聖王用此道以親比天下。苟有向順之心則取而用之，曷常陰用智謀以籠絡之哉？聖人于天下一視同仁，固未嘗分遠近親疏之間，此道既明，則邦邑之人不待教誡，咸協于我。如此，則吉可知矣。然非上用中正之道，以无心感格之，則邦域之内豈能无偏係之私乎？故《象》曰「邑人不誡，上使中也」，蓋歸美以復其上也。

上六，比之无首，凶。

《象》曰：比之无首，无所終也。

人相親比，貴乎有始有終。上六以陰柔之資處上卦之極，九五以陽剛中正爲群陰之主，己獨乘之，失比輔之道，比之无首者也。初之无咎，以有孚信，故終來有它吉。上六不能見幾而作，其來獨後于衆陰，此後夫凶也。始之不慎而能克終者鮮矣，故《象》曰「比之无首，无所終也」。

䷈乾下巽上

小畜：亨，密雲不雨，自我西郊。

小畜內健外巽，以一陰而畜五陽，是以大而反爲小者所畜，故其卦曰《小畜》。夫能畜之而已，不得行其志，猶善畜財而不能用也。小畜之能亨，以陰處得其正，能用五陽而衆陽從之也。「密雲不雨，自我西郊」，何也？雲至于密，未有不雨者。雲，陰氣也；西，陰位也。六四居人臣之極位，上承九五之君，乃欲專其施，不復禀命而行。故雲雖密而不雨，膏澤不下于民之象也。

《彖》曰：小畜，柔得位而上下應之，曰小畜。健而巽，剛中而志行，乃亨。密雲不雨，尚往也。自我西郊，施未行也。

陽大而陰小，柔進而居四，五陽所從，所謂一陰五陽，則陰爲之主，故四爲畜主，卦之所以爲《小畜》也。健而巽者，以成卦言之也。二五皆剛而處中位，故志得行焉。內健而外巽，雖剛而不過，是以能亨。此以卦爻釋致亨之義也。

雲密而不成雨，蓋陰徒尚往而陽未應也，人臣之道和而不倡，无成而代有終，陽當先而陰從之可也。自我倡之而上不應，欲膏澤下于民，難矣。善畜其君者，必與上同其心德，定其計謀，如蕭、張之於漢祖，諸葛孔明之於蜀先主是也。不然，豈足以大有爲哉？

《象》曰：風行天上，小畜。君子以懿文德。

風，至柔之物也。指者勝，䲡者亦勝。及其蜚大屋，折大木，力莫强焉。今風行天上，非暴厲以擾萬物之時也，君子體之以懿文德。夫以一陰而畜群陽，此豈力足以制之哉？但以至誠柔順之道以馴擾之耳，此《大象》之義也。

初九，復自道，何其咎？吉。

《象》曰：復自道，其義吉也。

乾，陽剛之物，體本在上，今反處乎下，失其所矣。今有應于四，是能復由其道，非犯難而行也，尚何咎乎？非徒无咎也，乾陽復位，有應于上，其義吉矣。夫物未有往而不復者，況剛健如乾，豈一陰能終畜之乎？

九二，牽復，吉。

《象》曰：牽復在中，亦不自失也。

二居下體人臣之位，而乾以陽剛居之，失其所矣。然與五同志，下乘乎初，同志相求，皆從于四，可牽連而復，則免乎凶咎矣。乾以至剛居至柔，能隨時曲折，健而能巽，剛而得中，外不失人，内不失己，所以獲吉也。

九三，輿説輻，夫妻反目。

《象》曰：夫妻反目，不能正室也。

九三以陽居陽，乾剛强而難制，非巽所能羈縻之者也。然密比于四，雖剛陽而反爲陰柔之所制，如車輿欲進而説其輻，勢不得不與四而共處也。然三與上同志，四自應初，豈能終无悔？夫妻反目之象也。夫剛上而柔下，所以爲《恒》，故曰「婦人貞吉，從一而終也。夫子制義，從婦凶也」。夫夫婦婦而家道正矣。《小畜》陰既居上，九三之陽爲其所畜，以陰制陽，安能正其室家乎？仲尼于《小象》因推原其意，男女失位，不以責婦人。堯將禪舜，必先觀其刑于二女。文王召南之化，亦始于刑寡妻。末世之君不能制婦人，以致亂亡，如唐之高宗者多矣，況其下者乎？故曰「夫妻反目，不能正室也」，爲戒深矣。

六四，有孚，血去，惕出，无咎。

《象》曰：有孚，惕出，上合志也。

四以一陰處近君多懼之地，下之三陽方務于速進，未易畜也，而四卒能畜之者，以誠而已。苟不以誠，則在上者必疑，在下者必忌，疑忌交攻，力不能勝。如此，豈能免于憂傷而脱于危懼乎？惟能以至誠孚信而感動之，則才之剛强者必聽命，而勢之威重者必親信于我矣。如此，乃可爲畜主，爲群陽之所宗而无咎也。夫乾雖處下，剛健而鋭于上進，至難畜也。苟能加至誠，由直道，與上合志而假其威權，則群陽安得不從，況敢加害乎？故《象》曰：「有孚，惕出，上合志也。」

九五，有孚攣如，富以其鄰。

《象》曰：有孚攣如，不獨富也。

五居尊位，勢豈不足以畜衆？然委成于四，以四爲畜主，四能盡人臣之道，以承其上，與五合志。五雖不能自畜，而中懷誠寔，居中得正，親于畜主，綢繆膠固而不相去。君臣合德，雖剛暴者亦心悦誠服，靡然而往從之矣。

六爻惟四五有孚，蓋非有孚，則君疑于臣而臣疑其君，衆不聽命也。五居崇高之位，假大臣以威權，富而能用其鄰者也。《書》曰：「臣哉鄰哉。」人主以大臣爲鄰，四最近君，鄰之象也。自古帝王未有獨擅其富有而能成功者，武王伐紂之後，列爵惟五，分土惟三；漢祖既滅項氏，亦遍封功臣。韓信王齊之初，有三分之勢，特眷戀不忍叛去者，懷其解衣推食之惠也。故《象》曰：「有孚攣如，不獨富也。」

上九，既雨既處，尚德載。婦貞厲，月幾望，君子征凶。

《象》曰：既雨既處，德積載也。君子征凶，有所疑也。

上九處畜之終，五陽皆爲我畜，其道上行，无復危疑矣。如雲氣上升，而陰能固之，然後雨自上下，物无不被其澤者。物既盡被其澤，則无不得其所者，故曰「既雨既處」。夫以一陰柔而畜群剛，非力能制之也，所尚者德也。莊子曰：「福輕于羽，莫之知載。」君子之載德，猶舟車之載物也，積而載之則德愈盛矣。

《乾》至上九，猶曰「亢龍有悔」，況以臣畜君，至位尊德盛，能无疑乎？猶婦之反畜其夫，雖貞猶危也。月之幾望，與日爲敵，其勢必虧，故《坤》之六四貴乎「括囊」，至上六則「龍戰于野」。《小畜》至上九，其勢已逼，動必蹈禍，尚何往乎？孔子曰：「君子征凶，有所疑也。」聖人爲固位吝權者之戒，其意豈不深矣乎？

☱☰兑下乾上

履虎尾，不咥人，亨。

《彖》曰：履，柔履剛也。説而應乎乾，是以履虎尾，不咥人，亨。剛中正，履帝位而不疚，光明也。

履，人所踐履也。出而應物，則有履踐之迹。君子雖履畏塗而不犯難者，能以天下之至柔，馳騁乎天下之至剛也。卦有五剛一柔，則以柔爲主，六三是也。三以一柔而乘二剛，故曰「柔履剛也」。下兑上乾，三既爲一卦之主，而能以説而應乎乾之上，剛柔相濟，履道之至善者也。

「剛中正，履帝位而不疚，光明」者，謂九五也。履帝位，履道之極也。履以五剛而挾一柔，若不能虚己用衆而獨任其剛決，鮮有不蹈咎悔者，故「夬履，貞厲」。以剛決自任，雖正猶危，故雖中正而又无剛果之失，則其德日新而有光輝矣。虎者，至剛猛之物。今能履其尾而不咥人者，以説而應之也。古語有云：「人无害虎之心，虎无傷人之意。」撫我則后，虎猶民也；虐我則讎，民猶虎也。有道之士其知此者乎！

《象》曰：上天下澤，履。君子以辨上下，定民志。

天體在上，澤最處下。聖人觀此二象，故以禮義治天下，使各安其性分之情，然後天下可得而治也。《詩》稱：「抱衾與裯，寔命不猶。」雖妾媵之賤，知尊卑之不可逾，貴賤之不可易，能安于義命如此，天下豈有夸跂之心哉？秦之失道，禮義消亡，陳勝、項籍之徒或輟耕隴上，或嘆息道傍，自此豪傑并起，天下紛紛，民志何由而定乎，由辨之不早辨也。

初九，素履，往无咎。

《象》曰：素履之往，獨行願也。

君子居窮隱約，雖陋巷簞瓢而不悔者，守其素節也。以此而往，不易其素所守者乃可无咎。君子待聘而往，豈爲利哉？上必欲致君如堯舜之君，下則欲使民如堯舜之民，此其志願也。「天下攘攘，皆爲利往。」吾獨守其志節而務行其道，固非衆人之所測也。《象》曰：「素履之往，獨行願也。」此仲尼之深旨也。

九二，履道坦坦，幽人貞吉。

《象》曰：幽人貞吉，中不自亂也。

九二无應乎上，不可妄進而躁動也。今能退處陰位，不與陽亢，以此而行，進无逼上之嫌，退有安貞之吉，履道之至善者也。坦坦，平易之象。人之操履，或假隱自名而志在要禄，或陽爲廉潔而行實汙穢，是謂作僞心勞，惴惴然掩覆之不暇，豈能履其坦途、守夫安静者哉？惟君子造道之深、所守之固，能定能應，不爲時世所易。若中无所主，臨利害之際，鮮有不失所守者，故《象》曰「幽人貞吉，中不自亂也」。

六三，眇能視，跛能履，履虎尾，咥人，凶。武人爲于大君。

《象》曰：眇能視，不足以有明也。跛能履，不足以與行也。咥人之凶，位不當也。武人爲于大君，志剛也。

《履》卦以全體言之，則兑處乾下，以説而應乎乾，故「履虎尾，不咥人，亨」。以六爻言之，則六以陰處陽，履非其位，又上下五剛，以一陰處乎其間，如眇者寔不能視而自謂能視，跛者實不能履而自謂能履，以此涉世，其速危害必矣，故如「履虎尾，咥人，凶」也。

《雜卦》曰「履不處也」〔二〕，蓋《履》卦陽爻皆以不處其位爲吉，韓康伯得之王輔嗣，其説妙矣。六以陰干陽位，如武人而欲爲大君，徒肆其剛暴，人孰與之？故《象》曰：「眇能視，不足以有明也。跛能履，不足以與行也。咥人之凶，位不當也。武人爲于大君，志剛也。」夫以陽居陽，處中得正，如九五猶不免危懼，況以陰柔而自處于陽剛之地，其能免乎？志剛者其志雖剛而才智不足，豈足以勝其任哉？使威武之人而挾剛强之才，懷剛武之志，何往而不利哉？

九四，履虎尾，愬愬，終吉。

《象》曰：愬愬，終吉，志行也。

〔二〕「雜」，原作「離」，據文津閣本及《周易·雜卦》改。

九四以剛强有爲之才，而能以卑遜柔順自處，位既逼上，行非坦途，而終獲吉者，能恭慎畏懼而不以陽剛自處也。《象》曰：「愬愬，終吉，志行也。」四居近君之地，大臣也。大臣當近君之地，常能愬愬而不自安，則必有難進易退之節，豈肯戀寵禄、貪得而患失哉？蓋遇可行之時，伸欲行之志耳，異乎六三才知不足而徒志乎剛者矣。

九五，夬履，貞厲。

《象》曰：夬履，貞厲，位正當也。

九五既以陽爻而處尊位，若以剛決自任，於左右大臣无所詢訪，雖尊履帝位，豈能獨勝其任哉？「夬履，貞厲」者，雖正猶危也。此夬，決也。《象》言「夬履，貞厲，位正當」者，五之專決，當犯凶咎，以位正當，止于危厲而已。厲雖近危，而未至于凶也。優柔不斷者固昏庸之所爲，至于恃其剛明之才，居得致之位，自謂臣下舉莫己若，不復詢謀咨訪，則又上下隔絶，堂下千里，門庭萬里，而其禍有不可勝言者矣。

上九，視履考祥，其旋元吉。

《象》曰：元吉在上，大有慶也。

祥者，吉之先見而未定也。作善，降之百祥；作不善，降之百殃。視其所履，則吉凶可知矣。

人可欺，天不可欺也。人固有行僻而堅、言僞而辨者，聖賢于此不能无疑。若視其所以，觀其所由，察其所安，則有不可欺者，吉凶可考矣。旋，還也。彼所履誠善，考其歸，必獲大吉。《象》言：「元吉在上，大有慶也。」上九處履之終，苟獲元吉，則有餘慶必矣。履道至此，非獨身尊榮，子孫其逢吉矣。

讀易詳説卷三

上　經 泰至蠱

䷊乾下坤上

泰：小往大來，吉亨。

《彖》曰：「泰，小往大來，吉亨」，則是天地交而萬物通也，上下交而其志同也。内陽而外陰，内健而外順，内君子而外小人。君子道長，小人道消也。

夫《泰》之爲卦，乾下而坤上，言天地之氣交也。乾，君道也。君能下下以成其政，臣能歸美以報其上，君臣之情通，上下之勢接，此泰之道也。一氣不頓進，寒暑往來，然後歲功成焉，豈一朝一夕之故哉？治亂存亡、屈伸消長之理，所以致之，莫不有漸，小者往而大者來，然後吉且亨也。小爲陰柔，大爲陽剛；陰柔爲小人，陽剛爲君子。小人退聽，而君子連彙而來，故爲泰。

天地交者，陰陽之氣通而相感也。上下交者，君臣之道合而无間也。君子小人相爲消長，退小人之術，豈在迫逐之哉？陽剛在内，勢足以有爲，則陰柔知其不勝而聽命矣。在外者，特不使之在君側、握朝權耳。故一陽在下，其卦爲《復》；二陽在下，其卦爲《臨》。陽雖未盛，而浸以長矣，故曰「内君子而外小人。君子道長，小人道消也」。

《象》曰：天地交，泰。后以財成天地之道，輔相天地之宜，以左右民。

「天地交，泰」，以象太平盛極之時，聖王于此時不敢忽也。財成其道則有節制，輔相其宜則无過差，故安而不忘危，存而不忘亡，治而不忘亂，然後亂亡无自而至焉，此其幾微不可不戒者。以左右民者，民至愚而无知，非聖人有以利導扶持而安全之，則其居太平之時也，驕奢淫泆无所不至，而卒蹈于刑辟者多矣。

周家之業，至成王、周公始陳后稷、先公致王業之艱難。今觀《七月》之詩，所以財成、輔相天地以左右斯民者可謂至矣。民爲邦本，則太平之基也。天心不可見，考之民而已。

初九，拔茅茹，以其彙，征吉。

《象》曰：拔茅，征吉，志在外也。

初九最處乾下，爲健之始。陽雖長而未盛，陰方退而未遠。聖賢君子欲有所爲，非一人之力能獨濟也，必當拔用賢才，引其朋類，同心同德，萃于朝廷，然後太平之功可得而成也。孔子曰：「茅之爲物薄，而用可重也。」可羞于王公，可薦于神明，以象賢者有潔白之質也。

茹者，根也。茅之生也，根相牽連。彙者，類也。征者，進也。進必以正，故曰「征」也。君子小人各有其類，拔其一則皆相連而起，有茹之象。君子進則所引拔者皆君子，君子衆多則生民必被其利，宗社必蒙其福，故曰「以其彙，征吉」也。《象》曰「拔茅，征吉，志在外」者，小人得路，志于得君而已；君子得路，必搜訪于外，以盡天下之賢才，使野无遺賢，故曰「志在外也」。抑君子之進常出于不得已，彼其于世未數數然也，故雖享厚禄、握重權，而其志未嘗不惕然以顛覆爲懼，而思退身之樂也，豈與貪得患失者同日語哉？

九二，包荒，用馮河，不遐遺，朋亡。得尚于中行。

《象》曰：包荒，得尚于中行，以光大也。

九二以陽剛之才有應乎五，而處人臣之正。當泰之時，能包含荒穢，雖狂狷之士不顧險患，如不假舟楫而馮河者，无不容納，此真大臣之任。當海内交泰之時，人材衆多，若遴選太精，則豪傑之士或不得其職，則聚而爲寇盜者多矣。秦、隋之末是也。當廓其度量，包含荒穢，遠者无所棄遺，則山林之士莫不皆至，近者无所阿比，故朋黨之禍无自而興。如此，乃能配乎九五中行之主，而无偏黨之私也。人臣之道至此則光明盛大，不可有加矣。

九三，无平不陂，无往不復，艱貞无咎。勿恤其孚，于食有福。

《象》曰：无往不復，天地際也。

治亂、存亡、安危之相因，如陰陽、寒暑之必至，有不可易者。惟聖人爲能因其盈虚而消息之，使常治而不亂，常存而不亡，常安而不危也。消息之道豈有他哉？兢業以圖之，危懼以處之，當治安而不忘亂亡之戒，則可以保其治安而无咎矣。

「勿恤其孚，于食有福」者，聖人處泰之時，常思艱難而履夫中正，則在我者无愧矣。人之信不信，何所恤哉？食者，人之所享也；福者，天之所降也。處泰之世，當乾道將復之時，獨以艱難守正而享其福禄，非徼幸也。《象》曰：「无往不復，天地際也。」九三處乾坤之間，當天地之際，平者當陂，往者當復，惟艱難守正庶可保其常安耳。聖人知世路之將阻，陽氣之必復，故于此爻特爲之戒云。

六四，翩翩，不富以其鄰。不戒以孚。

《象》曰：翩翩，不富，皆失實也。不戒以孚，中心願也。

地之形頽然而處乎下，今氣雖上行，終必趨下，翩翩然如飛鳥之疾，其勢順也。方泰之時，上下相承，陰陽相應，三陰三陽各安其所。然天地之氣往无不復者，今三陽欲上行而三陰下之，上與五无不從者，是不富而能用其鄰也。夫富而能用其鄰，怵于利也；不富而能用其鄰者，利害同也。四以五、上爲鄰，利害既同，固不待告戒而孚矣。陽爲實，陰爲虚，陰雖在上，其性本下。今三陰在上皆爲失實，其相率而趨下，乃其所欲也，故曰「中心願也」。

六五，帝乙歸妹，以祉元吉。

《象》曰：以祉元吉，中以行願也。

六五以陰柔而居中正之位，帝女之象。天地交泰之時，陰雖上進，然樂于趨下，能降尊就卑，順以承夫，其受祉福而獲元吉也宜矣。九二以剛中之賢，上應六五，五能降其尊位，下交九二。天地、陰陽、君臣、夫婦，其道一也。六五爲泰之主，故其象如此。

女以嫁爲歸。堯之二女釐降于嬀汭，周之王姫亦下嫁于諸侯。其得所歸，乃其中心之所願也。人君能屈己求賢，則天下之士皆願立于其朝矣。天地交泰，其在兹乎。小人得路，則朋淫下比，壞主心術，蔽君聰明，上下之勢隔絶而不通，馴致禍亂，可勝諱哉！

上六，城復于隍，勿用師。自邑告命，貞吝。

《象》曰：城復于隍，其命亂也。

坤，土也。城者，土之所積累也。不能增高倍薄，致其兢業之意，則城將頽圮而復于隍矣。治安之極，人君不能持盈守成，而湛于燕安，狃于侈泰，馴致土崩之勢而不自悟。自古奢淫荒怠之主，享國長久而亟致禍敗以至滅亡者，皆因用兵開邊，外讎强敵，内動豪傑窺覬之心耳。隋煬帝、唐明皇是也。

海内昇平之久，民不識兵革，一旦又欲興師動衆，雖近郡邑，其孰肯聽命？故雖貞而猶吝也。

《象》曰：「城復于隍，其命亂也。」城既復于隍，則尊者必降，上者必下，小人得志而執國命，禮樂征伐皆不自天子出，故曰「其命亂也」。

☷坤下乾上

否之匪人，不利君子貞，大往小來。

《否》之卦，天地不交，各復其位，乃无平不陂、无往不復之時乎。夫消息盈虚之理，蓋有不能使之常治而不亂、常安而不危者，聖人能使禍不至于深耳。否泰相因，有非人力所能勝，故曰「否之匪人」。先儒或以「匪人」爲匪人道，蓋慮後世庸闇之主以一治一亂皆歸之于天，故紂曰「我生不有命在天」，此最害教之大者。然聖人方論否泰之理不得不然，抑使後世常兢業畏慎，知治亂无常而不敢忽也。

漢光武、唐太宗皆信圖讖。李淳風言唐中弱，有女武代王。其兆既成，天之所命不可去也，學者固難言之。要之，一治一亂豈人事哉？君子當天下否閉、小人道長之時，則有奉身而退，苟必欲以正道有爲于其間，遇禍決矣。故昔之君子有詭辭以免禍，如叔孫通是也。一君子遇禍，則衆君子必相牽連而去，大者往則小者乘時而來矣。

《象》曰：否之匪人，不利君子貞，大往小來，則是天地不交而萬物不通也，上下不交而天下无邦也。内陰而外陽，内柔而外剛，内小人而外君子，小人道長，君子道消也。

萬物盈天地之間，莫不負陰而抱陽，雖根莖之微，未有不假天地之氣而生長成遂者。若天地不交，則陰陽不和，雨暘寒燠風皆不以時應，萬物何由而通乎？君所以尊安，以臣民愛戴之也；臣所以强固，以君能封殖之也。故君能下下以成其政，臣能歸美以報其上，則治道成矣。

否之時，上下之情隔絶而不通，如天之自高，地之自下，强弱相陵，大小相并，而上不恤也。朝廷之勢日以微弱，政化日以陵遲，朝覲會同之禮廢，屏衛勤王之義絶，是天下无邦也。三陰來居于内，而三陽退處于外，君子往而小人來，小人之道浸以長，君子之道浸以消，此否之時也。

《象》曰：天地不交，否。君子以儉德辟難，不可榮以禄。

君子居否之時，當奉身而退，漢管寧之徒是已。寧見天下大亂，遂渡海至遼東，環堵篳門，偃息窮巷，晏然若將終焉。雖三公之位有所不顧，豈以世之榮辱累其心哉？

初六，拔茅茹，以其彙。貞吉亨。

《象》曰：拔茅，貞吉，志在君也。

《否》卦以全體言之，則三陰在内，三陽在外，内小人而外君子也。以六爻之義言之，當否之時，賢人在下以上應九四之君子，欲使其類牽連而退。故《泰》之初九，其道利于上行，則以其彙征吉。征者，動而進也。《否》之初六，其道利于下止，則以其彙貞吉。貞者，静而止也。

方時大否，君子卷藏其道，退而窮處，身雖否而道不窮，故不失其吉且亨也。小人當退黜之時，則怨望訕讟，或爲戎首，未嘗不疾視其上。君子則能以道義自處，窮通皆樂，雖引類而去，其心曷嘗一日而忘君哉？「孔子三月无君則皇皇如也。」故《象》曰：「拔茅，貞吉，志在君也。」

六二，包承，小人吉。大人否，亨。

《象》曰：大人否，亨，不亂群也。

六二當否之時，處人臣之正位，此暗君姦臣相濟而得路者也。小人方執其權綱，上復有應，勢未能敵，爲君子者當包容而承順之，故小人吉，而大人身雖否而心亨也。曰大人者，包容小人而承順之，非大人不能，孔子恐後世疑于同小人者，故曰「大人否，亨，不亂群也」。包承小人而不亂小人之群，尤見其大。蓋從容渾迹于群小之間，未嘗悻悻然懷忿躁不平之氣，故小人莫得指目而忌惡之，非獨明哲全身之道當然，亦所以傾否而開泰也。漢之陳太丘足以當之，若李膺、杜喬之流，徒激禍亂耳。

六三，包羞。

《象》曰：包羞，位不當也。

六三以陰柔而據陽位，此小人得路之時，肆其凶險，上以逢迎其君，下以傾害善類，天下切齒而能包羞忍耻以保寵固位者也。向使不乘時危亂以竊顯位，雖有陰險之才，亦不能窮凶極惡如此之甚也。孔子追論所以致此者，故曰「包羞，位不當也」，言高位非小人所宜處，故曰「不當也」。

九四，有命无咎。疇離祉。

《象》曰：有命无咎，志行也。

否之時，三陰雖握權居中，然三陽在外，四復居近君之位，以陽剛而能柔巽，以濟危難。九五休否之主，與之切近而同心，凡朝廷之命一以付之，又能承命不違，故得无咎。如此，非獨一人受福，凡同類而進者皆麗于福矣。《象》曰：「有命无咎，志行也。」三陽同心以濟難，小人雖居中用事，然國命在我，勢難久安，故吾志得行，否將傾而爲泰矣。

九五，休否，大人吉。其亡其亡，繫于苞桑。

《象》曰：大人之吉，位正當也。

否道既成，小人方握國命以久，其權未易廢也，天下禍患未易息也。惟九五之大人以剛健之才居得政之位，勢足以有臨，力足以有制，故能休否而逢吉也。休，廢也，息也。廢小人而息禍患，非大人其孰能之？九五雖有休否之勢，然小人尚處于内，君子尚處于外，非兢業以圖之，則治亂存亡猶未定也，故聖人爲之戒曰「其亡其亡，繫于苞桑」。

否泰將分之際，聖人常以必亡爲心。桑者，其植根深，其生叢委，其材堅韌而不可拔，生民之本，國家基業之象也。以危亡爲戒，而繫于不拔之基，故能長存而不亡也。《象》曰：「大人之吉，位正當也。」所以能休否而獲吉者，以陽剛履中正之位，以制群陰也。小人非能制其死命，孰肯退聽哉？

上九，傾否，先否後喜。

《象》曰：否終則傾，何可長也。

甚哉！治道之難成，小人之難去也。當否之世，陰邪當路以害治道，雖三陽同心，不能一朝而頓除也。九五以中正得位，特能休之而已。至上九然後能力傾而顯排之，猶先否而後喜也，其用力多矣。自昔未有常亂而不治者，秦之亂而漢祖取之，王莽之亂而光武興之。苟非聖賢馳騖而經營，則亂之日必長，亂之日長則君子之受禍必深，生民之被害必酷，故《象》曰「否終則傾，何可長也」。

䷌離下乾上

同人于野，亨。利涉大川，利君子貞。

否泰者，君子小人相爲消長。君子處内則爲泰，小人處内則爲否。君子欲去小人，小人必欲害君子，故《泰》之九三已有《否》之象，至上六則「城復于隍」矣；《否》之九四已有《泰》之理，至上九然後「否終則傾」矣。凡如此者皆以黨類相傾，邪正相勝，不能大同乎物，使君子小人各得其所而不競也。

「同人于野，亨」則廣大矣，「利涉大川」則可以涉險矣，「利君子貞」則无有嫉忌之者矣。古者聖賢相遇，措斯世于三代之隆，而不見其治之之迹，用一賢則不肖者自退，用一能則不能者自遠，未嘗挈挈然求異于衆人，如此，故包容廣大，无往而不通也。

《彖》曰：同人，柔得位得中而應乎乾，曰同人。《同人》曰「同人于野，亨。利涉大川」，乾行也。文明以健，中正而應，君子正也。惟君子爲能通天下之志。

《同人》以一柔爲衆剛之主，以六處二，陰柔而寓陰位，人臣得位者也。二處離中，中也。二五正應，以離中之柔而應乎乾剛，卦之所以爲《同人》也。同人以无所不同爲亨，有所不同爲吝。「同人于野」以象乾之覆燾，「利涉大川」以象乾之剛健，故曰「乾行也」。文明者常失之柔弱而能濟以健，中正者常失之无助而能應乎五，故處群陽之間，介然獨立而不懼也。《繫辭》曰：「夫《易》，聖人所以極深而研幾也。」惟深也故能通天下之志，聖人非能物物而通之，好惡、榮辱、是非、利害，衆人之所同也，能通乎一則千萬人之情可見矣，非極乎至深者能如是乎？

《象》曰：天與火，同人。君子以類族辨物。

天體在上，火性炎上，性體若同而實異也。聖人處大同之世，于君子小人之間蓋有甚不同者，但處得其道，无阿比之迹，小人自退聽，故人見其同耳。君子觀乾、離二象，以類族辨物，若黑白之不可亂也。

初九，同人于門，无咎。

《象》曰：出門同人，又誰咎也。

門者，人所由以出入，非奥室也。「同人于門」則行乎大公至正之道，无所阿比，賞罰予奪、進退黜陟一付之公議，我无容私焉，何咎之有？諸葛亮之亡，能使廖立垂泣、李平致死，以至公而无私也。故習鑿齒稱之曰：「法行于不可不用，刑加乎自犯之罪。」爵之而无私，誅之而不怒，天下有不服者乎？《象》曰：「出門同人，又誰咎也。」九居同人之初而无所偏應，能盡同人之至公者，惟初爻爲然。蓋无所係應，則无親疏之間，孰得而議之？故曰：「又誰咎也。」

六二，同人于宗，吝。

《象》曰：同人于宗，吝道也。

六二爲一卦之主，以一陰而統五陽，非盡至公，何以服天下？今乃係應在五，雖位中正，所應偏也。他卦以有應爲善。同人之世，當以天下爲公，豈得有所偏應哉？《咸》之爲義，當以无心感物，无遠近親疏之間，而九四「憧憧往來，朋從爾思」，孔子曰：「天下何思何慮，天下同歸而殊途，一致而百慮。」天下何思何慮，蓋朋從爾思則往來于心者未離乎黨與之間，故《象》以「憧憧往來」爲未光大。「同人于宗」則吝道，其揆一也。

九三，伏戎于莽，升其高陵，三歲不興。

《象》曰：伏戎于莽，敵剛也。三歲不興，安行也。

同人之世，不能以大公同物，而各以私意顯立黨援，則强梁者必起而相圖矣。九三以陽剛而據陽位，則小人之强梁者。五與二爲應而三介乎其間，勢雖不敵而欲陰害之，故伏戎草莽之中。然二以中正得位而應乎乾剛，三雖有害之之意而不敢輕發也，故升其高陵以窺伺之，至三歲之久而卒不敢發。蓋二與五能同心，雖剛者莫能間之。《象》曰：「伏戎于莽，敵剛也。三歲不興，安行也。」九五有剛健之德，難以顯攻，三非五敵也[一]，故遲回至于三歲不敢輕發。既能量敵慮患，則可安行而不蹈乎危難。三雖小人，然九五據崇高之勢，心所黨比者止在六二，三雖不遜，五亦有以致之。聖人于此不言凶悔吝者，亦所以恕之，以見五之未光大也。

九四，乘其墉，弗克攻，吉。

《象》曰：乘其墉，義弗克也。其吉，則困而反則也。

[一]「五」，《永樂大典》作「吾」。

墉，墻垣也。四與五爲鄰，三四倶强，各懷異圖，以窺伺于五。然四雖陽剛，而處陰位，故乘三而承五，非若三之純乎剛暴，能知難而退，故弗克攻而獲吉也。夫同人之時，君子小人處之宜各當其理。九五无君道，二方爲群陽之主，亦不能由公心直道而係應在五，而五又係應在二。故群小紛然，争爲戎首，或伏于草莽，俟時而竊發，或顧望形勢，乘間而相傾，非二五以中正剛健，内外協濟，則處乎二强敵之間豈不危哉？以四之强又逼近尊位，然卒不克攻者，君臣之分、上下之勢非順也。知其非順，困而反就臣位，則免乎凶咎矣。故《象》曰：「乘其墉，義弗克也。其吉，則困而反則也。」

九五，同人，先號咷而後笑，大師克相遇。《象》曰：同人之先，以中直也。大師相遇，言相克也。

君道患不廣大，九五履尊位而握重權，當如天之无不覆燾，地之无不持載，生殺予奪一付之无心可也。五既不能爲群陽之主，而二得擅之，此衆之所必争也。衆既不與，欲下應乎二，而介乎兩强敵之間，孤立而无援，憂憤之切，卒至用大師以摧二寇，然後方得與二相遇，故「先號咷而後笑，大師克相遇」也。克而後相遇，亦已危矣。

「克」如鄭伯克段之克，以見敵之强大，取之之難也。人君能以大公至正之道治天下，則遠近俱應，同異咸服，何至竊竊然置號笑于黨與親疏之間哉？《象》言：「同人之先，以中直也。大師相遇，言相克也。」九五師得中而理直，則非理犯己者若不足慮，然卒至用兵，然後僅能克之，亦可耻矣，何足喜也？以深見三四之强，五无君道而失同人于野之義也。

上九，同人于郊，无悔。

《象》曰：同人于郊，志未得也。

上九處衆陽之上而獨无所争，亦知其不可争，而悠然遠去，自樂于坰。非无有爲之志，但知其紛紛而脱身事物之外，以遠害而已。雖可以无悔，而志未得也。九處乾剛之上，其志豈止求免于悔吝哉？吾知其不得已也。故《象》曰：「同人于郊，志未得也。」

䷍乾下離上

大有：元亨。

《彖》曰：大有，柔得尊位大中而上下應之，曰大有。其德剛健而文明，應乎天而時行，是以元亨。

《繫辭》曰：「富有之謂大業。」聖人能通天下之志，以大同乎物，則四海雖廣，萬物雖衆，无不爲我有矣。然非得尊位大中而上下應之，則不能奄海内而有之；非其德剛健而文明、應天而時行，則不能大亨也。五以陰柔而得尊位，生殺之柄既自我出，五陽雖强，不敢違也。體文明而履剛健，應天而時行，造化之權皆自我制，五陽雖衆，不能困也。

《象》曰：火在天上，大有。君子以遏惡揚善，順天休命。

人君以柔順之德居極尊之位，體文明而履剛健，則物无不照燭者，故有火在天上之象。大有之世，海内治安，天下極盛之時，物繁事夥，非用刑賞以勸沮之，不能齊也。聖人于此當遏惡揚善，使惡者有所憚而不敢爲，善者有所恃而日加勸。

《書》曰：「天命有德，五服五章哉。天討有罪，五刑五用哉。」又曰：「作善，降之百祥；作不善，降之百殃。」此天之休命也。聖人代天理物，則刑賞之行豈能違乎天道、逆乎天心也哉？

初九，无交害，匪咎？艱則无咎。

《象》曰：大有初九，无交害也。

《大有》以一陰而主五陽，而四陽各以其才致用于下，故能處治安之時，享全盛之業。陽雖剛健而處卦下，當大有之初，責望者衆，獨離群退處，不出而交物，則有害之者，然非其罪也。惟以艱難節儉自處，以防驕逸之過，則可免乎咎悔矣。

雖然，士君子窮居隱約，退處寂寞之濱可也。大有之世，當出而交物，如《豐》之「勿憂，宜日中，宜照天下」也，若乃「豐其屋，蔀其家，窺其户，闃其无人」，則有致凶之道。故《象》曰「大有初九，无交害也」，以言无交則有害之者，非潔身獨往之時也。

九二，大車以載，有攸往，无咎。

《象》曰：大車以載，積中不敗也。

六五當大有之時，而以柔德處尊位，非責任群臣，安能斡旋天下，運量萬物，以成无爲之功乎？九二以剛健處人臣之正位而有應于上，如大車之載物，雖負重致遠，轍環天下而无傾覆之患，是足以勝其任矣。《象》曰：「大車以載，積中不敗也。」物積于中而不敗，則其材可知矣。

《鼎》之九四至于「折足，覆餗，其刑渥，凶」，言不勝其任也。孔子曰：「德薄而位尊，知小而謀大，力小而任重，鮮不及矣。」蓋非有剛健之材，處得其正，使當重任，未有不敗者。觀《鼎·象》《大有》二卦，聖人垂戒之意深矣。人主任用大臣，曷可過其分量乎？

九三，公用亨于天子，小人弗克。

《象》曰：公用亨于天子，小人害也。

九三以陽居陽，在他卦則爲强臣，當大有之世，能自亨于天子，則處諸侯上公之位而能效臣節，以事其上者也。小人當盛大之時，據富有之地，則勢必跋扈而有唐室方鎮之患，其肯以貢賦亨上而自通于王庭乎？「亨」與「享」意義略同，先儒多作「享」。《書》曰：「敬識百辟享，亦識其有不享。」亨者，能自達于上也。享者，朝覲會同以時而享于天子之庭也。

九三剛健而處下卦之上，此貴而不敢驕者。小人非獨不知尊朝廷，其或懷忠以奉上者，反以爲害己而交惡之也。田弘正以魏地六州版籍歸朝廷，比鎮皆惡之，禍亂卒不可解，是亨于天子者，小人之所不利也，故曰「小人害也」。李德裕草鎮魏詔書，曰「勿爲子孫之謀，欲存輔車之勢」，所以誅其意而伐其謀也。故一方作難而諸鎮无敢坐鎮者，卒成會昌中興之功，可謂能誅小人之情矣。

九四，匪其彭，无咎。

《象》曰：匪其彭，无咎，明辨晢也[一]。

九四逼近君位，三居其旁，以乾剛而據陽位，强臣之象也。四以忠順與三爲敵，上承柔中之主

[一]「晢」，《周易》作「晳」。下同。

而爲所倚信，下乘强暴之臣而不敢加害，故得无咎也。《象》曰：「匪其彭，无咎，明辨晳也。」蓋言明智之士辨邪正之分，明逆順之理，然後内足以保身，外可以衛上，旁足以抑强也。

「匪其彭」，自子夏作「旁」字，先儒皆從其説。蓋子夏親授學于孔子，自有《易傳》，而後世无得其真者。今王弼注《易》，諸儒皆宗之，則其所從來亦遠矣。

六五，厥孚交如，威如，吉。

《象》曰：厥孚交如，信以發志也。威如之吉，易而无備也。

六五正應在九二，當大有之世，君臣以至誠交孚而无間者，五以柔而履尊位，二能濟以剛嚴，則仁不至于優柔，剛不至于强暴，諸葛亮所謂法行而知恩者，吉孰如之？《象》曰「厥孚交如，信以發志」者，言上下交孚，君臣道合也。且人君豈无有爲之志，人臣豈无能爲之才，然非心德之同，則孰與發之？

「威如之吉，易而无備」者，大有之世，風俗恬熙，人主能肅以威嚴，使姦宄之心无自而萌，則可簡易而无備矣。故議治道者謂當備禦于太平无事之時，未有易而无備而可以保長存者，是大不然。人主當使威加四海，先以信義結百姓之心，則足以消患于冥冥之中，此乃備之大者。秦築長城未畢，而劉、項之兵已入關矣，是豈无備者哉？

上九，自天祐之，吉无不利。

《象》曰：大有上吉，自天祐也。

大有，火在天上之象。火之性固以至明，又處天上，如《豐》之「宜照天下」，明之盛也。上九處大有之終，在六五之上，功業成而不居，富貴極而能退，宜乎爲上天之所祐也。大臣至于无位，容有怏怏而不順者；進退出處之際，容有詭譎而不情者。蔽賢嫉能，惴惴然懼人之壓己，以薦進所私者多矣。

上九之臣以陽剛而居群臣之上，履柔中之主，勢逼而愈順，失位而愈恭，下之衆陽咸得安其職任而盡其才能，孔子所謂「又以尚賢也」。宜乎自天祐之，亨上吉而无不利也。

䷎艮下坤上

謙：亨，君子有終。

《謙》之爲卦，艮下而坤上。艮，止也；坤，順也。止者爲剛，順者爲柔。柔反處乎上，剛反處乎下，是柔而能剛，外順而中止也。外順若卑而能上行以不失己，内剛若亢而能降體以不失物，謙德如是，故能亨通而有始有卒也。世之小人固有擎跽曲拳、脅肩諂笑、卑佞媚悦若妾婦者，自謂富貴可以長保，而不知幽顯之間舉將害之，則禍不旋踵矣。故惟君子爲能保其終而无悔吝也。

《彖》曰：謙，亨。天道下濟而光明，地道卑而上行。天道虧盈而益謙，地道變盈而流謙，鬼神害盈而福謙，人道惡盈而好謙。謙尊而光，卑而不可逾，君子之終也。

謙有天地之義焉，天體高明而下濟于物，地形卑順而上行于天，此所以能亨也。天能降其高明而其德愈尊，地能效其柔順而其道愈大，二者固足以盡謙德矣。

「天道虧盈而益謙，地道變盈而流謙，鬼神害盈而福謙，人道惡盈而好謙。謙尊而光，卑而不可逾，君子之終也。」天地、鬼神无不以謙爲貴。老子曰：「天之道，其猶張弓乎。高者抑之，下者舉之，有餘者損之，不足者與之。」又曰：「江海所以能爲百谷王者，以其善下也。」又曰：「夫惟不争，故天下莫能與之争。」天地且然，況于人乎？況于鬼神乎？天地无心也，能禍福人者鬼神也，有好有惡者人也。

「謙尊而光」，以能下濟也；「卑而不可逾」，以能上行也。盡此二者，則剛止乎内，屹然如山之不可動摇；柔順乎外，頹然如地之无不持載，此君子所以能克終也。

《象》曰：地中有山，謙。君子以裒多益寡，稱物平施。

莫卑乎地，莫高乎山。山處地中則地在山上，此高者下之，卑者舉之也。君子觀此象，欲以謙之道行乎天下，故多者裒之，寡者益之。如地失之太卑則使在山上，山失之太峻則處于地中，豈奪彼而與此哉？稱物平施，无過不及，適中而已。

觀《謙》之《大象》，夫豈一于卑弱，失己而趨媚于人哉？聖人深惡夫專務柔佞依阿，如孔光、馮道之流，而剛方忠讜之士，正色立朝如汲黯者，小人或更相譖讟，指以爲非，而卒排去之也，故仲尼于此反覆詳密而致意焉。

初六，謙謙君子，用涉大川，吉。

《象》曰：謙謙君子，卑以自牧也。

謙謙者，謙而又謙，謙之至也。世之小人多能行之，而入于卑佞，故特曰「君子」。惟君子能謙，乃可貴也。蓋初六最處卦下，勢雖卑而體則剛峻也。以此涉難，非獨人不忍害，亦不能害也，非獨不能害，亦深知其爲君子而不敢加害也。涉難且吉，況安處卑陋，不以辭氣加乎人，其誰敢害之？故《象》曰：「謙謙君子，卑以自牧也。」以卑巽自養其德義，德義之盛乃可進而上行，以極乎高明也。

六二，鳴謙，貞吉。

《象》曰：鳴謙，貞吉，中心得也。

謙者，君子處己接物之道當然，豈欲聲聞于人哉？六二在下而得中位，非謬爲恭順以媚于上下者，中心誠實而安行之，發乎聲音笑貌而不可掩也。謙近卑佞，故《雜卦》曰「謙輕」者，不自重大也。體輕而不自重大，非由正道則入于佞諛矣。謙而非邪，乃獲吉也。《象》曰「鳴謙，貞吉，中心得」者，處不得中而以謙聞，内不失己，外不失物，中无所愧，乃爲得也。

九三，勞謙，君子有終，吉。

《象》曰：勞謙君子，萬民服也。

舜戒禹曰：「汝惟不伐，天下莫與汝争功。」有勞而能謙，則上不疑而衆不忌也，故可保終吉。三以陽剛而處陽位，群陰之所主也。五雖居尊位，亦以柔道行之，非九三之剛健，孰任吾事哉？《繫辭》曰：「勞而不伐，有功而不德，厚之至也，語以其功下人者也。德言盛，禮言恭，謙也者，致恭以存其位者也。」孔子于此一爻特發明精微，使後學推類而求之，思過半矣。

夫大臣有功則氣陵于人，鮮有能自全者，能以其功下人者幾希矣。非盛德而知禮者，能如是乎？「謙也者，致恭以存其位者也。」存位者，姑存其所有之位，不失舊物而已。蓋身安則社稷可保，非固位也。周公是已，方成王未知其志，公乃作詩貽王，以明己之勤勞，豈顧戀寵禄者哉？其意特在救亂而已。《象》曰「勞謙君子，萬民服」者，人臣能使百姓心悦而誠服之，則至矣盡矣。《謙》卦于繇辭初六、九三皆稱「君子」，聖人之意，深以小人爲戒。蓋小人之卑佞或似乎謙，此聖主所宜加察而遠之也。

六四，无不利，撝謙。

《象》曰：无不利，撝謙，不違則也。

六四處功臣之上，居近主之地，奉上接下一以柔順，能發撝謙德者也，故无往而不利也。雖然，以謙持己，故无所不利也，而己爲大臣，當存體貌，上下之分不可逾也。《象》曰「无不利，撝謙，不違則」者，朝廷典禮，上下名分不可違也，故曰「不違則也」。

六五，不富以其鄰，利用侵伐，无不利。

《象》曰：利用侵伐，征不服也。

人主操賞罰威福之柄，能降尊位而謙，故上下无不悦應，雖不以利動而衆无不從者，猶不富而能用其鄰也。鄰，臣鄰，君視臣如比鄰，則相親相比，患難相恤，疾病相扶持矣。有鐘鼓曰伐，无鐘鼓曰侵，侵小而伐大也。

六五之君以柔道化服天下，彼蠻夷猾夏、寇賊姦宄獨負固不服，故衆所不與。人自奮勵，則興師動衆，驅之萬死一生之地而人樂爲之用也。故曰「利用侵伐」，而《象》曰「征不服也」。

上六，鳴謙，利用行師，征邑國。

《象》曰：鳴謙，志未得也。可用行師，征邑國也。

上六雖處无用之地，而勢尊位極，能謙巽遠下則聲聞廣遠矣。又下有九三爲之正應，鳴躍而從之，故曰「鳴謙」也。然人臣以謙而得名，固无忌惡之者，但上六已居无位之地，雖地望隆重而衆或不爲之用，雖利用行師，但使之征邑國可也。

夫姦宄竊發，所據不過邑國，上六之臣足以當之。使擁百萬之衆以當夷狄之强盛，則上有震主之威，下无腹心之助，故《象》言「鳴謙，志未得也。可用行師，征邑國也」。非以謙居之，則危疑之禍其可逃乎？

䷏坤下震上

豫：利建侯行師。〔二〕

〔二〕本卦及下卦《隨》，原無李光傳文，僅録《周易》經文及《彖》辭、《象》辭。文津閣本同。

《彖》曰：豫，剛應而志行，順以動，豫。豫，順以動，故天地如之，而況建侯行師乎？天地以順動，故日月不過，而四時不忒。聖人以順動，則刑罰清而民服。豫之時義大矣哉！

《象》曰：雷出地奮，豫。先王以作樂崇德，殷薦之上帝，以配祖考。

初六，鳴豫，凶。

《象》曰：初六鳴豫，志窮凶也。

六二，介于石，不終日，貞吉。

《象》曰：不終日，貞吉，以中正也。

六三，盱豫悔，遲有悔。

《象》曰：盱豫有悔，位不當也。

九四，由豫，大有得。勿疑，朋盍簪。

《象》曰：由豫，大有得，志大行也。

六五，貞疾，恒不死。

《象》曰：六五貞疾，乘剛也。恒不死，中未亡也。

上六，冥豫，成有渝，无咎。

《象》曰：冥豫在上，何可長也。

䷐震下兑上

隨：元亨，利貞，无咎。

《彖》曰：隨，剛來而下柔，動而説。隨，大亨貞，无咎，而天下隨時。隨時之義大矣哉！

《象》曰：澤中有雷，隨。君子以嚮晦入宴息。

初九，官有渝，貞吉。出門交有功。

《象》曰：官有渝，從正吉也。出門交有功，不失也。

六二，係小子，失丈夫。

《象》曰：係小子，弗兼與也。

六三，係丈夫，失小子。隨有求得，利居貞。

《象》曰：係丈夫，志舍下也。

九四，隨有獲，貞凶。有孚在道，以明，何咎。

《象》曰：隨有獲，其義凶也。有孚在道，明功也。

九五，孚于嘉，吉。

《象》曰：孚于嘉，吉，位正中也。

上六，拘係之，乃從維之。王用亨于西山。

《象》曰：拘係之，上窮也。

䷑巽下艮上

蠱：元亨，利涉大川。先甲三日，後甲三日。

蠱，惑也，壞也，有惑必有壞。蠱繼豫宴安悦豫之後，没溺于宴安，習染于奢靡，湛玩于聲色，天下事至此未有不敗壞者。非有陽剛之才出乎衆陰之上，振起而一新之，則事之頹敝者未易革也。治蠱豈一人之力能獨任之哉？能大通乎天下，使群才皆爲我用，然後可涉難而有濟也。

《彖》曰：蠱，剛上而柔下，巽而止，蠱。蠱，元亨而天下治也。利涉大川，往有事也。先甲三日，後甲三日，終則有始，天行也。

以卦體言之則艮剛而巽柔〔二〕，以爻言之則艮以一陽在上而二陰在下，巽以二陽在上而一陰在下，陽在上而爲主，陰在下而爲用，治柔者剛也。蠱之時，必有所矯革，能巽而止，彼巽而我止之，治蠱之道盡矣。蠱至大通，則能革故鼎新而天下治矣。「利涉大川，往有事」者，當蠱之時，世必多事，非冒涉險難不能濟也。陽剛在上，陰柔處下，上下理順，雖未能安静，固无悔咎之可慮。「先甲三日，後甲三日，終則有始，天行」者，順乎人情則因而循之，違于人情則革而化之。一治一亂，若環之无端。法令既久，无不敝者，聖人救敝之道，因革損益，與時宜之，此何異四時之運、寒暑之推遷乎？

〔二〕「艮」，原作「震」，據本卦卦形及文津閣本改。

蓋立春日出于甲，故乾成于甲，立秋日入于庚，故坤成于庚，陰陽、天地之終始，故經舉甲、庚于《蠱》《巽》二卦，以極乎變化之道也。「先甲三日，後甲三日」，聖人欲大有爲，以救濫扶衰，一新天下，非創法制令、大有所更革則不能也。然民愚无知，非先期而揭示，則聽命者或不能達其情；非後令而申審，則從命者或不能通其意。夫改更舊法，創制新令，非天下大壞、王道板蕩之時，豈敢易而爲之哉？唐、虞、三代損益更革皆不得已，如天地四時之運，陰陽之極，勢不得不革，故《彖》辭釋之曰「終則有始，天行也」，以言聖人創法制令亦如六甲之運，勢不得不有所革。蓋「陰不極則陽不生，亂不極則德不形」，予蓋因《彖》辭而悟其理非臆説也。

諸儒之論惟陸氏近之，陸氏以謂居其始以創其制，要其終以慮其敝，敝則復新，終則復始，猶天道之行、四時之運也。鄭氏以謂甲者造作新令之日。甲前三日，取改過自新，故用辛。甲後三日，取丁寧之義，故用丁也。此説固善，不知先庚三日爲丁，後庚三日爲癸，其義安在？程子曰：「甲，數之首，事之始也。如辰之甲乙、甲第、甲令，皆謂首也。治蠱之道，當思慮其先後三日，蓋推原先後爲救敝可久之道。『先甲』謂先于此究其所以然也，『後甲』謂後于此慮其將然也。」其説固美，然義則未明。獨蘇氏以六甲爲説，先甲謂子、戌、申也；後甲，寅、辰、午也。大概言君子、小人相爲進退，而治亂因之。陽生于子盡于巳，陰生于午盡于亥，陽爲君子，陰爲小人，故《蠱》《巽》二卦皆以甲、庚爲言。則蘇氏之説獨異諸儒，而非二卦大意。然皆不可廢也，予因備存其意，以俟後之人發明而去取焉。

《象》曰：山下有風，蠱。君子以振民育德。

風行山下，物无不擾亂者，故有蠱之象。君子體此象以外振窮民，内育己德。振者，拯救之也；育者，涵養之也。振民所以育吾德也。當海内離散敗壞之時，能發倉廩，蠲逋負，則田野之間父子相保，其爲育德孰大于此？

初六，幹父之蠱，有子，考无咎，厲終吉。

《象》曰：幹父之蠱，意承考也。

人君狃于宴安，湛于逸樂，天下蠱壞，非得善繼之子堪任大事，曷足以振起之？宣王承厲王之後[一]，修車馬，備器械，復會諸侯於東都，卒成中興之功；禄山之亂，明皇幸蜀，肅宗即位靈武，以復兩京。可謂有子矣，故考可以无咎。然亂自我致，非吾君之子孰與興之？然則中興之業難以盡付之大臣，故《蠱》卦特稱父子者以此。

〔一〕「厲王」，原作「幽王」。按西周世系，「幽王」應爲「厲王」之誤。《四庫全書總目》（武英殿本）本書提要引此句已改爲「厲王」。兹據改。

然幹父之事，其間亦有不可盡循者，使爲子者能每事加危懼，内常恐傷父之志，外不失責望者之心，意常承順而不見背違之迹，如此，乃可終獲其吉也。豈若異姓相代，如湯武應天順人，聲其惡過而无所忌畏者乎？或稱「父」，或稱「考」，蓋兼存没而言。

九二，幹母之蠱，不可貞。

《象》曰：幹母之蠱，得中道也。

臣事君與子事父母，其義一也。母爲女君之象，亦陰柔之主也。九二以陽剛中正，上應六五，幹母之蠱也。婦人之性雖曰陰柔，然亦有鷙忍强戾、果于爲惡者，非能一旦使之翻然以從善也，當從容柔順以輔導之。陳平之事吕后，狄仁傑之事武后，可謂得其道矣。吕后王諸吕，武后廢廬陵王，二人未嘗面折廷争，然卒安劉氏者平也，卒返廬陵王者仁傑也。若王陵、褚遂良輩徒至于殺身而已，何補于治亂哉？

《易》道所貴，貴乎无咎悔，不以殺身爲善。蘇氏解「五十而學《易》，可以無大過」，以謂非老于憂患之君子，未易學也。孔子之意蓋慮後世學《易》者有如馮道之流，則比干、伯夷不足貴矣。爻言「不可貞」，《象》言「得中道」，蓋九二以陽剛履臣位之中，陽剛則慮其守正而不知變，故其戒如此。

九三，幹父之蠱，小有悔，无大咎。

《象》曰：　幹父之蠱，終无咎也。

子事父，臣事君，雖負剛明之才，足以幹正家國之事，然失之太專，則子近于不順，臣失之太强，固不能无小悔也，但不至大咎而已。蓋九居三位，重剛而不中，以此事上，本有大咎悔，而巽能順之，艮能止之，故不至于已甚也。人臣事君，如子事父，父有争子，君有争臣，其始未嘗无咎悔也，然以剛且正，故得終无咎也。

六四，裕父之蠱，往見吝。

《象》曰：　裕父之蠱，往未得也。

天下蠱壞之時，非强濟之才不能幹也。幹者實能扶持其傾危，若寬裕優容，无所矯正而釐革之，日復一日，以苟延朝夕可也。若有所往以濟時艱，必不勝其任，徒見鄙吝耳。蓋六四陰柔无應，處乎艮下，寬裕自守可也。蓋事有幾會，非適當其時，不可强行，故《象》言「往未得也」。

六五，幹父之蠱，用譽。

《象》曰：　幹父用譽，承以德也。

五爲君位，六五爲繼體之君，以陰柔而幹父之蠱，是能從容柔順，彌縫蠱壞，以濟大業而无矯拂之過。材雖不足而德可尚也，以此得譽而天下歸之。《象》言「承以德」者，九二有中正之德，奉承以德，不失子道而已。唐太宗、肅宗非不才之子也，即位之後，使其父惴惴然常有意外之患，有德者固如是乎？

上九，不事王侯，高尚其事。

《象》曰：不事王侯，志可則也。

以陽剛有爲之才當蠱之終，處六五之上，若不能遐舉遠引，奉身而退，則禍不旋踵矣。「伊尹既復政厥辟，將告歸」；漢留侯佐漢得天下，然後從赤松子遊，其知此矣。老子曰：「功成名遂身退，天之道也。」《象》言「志可則」者，聖賢君子能知進退存亡之幾，固可爲法于後世也。

讀易詳説卷四

上　經 臨至剥

䷒兑下坤上

臨：元亨，利貞。至于八月有凶。

《彖》曰：臨，剛浸而長，説而順，剛中而應。大亨以正，天之道也。至于八月有凶，消不久也。

凡以上臨下皆謂之臨，人主君臨天下，諸侯君臨一國，皆臨也。《書》言：「予臨兆民，懔乎若朽索之馭六馬。」孔子曰：「居敬而行簡，以臨其民。」聖人臨下，其致慎如此，臨所以爲大也。況四陰在上以臨二剛，剛非柔之所能制也，故臨當剛長之初已有陽消之理，聖人欲使後世爲人上者常兢業以圖之也。陰陽消長，君子小人更爲進退之象。浸，猶浸潤也。一氣不頓進，如草木之長，日加益而人不知也。

兑説而坤順，臨民之道以説順爲本。九二剛而得中，六五以柔應之，既説而順，非濟以剛則强梗者或不可制，故孔子曰「臨之以莊則敬」也。如此，則能大亨以正，具乎元亨利貞之德，其大與乾同功，故能斡旋運量以臨制天下也。然陽剛主進，進而不已則治極必亂，安極必危，故戒以八月有凶也。陽生于十一月爲《復》，十二月爲《臨》，此二陽方長之時，至五月夏至而陽消，六月爲《遯》。自子至未凡歷八月，故云「八月有凶」也。有凶者，有凶之理，未必皆凶也。

《象》曰：澤上有地，臨。君子以教思无窮，容保民无疆。

水之性汪洋放肆，无以堤防之，則有奔衝決溢之患。澤上有地，所以爲臨民之象也。臨民之道固當有以防範之，豈徒厲以威嚴，驅以刑戮哉？君子體此象，教民以禮義，而思其所疾苦，无有窮已。容之則民有以措其手足，保之則不相陵犯，皆臨民之道也。无疆者，如此則其道廣大，无此疆爾界之殊也。

初九，咸臨，貞吉。

《象》曰：咸臨，貞吉，志行正也。

咸，感也，臨人必以无心而感格之。蓋一陽在下與四爲應，四近君而位尊，不可枉己以干進也，志在行其正道而已。如此，乃可免乎咎悔而趨吉也。

九二，咸臨，吉无不利。

《象》曰：咸臨，吉无不利，未順命也。

初九、九二二陽在下，六四、六五以爲正應。蓋二爲剛中之臣，以應柔中之主，君臣之間以无心相感，以成君臨之大，故吉而无不利也。然九二雖不失臣道之正，而才剛任專，以事優柔之主，事固有不可盡從者，或逆其所順，或强其所劣，故《象》言「未順命」，乃所以爲吉而无不利。聖人致其規戒之意深矣！

六三，甘臨，无攸利。既憂之，无咎。

《象》曰：甘臨，位不當也。既憂之，咎不長也。

三以陰柔而居陽位，又二剛在下而三直出其上，以勢位臨之，非二陽所能堪也。要之，三爲小人，乘剛而不中，有負乘致寇之象，不能引身退避，而徒甘言以媚悦于人，其孰肯信之？故无適而可也。若能以憂危自處，日虞禍患之至而克己下賢，庶幾其免乎。

然則臨人之道，生殺利害之權咸自己出。六以陰柔之質而據顯位，衆所不與，況二與初皆陽剛君子，方處内而將進，其肯爲之下乎？儻不能深自悔悟，惕然有淵冰之懼，而日復一日，禍可既乎？故《象》言：「甘臨，位不當也。既憂之，咎不長也。」能憂其所當憂，雖有咎悔，其能久乎？

六四，至臨，无咎。

《象》曰：至臨，无咎，位當也。

坤體至順而四位尊居正，與初爲應，上比于主而下臨于民，臨之至善者也。餘爻地遠而多懼，四近君而情通，以此臨民，何咎之有？故《象》言：「至臨，无咎，位當也。」

六五，知臨，大君之宜，吉。

《象》曰：大君之宜，行中之謂也。

臨之道貴乎廣大，兼收并用，不忌不嫉而已。得无爲用天下之道，此君臨之大者。六五以柔弱之資而履尊位，能知此道，則大君之所宜而无不吉也。五以坤體順而應二，二以剛中之賢悦而應五。然人君駕御群臣當以剛斷，而專以柔順，則强臣或有擅命之漸；人臣事主當有從違可否，而專以媚悦，則姦佞者或得肆其欺。故《象》言「大君之宜，行中之謂」者，謂順説之道貴得中，而无過不及之患，則君臣各盡其任矣。

上六，敦臨，吉，无咎。

《象》曰：敦臨之吉，志在内也。

上六居坤之終，處上卦之極，順之至也。在上而能以敦厚臨物，不以尊貴驕人，二陽在下而以順受之，雖无應于陽，而不妨其進，厚之至也。二陽在内而志常欲佽助之，與夫居上位而蔽賢嫉能者有間矣。故雖居臨之終，宜凶而獲吉，宜有咎而卒无咎也。

䷓坤下巽上

觀：盥而不薦，有孚顒若。

聖人化天下之道，非諄諄然以言語感說之也，以行與事示之，使民得法象焉，故其從也輕。孔子曰：「正其衣冠，尊其瞻視，儼然人望而畏之。」孰有不敬憚而瞻仰者哉？凡祭，必先涚手而後酌獻。盥，涚手也。宗廟之禮莫盛于始盥之時，蓋精誠藴于内而威儀肅于外。孔子于既灌之後不欲觀者，蓋繁文縟節容有僞焉，有不足觀者矣。惟齋莊恭敬之貌，顒然端委于上而天下化服之，其道豈不簡且易哉？

《彖》曰：大觀在上，順而巽，中正以觀天下。觀，盥而不薦，有孚顒若，下觀而化也。

聖人感人心之道莫大乎誠敬，故孔子言「使民如承大祭」，然則欲民之化服，豈勢力所能驅迫之哉？九五以巽順之德履中正之位，爲一卦之主。以此觀天下，猶日之方中，赫然在上，有目者咸睹，此觀之所以爲大也。能齋莊誠敬，儼然以臨其下，則民皆觀感而化也。若既盥之後，則精意散漫，假物然後見其誠，則所感者末矣。

觀天之神道，而四時不忒。聖人以神道設教，而天下服矣。

神也者，妙萬物以爲言者也。四時行焉，百物生焉，莫之爲而爲者，天何言哉？此天之神道也。聖人以此設教，則不見其治之之迹，故心既悦而誠服之。後世蓋有假天之神道以誑惑百姓，遂謂《河圖》《洛書》疑亦神道設教者，若然，則上世帝王亦有時而欺天下耶？其説陋矣。

《象》曰：風行地上，觀。先王以省方觀民設教。

風行天上則庸有不及物者，風行地上則物无不鼓動者。聖人體此象以制巡狩之禮，省觀萬方，以察民俗，因其土風而設爲教化。一游一豫，爲諸侯度，則事无不順乎民心者，此堯、舜、三代之禮。至秦皇、漢武巡游无度，縱其侈心，適所以擾天下而啓英雄窺覬之端，失先王所以省方觀民之意，由上之人事繁文而不務簡易之過也。

初六，童觀，小人无咎，君子吝。

《象》曰：初六童觀，小人道也。

初六以陰柔最處卦下，有童子之象，所見鄙淺，不出卑陋之間，小人亦如之。所見如此，固難抗之使高明也，故无咎。君子當大觀于天下，如七十二子之觀仲尼，見宗廟之美，百官之富。若以陰柔自守，則吝道也。聖人每以輕約望小人，故待之不可不恕；以遠大期君子，故責之不可不嚴。《象》言「初六童觀，小人道」者，固守淺陋，此小人之道耳。

六二，闚觀，利女貞。

《象》曰：闚觀，女貞，亦可醜也。

女子處房奥之中以窺于外，隱屏幽閒，所見雖小，其貞足道，故窺觀于女貞爲利，而非君子達觀之道也。二以陰柔上應陽剛之君，不能觀其大者。當大觀之時，而體陰處内，非丈夫之事，爲可醜也。

六三，觀我生，進退。

《象》曰：觀我生，進退，未失道也。

聖人既以身觀天下，又當反身而自觀，以爲進退去就之義焉。觀天下者，觀乎萬物也；反身而觀者，内觀乎道也。六三以陰柔而據陽位，且有應乎上，若可進之時，而量能審己，度時之宜以爲進退焉。如此，雖未合道，亦庶幾乎未爲甚失矣。

六四，觀國之光，利用賓于王。

《象》曰：觀國之光，尚賓也。

六四得人臣之正，居近君之位，大臣之有道者可進之時也，故觀國之光，利用賓于王。孟子曰：「故將大有爲之君，必有所不召之臣。」其尊德樂道不如是，不足與有爲也。九五爲大觀之主，而四以大臣來觀國之光，豈遽得而臣之哉？

《乾》之九二、九五皆曰「利見大人」，蓋在下之大人如太公、伯夷，則利見在上之大人；在上之大人如文王，則利見在下之大人也。君臣相遇，必能大有爲于天下，生民被惠，宗社蒙福，一見一用交相爲利，豈不難哉？尚賓者，賓之而不敢臣也。

九五，觀我生，君子无咎。

《象》曰：觀我生，觀民也。

聖人以身觀天下，「萬方有罪，在予一人；予一人有罪，无以爾萬方」，能常作是觀，則可以无咎。蓋民生治亂係于上之舉措，則吾之動作起居可不慎乎？反求諸己而不可見，則考之民俗之善否而已，然則觀民俗者乃所以觀吾生也。

上九，觀其生，君子无咎。

《象》曰：觀其生，志未平也。

上九雖不在其位，而以陽剛處九五之上，有應于下，非能超然出于事任之外也，則民之生理實任其責。伊尹自任以天下之重，有一夫不被其澤者，若己推而納之溝中。能于此作觀，固可免咎。《象》曰「觀其生，志未平」者，上九在事任之外，非有職守者，特以位高望重未能兼善天下，憂世之心志尚未平也。

䷔震下離上

噬嗑：亨，利用獄。

君臣相遇，非道同德合則不能大有爲於天下。然自古迄今每多不合者，有物間于其間也。欲除去其間，非威明剛斷不能也。離、震二卦合而成《噬嗑》，九四爲頤中有物之象，蓋君側之强臣厄群賢之進而間隔之者。

噬者，囓也；嗑者，合也。頤中有物，非囓去之則終不能合，能囓去之則上下内外亨通而無礙矣。噬嗑非止用獄，但既明且威，則于用獄爲利；又小人强梗，非加以刑辟斧鉞之誅不能除去之，故云「利用獄」也。周之管蔡、漢之上官桀，此二間也，非成王、昭帝明斷而卒除去之，則周公、霍光豈能成輔翼之功哉？

《彖》曰：頤中有物，曰噬嗑。噬嗑而亨。剛柔分，動而明，雷電合而章。柔得中而上行，雖不當位，利用獄也。

人所以養其氣體，必資于飲食，故頤者，養也。頤中有物，妨于飲食語言，必嚙去之，然後乃得亨通。卦體上下二剛，剛主決斷，與柔異體而相須。《噬嗑》自《否》卦而來，九五之剛分而之初，初六之柔分而之五，剛柔分而成離、震，震動而離明也。雷必有電，雷動電耀，異體相合而章著也。六五以柔而履尊位，得中而上行，不失離明之照。雖比九五爲不當位，而有剛明之賢上爲之贊助，强梗者卒伏其辜，故利用獄也。

《象》曰：雷電，噬嗑。先王以明罰敕法。

雷以震驚之，電以照耀之，則其威明之行，无能遁其情者，《噬嗑》之象也。聖人觀此象以明其刑罰，謹其法令，使天下曉然易避而難犯也。

初九，屨校滅趾，无咎。

《象》曰：屨校滅趾，不行也。

初上以卦材言之則爲二剛，利于斷獄者也；以六爻言之則初上二爻无位，爲受刑之人。《易》之取義，廣大隨時，言豈一端哉？初最處下，用刑之初，爲惡未大，故屨校滅趾，无咎。屨，履也；校，桎梏也；趾有止之義。屨校滅趾，校之使没其趾，但拘囚之，刑之至輕者也。孔子于此二爻，特發明其義曰「小人不耻不仁，不畏不義，不見利不勸，不威不懲。小懲而大戒，此小人之福也」，故屨校滅趾，无咎。上九亦小人之居尊位者也，故以小善爲无益而不爲，以小惡爲无傷而弗去，至惡積而不可掩，罪大而不可解，故何校滅耳，凶。此二者皆爲受刑之人。自二至五皆取噬爲義，則用刑之人也。

六二，噬膚滅鼻，无咎。

《象》曰：噬膚滅鼻，乘剛也。

六二雖處人臣中正之位，而材實柔弱，動而乘剛强之小人，非深文峻法以治之，未易勝也。故噬膚不足，以之滅鼻，蓋不如是不足以服强梗也。古之斷獄者當以矜恤爲先，六二雖失先王欽慎明恕之意，以治小人未爲過也，故无咎。《象》「噬膚滅鼻，乘剛」者，下乘初九，其勢不得不嚙去之。用刑者小必傷人之肌膚，故皆以噬爲言。

六三，噬腊肉，遇毒。小吝，无咎。

《象》曰：遇毒，位不當也。

腊肉，全體之物，至難噬者也，以喻强梗小人爲間之大，未易遽去之，去之不以漸，必遭其怨毒而反受其害。然奉法以制小人，有司之事，雖失威斷之大，何咎之有？但小有悔吝耳。三陽位而陰柔據之，其遭怨毒，蓋處不當其位故也。使明足以照姦慝，威足以服强梗，片言可以折其辭，則小人必聽矣。

九四，噬乾胏，得金矢，利艱貞吉。

《象》曰：利艱貞吉，未光也。

九四用剛直之道而處柔順之位，位尊而任重，人君恃以擊强梗、除間隙也。胏有骨曰胏，最難噬者，非剛直之材知難而守正者，未易勝之也。暴戾凶愎，小人之剛也，君子欲驅除小人，必操公心，由直道，挾利器，待時而動。動不括，乘間而發，發必中矣。若行不以艱難，守不以正固，恃其剛直，輕易妄動，則反爲所噬矣，故利艱貞乃獲吉也。《象》曰「利艱貞吉，未光」者，去小人之術，當使之退聽潛消于冥冥之中，今道德之威不足以勝，至于用刑獄以除去，雖免凶咎，未足爲光大也。

六五，噬乾肉，得黄金，貞厲，无咎。

《象》曰：貞厲，无咎，得當也。

六五體雖柔弱，而居得政之位，操生殺之權，其去小人若无甚難者。然猶有乾肉之象，以見小人難去如此。五爲去間之主，而四以剛正輔贊而彌縫之，用力小而見功多矣。得黄金者，得剛中之賢，足以勝小人。人君駕御大臣，得其道則爲腹心股肱之用，不得其道則既任而疑之，跋扈難制，反爲害者多矣。五既以柔弱而乘九四之剛，固賴以濟難，然亦不可不怵惕，常以危懼自處也。如此，固可免咎。《象》言「貞厲，无咎，得當」者，能貞且厲而免咎，以見處之當其理也。

上九，何校滅耳，凶。

《象》曰：何校滅耳，聰不明也。

先王用刑无貴賤之間。上九，强臣也。强臣而无位，雖嘗爲大臣，而積稔罪惡至于不可掩覆解免，固可以刑戮加之。驩兜誣人功罪，唐堯戮之；管蔡挾武庚以叛，周公誅之，豈以位尊職重而不敢加以刑辟哉？初九「屨校滅趾」。趾，止也。欲使爲惡者不復行，戒之使入于善也。上九：「何校滅耳，凶。」以聰不明，故以校滅耳而懲之。惡積罪大，无自新之理矣。

䷕離下艮上

賁：亨，小利有攸往。

賁飾之事固非聖賢之所尚也，然質勝文則野，交物之際，文亦不可已。有其質而加賁飾焉，所以能亨通也。譬之車服器械，適用而已，加以雕鏤文采，徒爲觀美。雖不可已，亦不可過也，故小利而已。若涉險難，非文飾所能濟也。

《彖》曰：賁，亨。柔來而文剛，故亨。分剛上而文柔，故小利有攸往。天文也。文明以止，人文也。觀乎天文，以察時變；觀乎人文，以化成天下。

乾、坤，純陰純陽之卦，有父母之象。乾施一陽于坤而成震、坎、艮，故謂之男；坤施一陰于乾而成巽、離、兑，故謂之女。六十四卦皆因乾、坤而成，非獨六子而已。離下艮上爲《賁》。離體本乾，坤以一柔來居其中，以文二剛，故剛不至于暴，而物无不通也。艮體本坤，乾以一剛分處于上，以文二柔。剛柔相雜而相濟，陰陽異位而相成，此卦所以爲《賁》也〔二〕。

〔二〕「卦」下，《永樂大典》有「之」字。

二在下卦之中，故言「來」。來者，來居于内也。來居于内，變而爲離則文明矣。九處上卦之極，故言「分」。分處于外也[一]。分處于外，變而爲艮則止静矣。陰柔无迕，柔來居中而文剛，則可以通物矣，故亨。陽剛至健，剛上而文柔，則可以涉難矣，故小利有攸往也。

日月之往來，星辰之布列，剛柔錯綜，陰陽相交，自然而成理者，天文也。陰麗于下而文明其上，陽止乎上而節制其下，禮樂政刑必假于人爲者，人文也。觀乎天文則四時之代謝可察矣，觀乎人文則天下之風俗可變矣。聖人推廣賁飾之意，豈徒爲觀美而已？仰觀天文，俯察人理，必歸于有用，所以成孝敬而厚人倫，美教化而移風俗者，用此道也。此賁飾之大者也。

《象》曰：山下有火，賁。君子以明庶政，无敢折獄。

山者，鳥獸草木之所由出也[二]。山下有火，則火景所燭，物无不照[三]，故有《賁》之象。君子體此以明庶政，則凡見于政事者无不加賁焉。獨獄訟之間當用其誠實，而以法令爲師，學未及于古人，其敢以片言折之乎？獄者，性命所係。聖人于此有畏懼之心焉，故曰「无敢折獄」也。

[一] 「分處于外也」，與上文「來居于内也」句式相應，則其上疑闕「分者」二字。
[二] 「由」，《永樂大典》作「生」。
[三] 「照」下，《永樂大典》有「者」字。

初九，賁其趾，舍車而徒。

《象》曰：舍車而徒，義弗乘也。

九居于初，此陽剛君子隱而未見者也，發迹之初尤當自重。原憲之貧，捉襟肘見，納屨踵決，及歌《商頌》之詩〔二〕，聲若出金石，高車駟馬者蓋有愧焉。車固君子之器，小人而乘君子之器，盜斯奪之。君子于辭受進退之際，惟義之從耳。顔斶緩行以當車〔三〕，君子不以爲辱。所治愈下，得車愈多者，君子不以爲榮。《賁》之初九能自貴重，寧徒行而舍軒車之盛，其爲光華賁飾之道莫大焉。初比于二而正應在四，不比于近而遠從正應，故有舍車徒行之象。伊尹耕有莘之野，非其義也，非其道也，禄之以天下弗顧也，繫馬千駟弗視也。君子居窮隱約，能自重如此，豈以徒行爲辱、乘軒車爲榮哉？

六二，賁其須。

《象》曰：賁其須，與上興也。

〔二〕「詩」，《永樂大典》無此字。如此，則句讀當作「及歌《商頌》之聲，若出金石」。

〔三〕「顔斶」，《永樂大典》作「顔蠋」。

須附于頤頰，一身之中爲最顯，此賁飾之出于自然者。二比于三，同體者賁，雖不能自立，隨質而動，得所麗則相待而成。蓋文質之相須，非能有所加損也，其動作皆因其所附之質耳，故《象》曰「賁其須，與上興也」。

九三，賁如濡如，永貞吉。

《象》曰：永貞之吉，終莫之陵也。

賁飾之道，常失之華侈而无其實，若有德以潤其身，而飾以粲然之文，如玉之藴于石、珠之媚于川，其潤澤光彩有不可掩者，故曰「賁如濡如」也。永貞吉者，九三以陽剛而居陽位，處離分之極，賁之盛者[一]，賁飾之盛則流而爲奢淫，故戒以永貞則吉也。永貞者，長守正道，不爲群陰之所誘，則小人終莫陵之也[二]。

六四，賁如，皤如，白馬翰如。匪寇，婚媾。

《象》曰：六四當位，疑也。匪寇，婚媾，終无尤也。

[一]「盛」，原作「極」，據《永樂大典》及文津閣本改。
[二]「莫」下，《永樂大典》有「敢」字。

四與初爲正應，初以陽剛在下，守節義而輕富貴者也。四欲往從，亦當以潔白之操應之，故賁如，皤如也。皤，潔白也。白馬翰如者，聘賢必以車馬，馬取其色白者。詩人以「皎皎白駒，在彼空谷。生芻一束，其人如玉」，亦取潔白之義。翰如，飛翔而往也。聘既以其道，則皤然而來矣。「匪寇，婚媾」者，古之聘賢猶嫁娶之用媒聘，故以婚媾爲喻。

四之應初，初之從四，乃正應也。而九三以陽剛間乎其間，四又乘之，故與三爲仇，所以遲疑而不敢遽進也。非三爲難，則四與初合久矣。夫陰陽之相求、剛柔之相賁，乃理之常。六四下應初九，位固當矣，又乘九三之剛，此當位適所以致疑也。初與四既以正道相應，小人爲間者終莫能害之，故終无尤也。

六五，賁于丘園，束帛戔戔。吝，終吉。

《象》曰：六五之吉，有喜也。

六五當全盛之時[一]，爲賁之主，固可以崇臺榭，廣苑囿之觀。六五居中正之位，雖賁于丘園，而束帛戔戔，不爲侈也，故雖吝而終獲其吉。《象》言「六五之吉，有喜」者，吝道宜有憂虞，當賁之

[一] 「時」，《永樂大典》作「世」。

時能以儉約自處，後必獲福，故有喜也。又丘園，隱者所寓。如初九之賢，舍車而徒，守其節義而安于貧約者，人君所當聘用也。三玄二纁謂之束帛，物薄而禮厚。當賁飾全盛之世，菲薄乃如此〔二〕，以禮爲主，而非吝也，故終獲其吉。以卦體言之，六五一爻聖人示奢淫之戒，其意深矣。然以丘園爲隱者所寓，其從來亦遠矣。姑存二説，不敢決也。

上九，白賁，无咎。

《象》曰：白賁，无咎，上得志也。

賁之道雖尚乎賁飾，然舜用漆器，群臣諫焉。蓋漆器不已，必用犀象，犀象不已，必用金玉。觀《賁》之六爻，雖本乎賁飾〔三〕，而常以質素爲先。上九，賢人處尊位而衆所視效者，故以質素爲飾，則其所自奉者无華侈之過、奢靡之失也，故曰「白賁，无咎」。《象》曰：「白賁，无咎，上得志也。」所志在于儉約，今已處顯位而能行其所願，則平昔之志遂矣，故曰「上得志也」。

〔二〕「乃」，《永樂大典》無此字。
〔三〕「乎」，原作「于」，據《永樂大典》及文津閣本改。

䷖坤下艮上

剥：不利有攸往。

《剥》《復》《否》《泰》之循環，固出于君子小人之用舍，然陰陽消長若非偶然者。當《否》《剥》之時，能用君子則扶持安全，不至于亡耳。故《否》卦繇辭言「否之匪人」，蓋有非人力所能爲者，聖人蓋難言之，要當歸之人事，使人主常兢業以圖之，遇災而懼，側身修行，宣王所以致中興也；曰「我生不有命在天」，此紂之所以亡也。小人道長，君子道消，故曰「剥」。聖賢君子遐舉遠引，不可榮以禄之時，故利于退遁，不利有攸往也。

《彖》曰：剥，剥也，柔變剛也。不利有攸往，小人長也。順而止之，觀象也。君子尚消息盈虚，天行也。

「剥」如剥棗之剥，剥落必至于盡也。小人之害君子，非至于盡則必有所忌憚，而不得恣其所爲，故剥勢必至于盡也。柔變剛者，剛方者，君子也；柔佞者，小人也。小人得志則能竊人主威柄，盡去君子，而呼吸群小，聚之朝廷，則據要路者皆小人矣。小人道長則知幾之士當引身而去，不然必遭傾陷，故不利有攸往也。然君子之事无可爲，則順適吾意，全身而去。卦有順止之意，順適吾意，小人之凶焰或可止也。

坤順而艮止，聖人于剥之時，能默觀此象以爲進退行藏之決，豈復有禍悔哉？消息盈虛，天道運行之常理。陽既消則有息，陰既盈則有虛。君子能尚此，則危行言遜，静觀其復可也。若强亢激拂，如李膺、袁安之流身膺刑戮，不失忠義之節，而非聖人之所尚也。雖然，事固有可以死而不敢苟免者。孟子曰：「可以无死，死傷勇。」[一]若王子比干雖知紂不可諫，寧諫而就死；顔真卿知盧杞之得君、李希烈之强暴，然卒以此而蹈大禍，則義重于死故也。使世之學《易》者專以明哲保身之術求无咎悔以全其身，亦非聖人之所貴也。

《象》曰：山附于地，剥。上以厚下安宅。

山當峻極于天，今反附地，有《剥》之象。君子宜處大位以制群小，今反伏而在下，爲小人所制，則其時可知矣。人君觀此象，雖未能有所進退，且當培其根本，使基業堅固有不拔之勢。小人一旦退聽，則易于興復也。上能厚下安宅，則敦本務農，不失其時，雖當亂世而百姓免離散失業之患。古之聖王每于此加意焉，《七月》之詩是也。百姓不失本業，各安其田里，養生送死而无憾，雖驅之使爲亂不可也。秦之苛暴，一夫作難而社稷傾隕矣。《剥》之六爻皆有剥下之象，聖人垂

[一]「孟子曰」句，據上下文義，疑當在「雖然」句上。

戒後世之意豈不深遠哉？

初六，剥牀以足，蔑貞凶。

《象》曰：剥牀以足，以滅下也。

自昔媒糵禍亂，未有不自人主致之。蓋上有奢淫之主，則下必有刻剥之臣，其致禍亂之術如循一軌。剥者，剥下以媚上也。剥下媚上，其勢必至于大亂。牀者，人所安處。小人竭民之力、斂民之財，以奉其上，使斯民離散泮涣，失其所常處而莫之恤也。如剥牀以足，正道將傾，又輕視而不恤也。蔑，无也，視正道若无有也。蓋小人得路則蔑視君子，其蹈凶禍必矣。《象》曰「剥牀以足，以滅下」者，滅，盡也，小人于正道則蔑視而不恤，于細民則竭其膏血至盡而不顧，知固寵保位而已，卒至天下土崩，首領莫保，雖悔何及哉？故《易》以損上益下謂之益，損下益上謂之損，然則滅下者乃所以自滅也。

六二，剥牀以辨，蔑貞凶。

《象》曰：剥牀以辨，未有與也。

先儒以「辨」當第足之間，近于牀身，故曰辨。剥道漸進，蔑視正道若无足畏者，而卒蹈凶禍，如裴延齡、皇甫鎛之流是已。《象》曰「剥牀以辨，未有與」者，六二上无應援，天下莫與之象。梁襄王問孟子曰：「天下烏乎定？」曰：「定于一。」曰：「孰能一之？」曰：「不嗜殺人者能一之。」曰：「孰能與之？」曰：「天下莫不與也。」刻剥之臣其殺人也甚于寇盜，豈有與之者哉？小人得路，雖不爲天下公論所與，然方操生殺利害之權，好爵重禄足以誘之，豈能使其類盡不與之哉？特不爲君子所與耳。

六三，剥之无咎。

《象》曰：剥之无咎，失上下也。

剥之時群陰用事，獨一陽在上，又處无位之地。三亦處陽位而正應在上，此小人陰交乎君子者，故得无咎。處剥之時，居群陰之間，不能遐舉遠引，但能陰通乎在上陽剛之君子，特免乎凶禍而已。孔子曰：「中人以上可與語上，中人以下不可以語上。」蓋正道勝則小人亦有悔過從善之心，正道不勝，介乎陰邪之間，能知君子而失其黨類之心，聖人亦恕之，免誅殛之禍。此待小人之術，容其悔過，不爲已甚者也。處群陰之間，上下皆陰，故曰「失上下也」。

六四，剥牀以膚，凶。

《象》曰：剥牀以膚，切近災也。

剥牀以足，剥牀以辨，此皆身外之物，失其本業之象。至于剥牀以膚，則鬻妻賣子，身填溝壑矣。正道剥盡，直凶而已。六四近君之大臣，小人之處乎顯位者，勢足以有行，故剥之爲甚。

《象》曰：「剥牀以膚，切近災也。」禍切于身，不可避免。蓋民爲邦本，剥民及膚，則君臣皆受滅身之禍，故曰「切近災也」。

六五，貫魚，以宫人寵，无不利。

《象》曰：以宫人寵，終无尤也。

六五陰柔，爲剥之主。小人恣爲姦欺，以剥正道而致亂亡者，皆五爲之。剥道至此，雖處尊位，勢已不能制。若一旦悔悟，欲盡去之，則反受其禍矣。爲六五之計者，莫若姑順適其意，而稍奪其大權。如此，則于人主无不利。

宫人者，婢妾、宦寺之象也。小人既久用事，不无憂危之心，人主不能以道消息，顯排而亟治之，則計生无聊，禍有不可勝言者。能以婢妾、宦寺待之，使之駢頭而進，不見嫌惡之迹，則可終无尤悔。以俟君子之進，正道之復也。聖人爲後世之慮如此。漢之獻帝蓋粗知此者，至魏高貴鄉公、唐昭宗，欲于剥盡之時稍立權綱，遂不免于禍，此足以爲後世鑒矣。

上九，碩果不食，君子得輿，小人剥廬。

《象》曰：君子得輿，民所載也；小人剥廬，終不可用也。

陰陽二氣不能頓進，猶君子小人不能頓長。陰之剥陽，自足至膚，爲害加甚，則小人道長亦極矣。上九處群陰之上，雖不任事，然卒消小人，變《剥》爲《復》也。果至于碩大不食，則能反于土而爲生出之漸，此一陽之在下者也。

君子能以百姓爲心，故民所愛戴。卦以五陰而乘一陽，君子得衆而民戴之，有車輿之象，小人但知剥刻百姓，以爲進身之計耳，故《象》言「君子得輿，民所載也；小人剥廬，終不可用也」。聖人之意蓋謂剥之極，君子之道幾絶而僅存，賴有一君子以扶持之耳。若于斯時尚或參用小人，小人浸長，復消君子，則斯民受弊，必致流散失業之禍，故云「終不可用」，以爲萬世之大戒也。

讀易詳説卷五

上經 復至離

䷗震下坤上

復：亨，出入无疾，朋來无咎。反復其道，七日來復，利有攸往。

《剥》《復》二卦，聖人專論君子小人相爲消長之理。然《否》《泰》二卦，先《泰》而後《否》，以言治極必亂也；《剥》《復》二卦，先《剥》而後《復》，以言亂極則治也。居泰之時，无小人以害政，雖長存可也。當剥之極，有一君子扶持而安全之，其勢必復。

「復，亨」者，復則小人退聽，世道无阻而亨通也。出入无疾者，一陽生于下而群陰莫能害之。出者，外也；入者，内也。陽剛雖微而在内，蓋《剥》極成《坤》則陽入在内。出入云者，言陰陽消長，反復之常也。君子出處之間，經營世務，无有疾惡之者，故得行其志也。《復》之初爻，陽雖生而甚微，陰雖消而尚衆。如君子雖進，方伏而在下，必當從容求濟，以俟衆陽之升進，勢足以勝小人，然後可以大有爲而免咎悔也。

「反復其道，七日來復」者，自陰柔而反復于陽剛，必更俟之七日，則《坤》之陰氣盡矣。夫陰陽之循環，未有往而不反者，極則反。《易》，天下之至變者。《乾》《坤》交錯而成六十四卦，卦有六爻，爻各主一日，八卦循環，至極則反。六位遞遷，陰自五月而生，其卦爲《姤》；陰進而陽消，九月于卦爲《剥》；至十月，六陰數極，其卦爲《坤》；十一月，一陽復生，剛來反初，復于本位。凡歷七變而爲《復》，故曰「七日來復」也。諸家之説，雖辭有異同，至言陰陽反復之義，其理則一也。復之時，君子道長，小人不敢加害，可以進爲于世，故利有攸往也。

《彖》曰：復，亨，剛反，動而以順行，是以出入无疾，朋來无咎。反復其道，七日來復，天行也。利有攸往，剛長也。復，其見天地之心乎。

復所以能亨者，以剛反而復其本也。夏至一陰生，則剛既往矣。至七日爲反，謂陽剛消極而來反也。下震上坤，動而順之象。震動而坤以順行，是以出入无疾，朋來无咎。蓋剥復者，陽氣出入之始，一出一入，群陰莫能害之，朋類皆至，小人莫能間之。「反復其道，七日來復，天行」者，周天三百六十五度四分度之一，一晝夜日行一度，終坤之七日，而復其始。陰陽消復，天道之常，故曰「七日來復，天行」也。

「利有攸往，剛長也」，剛長則陰消，故利有攸往也。「復，其見天地之心」者，于復之時，君子道長，小人道消，天地之心于此可見矣。天地豈有心哉？而禍福休祥之證皆有以窺見天心。至天地之變，五緯失其常度，五行失其常性，皆逆知其過。董仲舒言，天心之仁愛人君，故出災異以譴告之。以天地爲漠然无心，可乎？復之時，君子之道長，小人之道消，天地之心于此可見矣。

《象》曰：雷在地中，復。先王以至日閉關，商旅不行，后不省方。

雷者，陽氣壯動，陰不能固，擊搏而有聲。當復之時，雷在地中，陽氣伏藏于下，陰能固之。先王以至日閉關，商旅不行，后不省方，所以助天地之閉藏也。《月令》曰：「仲冬行夏令〔一〕，則氛霧冥冥，雷乃發聲。」然則天地生成萬物之功，實有賴于聖人燮調而佐理之也。

初九，不遠復，无祇悔，元吉。

《象》曰：不遠之復，以修身也。

陰盡陽來，天地之復也。知不善之不可爲而復于善，君子之復也。初九居群陰之下，而陽氣獨先群陰而萌。復于動初，此復之速而不至于悔也，其爲吉大矣。孔子于此爻，獨曰：「顏氏之

〔一〕「仲冬行夏令」句下，《禮記》（宋婺州義烏蔣宅崇知齋刻本）有「則其國乃旱」句。

子，其殆庶幾乎？有不善未嘗不知，知之未嘗復行也。」然則不遠復者，言復之速也。

人有不善在身，巧自掩覆，謂人不知者多矣。惟顔子有不善則知之，知之而未嘗復行，則善日積而不善无自而萌矣。修身之道莫大乎此，故《象》言「不遠之復，以修身也」。孔子稱其「不貳過」，韓子以爲見不善之端而能止之也[二]，與此意同。

六二，休復，吉。

《象》曰：休復之吉，以下仁也。

《復》卦以初九爲主，處群陰之中而能速復者也。二雖陰柔在上而切近于初，能因之而復，不忌不嫉，知善之可從，屈己以下之，美之至也，吉孰如之？故《象》言：「休復之吉，以下仁也。」

六三，頻復，厲无咎。[三]

《象》曰：頻復之厲，義无咎也。

[二]「見不善之端而能止之也」，非韓愈所言。此句實見於王安石《禮樂論》（《臨川先生文集》卷六六，宋紹興二十一年兩浙西路轉運司王珏刻元明遞修本），原文作：「夫顔子之所學者，非世人之所學。不遷怒者，求諸己；不貳過者，見不善之端而止之也。」

[三] 本卦六三爻以下及《无妄》《大畜》兩卦，原無李光傳文，僅録《周易》經文及《彖》辭、《象》辭。文津閣本同。

六四，中行獨復。

《象》曰：中行獨復，以從道也。

六五，敦復，无悔。

《象》曰：敦復，无悔，中以自考也。

上六，迷復，凶，有災眚。用行師，終有大敗。以其國，君凶，至于十年不克征。

《象》曰：迷復之凶，反君道也。

☰☳震下乾上

无妄：元、亨、利、貞。其匪正有眚，不利有攸往。

《彖》曰：无妄，剛自外來而爲主于内。動而健，剛中而應，大亨以正，天之命也。其匪正有眚，不利有攸往，无妄之往，何之矣？天命不祐，行矣哉！

《象》曰：天下雷行，物與无妄。先王以茂對時育萬物。

初九，无妄，往吉。

《象》曰：无妄之往，得志也。

六二，不耕穫，不菑畬，則利有攸往。

《象》曰：不耕穫，未富也。

六三，无妄之災，或繫之牛，行人之得，邑人之災。

《象》曰：行人得牛，邑人災也。

九四，可貞，无咎。

《象》曰：可貞，无咎，固有之也。

九五，无妄之疾，勿藥有喜。

《象》曰：无妄之藥，不可試也。

上九，无妄，行有眚，无攸利。

《象》曰：无妄之行，窮之災也。

☶☰乾下艮上

大畜：利貞。不家食，吉。利涉大川。

《彖》曰：大畜，剛健篤實，輝光日新。其德剛上而尚賢，能止健，大正也。不家食，吉，養賢也。利涉大川，應乎天也。

《象》曰：天在山中，大畜。君子以多識前言往行，以畜其德。

初九，有厲，利已。

《象》曰：有厲，利已，不犯災也。

九二，輿説輹。

《象》曰：輿説輹，中无尤也。

九三，良馬逐，利艱貞。曰閑輿衛，利有攸往。

《象》曰：利有攸往，上合志也。

六四，童牛之牿，元吉。

《象》曰：六四元吉，有喜也。

六五，豶豕之牙，吉。

《象》曰：六五之吉，有慶也。

上九，何天之衢，亨。

《象》曰：何天之衢，道大行也。

䷚震下艮上

頤：貞吉，觀頤，自求口實。

《彖》曰：頤，貞吉，養正則吉也。觀頤，觀其所養也。自求口實，觀其

自養也。天地養萬物，聖人養賢以及萬民。頤之時大矣哉！

《頤》之爲卦，蓋取人之頤頷以爲象。震下艮上，上止而下動。止者，无爲以養下；動者，有爲以養上。上止下動，各得其正則吉。孟子曰：「无君子莫治野人，无野人莫養君子。」治所以養之也，教化政刑皆所以養人，能知治人爲養人之大，則可與言頤之義矣。人之所養，或養其大體，或養其小體，如孟子所謂「至大至剛，充塞乎天地之間」者，其所養可知。觀頤之義，則人之邪正善惡斷可識矣。自求口實者，自養也，養其口體而已，此資飲食以養形者也。窮而在下，未能博施濟衆，所以獨善其身者，其自奉養必有道，豈特飲食之間哉？

「頤，貞吉」，所養者正則吉隨之。善觀人者，第觀其所養而已。器量大則所養亦大，器量小則所養亦小。「自求口實，觀其自養」者，如顏子簞食瓢飲，則其自養何如哉？聖人推廣頤之義，天地養萬物，動植飛潛咸遂其性，以成生育之功；聖人養賢，高爵厚禄咸當其位而已，享无爲之治，則頤之爲義豈不大哉？

《象》曰：山下有雷，頤。君子以慎言語，節飲食。

上止下動，山止而雷動，《頤》之象也。君子體此以修身，于動之中有止静之義。言語之出乎口，飲食之入乎口，皆當動其頤頷，不有以節慎之，則言語出而招憂虞，飲食入而害性命者多矣。

二者古人之所深戒而不可忽也。

初九，舍爾靈龜，觀我朵頤，凶。

《象》曰：觀我朵頤，亦不足貴也。

龜之爲物，以鼻引氣，可以不食而長生，物之至靈而无求于外者。九以陽居初，伏而在下，有靈龜之象。然于卦爲《震》而正應在四，不能静守而貪于所欲，急于上進。心所慕悦，朵其頤而從之，捨己逐物，忘在我之至貴，自投苟賤之域，非君子之所尚也，故《象》曰「亦不足貴也」。士能知至貴之在我，守志勵操，若顔氏之子雖簞食瓢飲不改其樂，豈見可欲而輕動其心哉？

六二，顛頤，拂經，于丘頤，征凶。

《象》曰：六二征凶，行失類也。

六二无應于上而比于初。下者，上之所養也。今以陰乘陽，反求養于下，于理爲倒，故曰「顛頤」也。經，常也。丘園，隱者之所盤旋也。不能退守廉節，而拂其常理，于安處之地而求養焉。以此求養，往則凶矣。《象》言「六二征凶，行失類」者，六二以柔弱居下，雖得中而无應，此士君子不遇之時，當安貧守道，今動而躁求，人所鄙賤而不與也。「類」謂五也，二五本相應之地而皆處陰柔，故爲失類，故曰「行失類也」。

六二，拂頤，貞凶。十年勿用，无攸利。

《象》曰：十年勿用，道大悖也。

六二正應在上九，當受養于上者，而六以陰柔而處陽剛之位，此陰邪不正之人也。既拂違正道，則于自養養人與夫求養于人无適而可，故困厄窮悴至十年而不用，是終不復可用於世，此天下之棄人也。廢棄至于十年，頤道大悖，蓋自取之，非時之罪也。士固有不用于世者，若昏佞在上，度不可以有爲，君子欲全身遠害，雖終身不用，又何戚焉？而六二之困厄乃自己取，此以貧賤之道而得貧賤者，故可耻也。

六四，顛頤，吉。虎視眈眈，其欲逐逐，无咎。

《象》曰：顛頤之吉，上施光也。

天地養萬物，聖人養賢以及萬民。下固上之所當養也，卦以一陽在上而養四陰，正也，故以下養上爲顛。六四正應在初，反求養于下，于理雖爲倒置，然四居人臣尊位，出教施令以治野人者。蓋卦體震艮，則上止下動，野人之養君子，于理若反而順，故六四顛頤則吉也。

虎視眈眈，威重之貌。大臣臨下有威重，則可以折衝萬里外矣。以威重之勢，欲以掊取于民，何求而不獲？然聖人立法，取于民有制，逐逐而求則必至竭民之財而難繼矣。《象》曰「顛頤之吉，上施光」者，四能致養于下，蓋无一物不被其澤，所施可謂光大矣。顛頤所以獲吉，由此也夫。

六五，拂經，居貞吉，不可涉大川。

《象》曰：居貞之吉，順以從上也。

六五雖處尊位而下无其應，不能養下而反求養于上，是謂拂其常理。蓋其才柔弱，不足以有爲，能静貞自處，委任于在上之大臣，則可以獲吉也。上九，在上之大臣也。涉險濟難，必賴剛明之才。六五之君，守成之幼主，能守其道，以委任大臣可也。責以大有爲以濟天下，則非其任矣，故不可涉大川。

《象》言「居貞之吉，順以從上」者，中才之主不能敬憚大臣，虚心而委任之，徒樂阿諛順適之快，以濟其私欲，鮮有不敗亡者。禍福存亡，特在人主逆順之間耳。能順以從上，則逆心之言必求諸道而敬聽之矣。

上九，由頤，厲吉。利涉大川。

《象》曰：由頤，厲吉，大有慶也。

六五本頤主而柔弱不勝其任，故上九得用其權，下之衆陰由之以得其養。然權重勢專，威能震主，非惕然常有危懼之心，則主疑于上，衆忌于下，而禍不旋踵矣。惟能深自惕厲，則可獲吉也。夫上九負剛明之材，上所委任者專，衆所責望者重，非能排難涉險以利養天下，孰克勝任哉？高宗命傅説，以「若濟巨川，用汝作舟楫」，古之大臣能勝是任者傅説是已。高宗能委任傅説，爲商中興之主，社稷生靈咸被其福，豈特一人之慶哉？故《象》言「大有慶也」。

☱☴ 巽下兑上

大過：棟橈，利有攸往，亨。

《彖》曰：大過，大者過也。棟橈，本末弱也。剛過而中，巽而説行，利有攸往，乃亨。大過之時大矣哉！

大者能立非常之事，故其過亦非常。過在大者，非陰小所能爲，亦不敢爲也，故曰大過，大者過也。夫大過之時，朝廷衰微，百姓離散，主昏于上，臣强于下，故云「棟橈，本末弱也」。「本末」謂上下皆陰，四陽无所托，顛也。剛雖過，而不失二五之中正，欲以有濟，不可暴也。大過之世，豈純任剛强以違拂人心哉？以卦體言之，巽下兑上，巽而説行，則天下翕然從之矣。武王伐紂，不期而會者八百餘國；漢祖入關，父老皆牛酒迎勞。大過之時，聖賢君子爲過絶之行，以成非常之功，故利于作爲，往无不濟。孔子所以贊其大也。

《象》曰：澤滅木，大過。君子以獨立不懼，遯世无悶。

澤所以悦萬物，至于滅木，則物或有被其害者。然物以憔悴枯槁之久，有非尋常雨露之潤所能霑溉者，故澤滅木爲《大過》之象也。夫天下衰亂，海内雲擾，惟賢人君子出以濟難，則解紛撥亂，有兵有戎而无所顧避；退而窮處，則啜菽飲水，耕巖釣渭而不改其樂，豈世之是非毁譽所能輕動其心哉？是二者皆非中道，處大過之世，理則然爾。

初六，藉用白茅，无咎。

《象》曰：藉用白茅，柔在下也。

聖人當大過之世，爲衆人之所不敢爲，成衆人之所不能成，宜其輕易妄動，率意而行。今乃如置器于地，既已安全矣，又藉之以茅，慎之至也，何咎之有？以見聖人立大事、成大功，未嘗敢易而爲之也。況初體柔弱，承二而應四，以橈弱之勢，方賴二剛扶持而安全之，其敢易乎？孔子于此爻釋其大略曰：「藉之用茅，何咎之有？慎之至也。夫茅之爲物薄，而用可重也。慎斯術也以往，其无所失矣。」蓋聖人濟難之初，其慎重如此，則何往而不利哉？

九二，枯楊生稊，老夫得其女妻，无不利。

《象》曰：老夫女妻，過以相與也。

大過之時无非過者，陽不過則无以濟弱陰，陰不過則无以益衰陽。惟九二剛過而中，以陽而居陰，老夫之象。初以陰柔伏而在下，女妻之象。二既无應于上而密比于初，勢固不得不相與也。相與而俱受其益，以老益少則少者日以長，以少益老則衰者日以壯。當棟橈之時，君臣上下各協力以相與，何往而不利哉？故《象》言：「老夫女妻，過以相與也。」

九三，棟橈，凶。

《象》曰：棟橈之凶，不可以有輔也。

大過之時，方藉衆力以扶危拯弱，則當卑遜下己以收群賢之助，然後大功可成。九三雖有上六爲正應，而以陽居陽，方以高亢自處，違拂衆情，上不復爲之應援，安能濟天下之傾危、任朝廷之委寄哉？夫屋之有棟，榱桷桓楹所恃以不傾，居者所賴以安也。今棟既橈矣，則本末皆弱，顛仆摧敗，凶可知矣。其材如此，安能勝其任乎？故《象》言「不可以有輔」者，蓋言上六不爲之輔助，以不足輔助故也。

九四，棟隆，吉。有它，吝。

《象》曰：棟隆之吉，不橈乎下也。

九四切近君位，此大臣獨當拯溺扶危之任者。以九居四，以剛陽而寓陰柔，得人臣之正，如棟之穹隆足以任群材之寄而勝其任者，吉孰如之？當斯任者宜盡大公至正之道，若有所偏私，則衆必解體而不爲之用矣。四與初雖爲正應，而不橈乎下，是以獲吉。若其用心不廣，係應在初，豈能收攬豪傑，使遠近内外莫不嚮應，以成大過之功乎？

九五，枯楊生華，老婦得其士夫，无咎无譽。

《象》曰：枯楊生華，何可久也？老婦士夫，亦可醜也。

九五以剛陽之才履尊極之位，處大過之世，若可以有爲，然无應于下而爲老陰所乘，故无能爲也。如士夫而爲老婦所得，反有資於老婦。陰處上極，老婦之象也。枯楊，老婦也。以盛陽而益衰陰，生華之象也。

以卦體言之，巽爲長女，兑爲少女，今乃反此者，以六爻之義言之也。方時大過，則危者易而爲安，亂者變而爲治，衰者使强，弱者使壯，故六爻有升降，卦體有反復，不可與餘卦同日而論也。蓋初上二爻俱陰而衰弱，故有老婦女妻之象。楊雖易生之木，其生華必當茂盛之時，既枯而生華，豈能久乎？男長而女少，足以相感。老婦而得士夫，豈人情哉？故爻「无咎无譽」而已，至《象》則云「枯楊生華，何可久也？老婦士夫，亦可醜也」。

上六，過涉滅頂，凶，无咎。

《象》曰：過涉之凶，不可咎也。

當天下傾危之際，非挾剛健之才、懷救世之志，不能濟也。上六以陰柔而處過極之位，不能量力度德，涉難既深，必蹈凶禍，故過涉滅頂，凶。其凶蓋自取之，何所歸咎乎？雖然，當棟橈之世，志在濟難，雖至殺身，何咎之有？故曰「无咎」。而《象》言「過涉之凶，不可咎」者，人能捐軀濟難，其成與不成，天也。既以蹈禍，又從而追罪之，則人懷保身之術，緩急之際孰肯用命者乎？故聖人從而恕之曰「不可咎也」。意義兩通，抑以見大過之世不可无過絶之行。

䷜坎下坎上

習坎：有孚，維心亨，行有尚。

《彖》曰：習坎，重險也。水流而不盈，行險而不失其信。維心亨，乃以剛中也。行有尚，往有功也。

習，重也；坎，險也。習坎者，重險也。上下皆坎，故爲重險。然《乾》《坤》《震》《兑》《坎》

《離》《艮》《巽》八卦皆重，獨《坎》加「習」字者，亦有便習之義。蓋履險難非習熟其事則顛沛失錯，迹愈陷而道愈屯矣。吕梁丈人與齊俱入，與汩皆出〔二〕，從水之道而无容私焉，此履險而習熟其事者也。君子當險難之時，其心超然出乎險難之外，蓋誠信之道素定乎胸中，而非一旦可以强勉而僞爲之也。

坎以一陽居二陰之間，陽實陰虚，實者處中，有孚心之象。心者，神明之舍。古之學者明其心而已，方寸既明則生死之變不能亂也，而況窮達禍福利害之端乎？故有孚，維心亨也。以此誠信之道而行于世，故爲人所貴尚，何往而不利哉？商之三仁，當紂之世，其謀國已素定矣。

天險不可升也，地險山川丘陵也，王公設險以守其國，險之時用大矣哉！

《坎》之爲卦，上下皆坎。坎所以爲險也，重險則深，水流而不盈者，深也。君子陷于險難，既險且深，未能遽出乎險難者也。行乎險難而不失其信者，所以濟險難也。上下二陰而一陽處乎中，剛而得中，二五是也。陰，柔也；陽，剛也。外柔者，善陷者也；内剛者，爲所陷者也。處燕

〔二〕「與齊俱入，與汩皆出」，「入」「出」二字原互倒，據《續古逸叢書》影宋本《南華真經》乙正。

閒而心常險者，小人也；身屯否而心常亨者，君子也。小人柔佞陰險，故善陷君子；君子剛方正直，故常爲所陷。上下二陰，小人協力而共擠之象也；一陽在中，君子獨立无援之象也。陽雖陷於群陰之中，而剛健篤實，其心坦然无所憂懼，有所不往，往无不濟，故能卒脱乎坎陷而成濟險之功。

雖然，險固君子之所惡也。專于傾害君子者，小人之險也。君子亦有時而用險者，所以杜陵犯之漸而防傾覆之禍也。如天險之不可升，知不可測度而退聽也；如地險之有山川丘陵，知其險峭而不可犯也。王公設險以守其國，浚城池，修障塞，所以設險也。人主當深居九重，如神龍之不可脱于淵。秦之无道，巡游天下，博浪之禍幾至不免。劉、項嘆息道傍，或曰彼可取而代，或曰大丈夫當如此，所以動豪傑之心，萌非覬之望。二人起而秦卒以亡，然則險之時用豈不大矣哉？

《象》曰：水洊至，習坎。君子以常德行，習教事。

水之傾注相仍不絶，其澗壑必有深峭之處。水洊至，所以爲重險也。君子體此象以常其德行，故處富貴貧賤、死生禍福之際，未嘗少易其節。如水之流行，雖萬折而必東也。習教事者，習爲教誨人之事。夫以身教者從，能常其德行，則觀感而化者疾于影響之應形聲，豈諄諄然訓誨以言哉？

初六，習坎，入于坎窞，凶。

《象》曰：習坎入坎，失道凶也。

初六以陰柔而處重險，此小人之陷于險難，以邪佞陰險而入于坎窞而凶。窞在兩坎之下，故曰「習坎」。由失道而陷，非能脱乎險難者，故《象》言「習坎入坎，失道凶也」。君子固有不幸而入險難者，如文王之拘羑里，孔子之厄陳、蔡，初非失道，故卒脱乎險難，而小人卒不能加害也。

九二，坎有險，求小得。

《象》曰：求小得，未出中也。

九二以剛陽而陷于二陰，君子處坎之時而行乎患難者。二與五位本相應，今既俱陷于群陰之間，上下各无應援，二猶欲有求于五，勢雖不能援，然居中履尊，小人尚有畏憚之心，故二往求焉，尚可小有所得也。五之陷于群陰，如末世人君厄于强臣，威福之柄不自我出。《象》言「求小得，未出中」者，未能出乎險中也。二之剛陽出乎險中，小人退聽，必有濟險復辟之功，何求而不獲哉？然則求小得者，是未出乎坎陷也。

六三，來之坎坎，險且枕，入于坎窞，勿用。

《象》曰：來之坎坎，終无功也。

來，自外來。之，有所往也。六三，陰柔之中而據陽位，造坎險者今乃反陷于重險之中，以上无援而下乘剛，往來皆陷，无適而可，故來與之皆險也。君子處乎險難，心亨可也，而晏然若燕安之時，无畏懼惕厲之心，故患難愈深而身愈陷也。六三既不能退處幽隱，爲自全之計，故聖人戒以勿用此爻也。《象》言「來之坎坎，終无功」者，進退皆遇凶禍，豈能成濟險之功哉？

六四，樽酒，簋貳，用缶，納約自牖，終无咎。

《象》曰：樽酒，簋貳，剛柔際也。

聖人當重坎之時，處險之道以有孚爲大，蓋非智力巧詐所能爲也。六四切近君位，人主恃以出乎險難者，惟中誠實而外素儉乃可免禍，故一樽之酒、二簋之食、瓦缶之器，物之至儉陋者。當險難之世能深自貶損，發于至誠，固可薦王公而交神明也。老子曰：「不窺牖，見天道。」牖者，奥室之間，通乎至明之處。人臣欲濟險難，非君臣道合則不能也。君臣之分，上下之勢固殊絶矣，故以祭祀爲喻，以菲薄之物將潔素之誠，固足以通幽而達明也，況人主乎！當險難之世，僅能免乎咎悔而已，豈能濟難而獲福哉？故曰「終无咎」也。《象》言「樽酒，簋貳，剛柔際」者，《繫辭》曰「剛柔者，晝夜之象」。晝夜者，幽明之象。交神明之道，蓋將和同乎天人之際。納此約質，從此户牖，所以通乎幽明，以喻君臣之大分也。四五无應，而以剛柔密相承比，君臣道合固足以濟險難矣。

九五，坎不盈，祗既平，无咎。

《象》曰：坎不盈，中未大也。

九五以中正而履尊位，勢固足以有爲。當險難之世，小人衆多，坎窞尚深，下无應援，如水流而不盈，未能出乎險中也。人主既制于小人，左右前後皆其黨與，雖負剛健之才，未能有所爲也，當深自晦匿，以道消息之，勿使見憤疾不平之迹，適至于平可也。如此，然後可以免禍。《象》言「坎不盈，中未大」者，履九五之尊位，不能大有所爲，但適至于平耳，豈足爲濟險之主而成中興之功哉？

上六，係用徽纆，寘于叢棘，三歲不得，凶。

《象》曰：上六失道，凶三歲也。

上六，小人之居大位而尤陰險，乘剛犯上，有无君之心，勢固難以兩立。然陰柔而居險之極，衆莫有應者，九五之君卒有以制其死命。蓋君子遇險而卒脱，小人遇險而愈陷，故係用徽纆，寘于叢棘，雖三歲之久而不得脱，其凶可知。蓋小人方在大位，勢能害物，盡力而爲之，其傾陷善類多矣。雖人主之尊亦將憑陵而无所憚，其凶焰可知。一日罪惡顯露，其治不得不嚴，其拘係之不得不久。《象》言「上六失道，凶三歲」者，其蹈禍患蓋自取之，固足以快天下之公論，雖寘之叢棘之下可也。《噬嗑》上九曰：「何校滅耳，凶。」孔子曰：「惡積而不可揜，罪大而不可解。」小人積稔凶惡，雖人主有不能堪，其極未嘗不至于此，如唐元載之流是已。

䷝ 離下離上

離：利貞，亨。畜牝牛吉。

坎、離，水火之象。在人爲心腎，心藏神，腎藏精。精與神合而不離，則變化之所爲在我而已。坎，陰也，而一陽在内。離，陽也，而一陰居内。故心液爲真水而下降，腎水含真火而上升，故火下水上爲《既濟》，火上水下爲《未濟》，此養生者有「五行顛倒術，龍從火裏出；五行不順行，虎向水中生」之説，古之至人以爲長生不死之藥也。

離，麗也。火无正體，因物以爲體，太空之中惟所取之。君子體《離》善附物之性，附物則失己，當以正爲主，故利貞然後能亨也。貞而能亨者，言君子之道亨，非富貴利達之謂也，在我者既正，則當養成其正順之德。牛善觸物，惟牝牛正而能順。六二以陰居陰，至順者也，故有牝牛之象。君子以剛正涵養成就其德，又麗乎中正，其逢吉也豈不宜哉？

《彖》曰：離，麗也。日月麗乎天，百穀草木麗乎土。重明以麗乎正，乃化成天下。柔麗乎中正，故亨，是以畜牝牛吉也。

物生于天地之間，凡麗于有形，涉于有數，與夫動植飛潛，未有无所麗者。日月麗乎天，百穀草木麗乎土，可謂得所麗矣。「重明以麗乎正，乃化成天下」者，重明，上下皆離明之盛也。人君非至明，无以照天下。《彖》以卦體言，故曰「重明」；《象》以卦材言，故曰「繼明」。重明者，同體相重而不可掩也；繼明者，異體相續而不絕也。

六五雖非剛健，而以一陰處乎二陽之間，居尊履正，故能化成天下也。柔麗乎中正者，二以柔而得中，五以柔而得正，上下皆處中正之位，故君臣道合，乃底于亨嘉之會也。《離》之性必有所麗，有所麗者皆托體于異物，非能超然而獨立也。《離》以柔爲主，柔弱則性順，剛强則性逆，能養其至順之德而不與物忤，如畜牝牛，故獲吉也。

《象》曰：明兩作，離。大人以繼明照于四方。

明兩作，兩明相繼而起，然後爲《離》。「明兩作」則前後相繼之義，故「大人以繼明照于四方」，繼體之君以明繼明，其光不息，故能无遠弗届、无幽不燭也。孟子以「充實而有光輝」爲大，方言「繼明」，故特稱「大人」，能相繼而明，所以爲大。若以昏繼明，則明入地中，爲《明夷》暗君之象也。

初九，履錯然，敬之，无咎。

《象》曰：履錯之敬，以辟咎也。

陰陽升降猶五行之循環，王相休囚，時爲貴賤，本无一定之體。一陰而二陽，則以陰爲主。柔麗乎中正者，位也，然二五之陰皆爲群陽所麗，蓋賤必麗于貴，卑必麗于尊。初最處下，居九位之地，上承于二，以求麗焉。以發迹之初，上之諸陰皆非其應，所履錯愕，未知適從。二方處中爲主，勢不能抗，能敬承于二，是以陽剛而下陰柔，故可免咎。《象》言「履錯之敬，以辟咎」者，火性炎上而善麗，非能守其廉静、安其分義者也。處離之初，能錯然敬畏，介然獨守，非得已也，姑避咎悔耳。

六二，黄離，元吉。

《象》曰：黄離，元吉，得中道也。

《彖》曰「柔麗乎中正」，即五與二也。離，文明也。黄爲中色。二五俱以文明中正爲群陽所附。君臣上下道同德合，吉孰大焉？《象》言「黄離，元吉，得中道」者，離體雖文明，若日昃之離，明將入于地中矣。惟大明中天，則无幽不燭，容光必照，如聖人居中得位，故能成大善之吉也。

九三，日昃之離，不鼓缶而歌，則大耋之嗟，凶。

《象》曰：日昃之離，何可久也？

古之有道者觀乎陰陽消長之理，則進退去就、死生禍福皆能順受之。上下二離有傳繼之象，功成名遂身退，天之道也。自昔帝王享國日久，既老而當傳，或授之子，或授之賢，故能身享安榮而其明不息也。離，火也。火性炎上，九又以陽剛而據陽位，雖過中當退而不能以禮自娛。年至大耋，顧戀咨嗟，此取禍之道也。聖人垂戒之意深矣！《象》言「日昃之離，何可久」者，人之既老，譬之漏盡鐘鳴而夜行不止，其能久乎？

九四，突如其來如，焚如，死如，棄如。

《象》曰：突如其來如，无所容也。

《離》之重明有繼體之象。九四以陽剛逼近君位，此嫌疑之際，當深自退避，不使至于不容之地，則爲善處。今下離既終，上離乃突然而進，勢猶焚灼不可禁遏，如此，乃有取死之道，衆之所棄也。昔者堯崩，三年之喪畢，朝覲訟獄者不歸堯之子而歸舜，舜、禹皆然，蓋神器之重，惟不求者能得之，實有以服人心、厭人望也。末世之君不早自定，至倉猝之際争立而相屠滅者，其禍變可勝言哉？《象》曰「突如其來如，无所容」者，其陵犯如此，雖四海之廣將无所容，理勢然也。

六五，出涕沱若，戚嗟若，吉。

《象》曰：六五之吉，離王公也。

聖人不畏多難，畏无難。蓋无難之世，上下恬嬉，或致亡國。多難之世，殷憂戒懼，或能興邦。六五柔弱之君，介乎上下二强臣之間，爲所脅制，雖履尊位，擁虚器而已，亡聊之極，故出涕沱若也。然以身處多難，能臨事而懼，憂戚傷嗟，發于辭色，故能不蹈禍災，有中興之象。《象》言「六五之吉，離王公」者，履尊居正，麗于王公之位，雖遭屯否，莫或害之，而履終吉也。

上九，王用出征，有嘉折首，獲匪其醜，无咎。

六五之君雖麗乎中正之位，而柔弱无斷，故上九之大臣文明剛健，以行其權，銜命出征，征无不服。君臣之道剛柔相濟，不廣行殺戮，但折伏其首惡而已。其功既美，人主之所嘉尚也。獲匪其醜，醜，衆也，弔民伐罪，但殲其渠魁，豈復深究黨與，横及脅從无辜之人哉？用兵如此，尚何咎乎？《象》言「王用出征，以正邦」者，諸侯并吞陵暴，非人君有以節制之，則弱國小邦何自而立？非貪其土地，虜其人民也，凡以正邦國之侵暴爾。出征必稱王者，周公東征未嘗不稱王命，蓋征伐當自天子出也。

《象》曰：王用出征，以正邦也。

讀易詳説卷六

下經 咸至蹇

☱☶艮下兑上

咸：亨，利貞，取女吉。

无心感物曰咸。卦以艮、兑爲象，言少男少女之相感，以見所感之深。蓋天理之自然，而非人爲也。聖人感人心以此，何往而不通哉？夫男女相感常失于不正，不正則有不待媒妁之言者，能相感以正則夫夫婦婦而家道正矣，故利貞，然後取女吉也。利貞者，止乎禮義也。

《彖》曰：咸，感也。柔上而剛下，二氣感應以相與。止而説。男下女，是以「亨，利貞，取女吉」也。天地感而萬物化生，聖人感人心而天下和平。觀其所感，而天地萬物之情可見矣。

咸之爲義，蓋言无所不感。男女交感而志通，本乎情性，非有心也，非有言也。《易》以艮、兑爲象，故有男女之義。柔上而剛下，所以能感也。若柔巽隱伏而剛陽居上，二氣各行，豈能相感？故坤上而乾下爲《泰》，坎上而離下爲《既濟》，皆有交感之義。此感而彼應，蓋有感而不應者。惟二氣感應，然後相與而无間也。

止而説，男止而女説也。夫女子處乎幽閒之中，非有求焉則不應也。如士以道義自重，非幣聘先焉則不往也。故男止乎下而女説乎上，然後通亨。又惡不由其道，利貞者，相感不可不出于正。親迎之禮，男常下女，所以爲正，取女以此，則家道之吉可知矣。

天地以氣相感而成化育之功，聖人以道感人而致和平之治。聖人極論《咸》之感物，其大如此。達觀之士閲造化之變，默觀其所感，則天地萬物之情舉一物足以盡之矣。聖人欲窺造化之妙，則自其至近且易見者觀之，故《咸》之辭以男女爲象，豈非衆情之所同近而易見者乎？

《象》曰：山上有澤，咸。君子以虚受人。

《易》言「山澤通氣」，山之與澤，氣自相感。澤本居下，今反在山上，尤見相感之深。蓋山氣上騰，澤性下潤，上騰者受澤之潤，蒸而爲雲雨，下潤者資山之氣，畜而爲淵泉。君子體此象，故能以虚受人，如山藪之廣大，无所不容、无所不納也。我能以虚受人，人之資于我者必衆矣，故智者獻其謀，勇者效其力，翕受敷施如山澤之相資也。

初六，咸其拇。

《象》曰：咸其拇，志在外也。

物之相感以精誠爲主，不精不誠不能動人。《咸》之爲卦，本以无心感物，而六爻所感各以所遇之時爲深淺。一人之身，拇最居下體。咸其拇，所感至末也。《象》言「志在外」者，艮下爲内，兑上爲外，初應在四，故心之所係者專于四而已。

六二，咸其腓，凶。居吉。

《象》曰：雖凶居吉，順不害也。

腓雖拇上，猶在下體之中，體既躁動，豈能趨安貞之吉哉？咸其腓，本蹈凶禍而能退以静處，則可轉凶而獲吉也。二得中正之位，故能變凶爲吉，餘爻欲免悔吝，難矣。《象》言「雖凶居吉，順不害也」，二正應在五，五履尊位，臣子之道順以相感，于義無害也，順而害于義則妾婦之道耳。

九三，咸其股，執其隨，往吝。

《象》曰：咸其股，亦不處也。志在隨人，所執下也。

九三以剛陽之才，不能特立獨行而係應在上。雖所進愈上，而所執每下，隨人而已。往則爲所鄙賤，是吝道也。三雖處下卦之上，而未離下體，當斯時也，能安貧守道，退而窮處，非其招不往，往无不利矣。故《象》曰：「咸其股，亦不處也。志在隨人，所執下也。」

九四，貞吉，悔亡。憧憧往來，朋從爾思。

《象》曰：貞吉，悔亡，未感害也。憧憧往來，未光大也。

九四，兑體居下，爲説之始。女説而有應，非貞則入于邪矣，故貞然後獲吉而悔亡。悔至于亡，非獨无悔而已。餘爻皆近取諸身，故以拇、腓、股、脢、輔、頰、舌見所感之深淺，四獨不言所感者，四居股之上、脢之下〔一〕，則所感者心也。心居中虚，以貞感物則无所不通，故九四一爻專以貞爲主。大哉貞乎！天地之道，貞觀者也；日月之道，貞明者也。天下之動，貞夫一者也。咸之感物以貞，則无適莫偏係之私。精神心術默而運之，神而化之，豈有心哉？

孔子釋此爻，特盡其精微以見所感之大。日月寒暑之往來以成歲也，尺蠖之屈以求伸也，龍蛇之蟄以存身也。屈而未信者，如蠖之初行必屈，以求在後之伸也；龍蛇遇冬必蟄，以待春夏之奮也。聖人觀萬化之源，精義入神以致用，則退藏于密者非獨善其身也；利用安身以崇德，則出

〔一〕「脢」，原作「拇」，據文津閣本改。

而應物者非危其身也。咸之感物至此則盡矣。又曰「窮神知化」，何也？蓋窮神則知神之所爲矣，知化則造物之權在我矣，豈非德之盛耶？故以此終之也。

《象》曰：「貞吉，悔亡，未感害也。憧憧往來，未光大也。」蓋能貞則吉而悔亡，未能有所感則悔吝隨之，故曰「貞吉，悔亡，未感害也」。咸之感物，何容心哉？今乃憧憧往來于心者，特其平昔之儔類耳，非能出乎思慮之表，則所感者狹矣，故曰「憧憧往來，未光大也」。若文王之不識不知，順帝之則，豈有此疆爾界之殊哉？

九五，咸其脢，无悔。

《象》曰：咸其脢，志末也。

五履尊位，當爲咸主，可以感人心而致和平之功，今反一趨於静默无所作爲，故得无悔而已。先儒以「脢」爲脊肉，《子夏易傳》曰「在脊曰脢」，皆居无用之地。雖无競躁之累，而志應在二，所感者末矣，故《象》曰「咸其脢，志末也」。

上六，咸其輔頰舌。

《象》曰：咸其輔頰舌，滕口説也。

上六處説之終，不能以誠意感格天下，而區區口舌之間，曷足以感人心乎？輔也，頰也，舌也，皆語言之所自出。夫以身教者從，以言教者訟，「其身正，不令而行；其身不正，雖令不從」。上六感人心以此，衆所鄙賤，特以處尊位能以柔説待物，故不著凶咎之應。然小人之態亦可見矣，聖人之所棄，凶咎不足以言之。《象》言「滕口説」者，騰播其言語以媚説上下，冀以感人，聖人所深惡而鄙賤之矣。

䷟巽下震上

恒：亨，无咎，利貞，利有攸往。

常固君子之所貴也。常而不通則執中而暗於權，遭變而失其機，合散屈伸，與體相乖，故恒亨然後无咎，无咎然後利貞。既通而正，則涉險犯難而无不利也。

《彖》曰：恒，久也。剛上而柔下，雷風相與，巽而動，剛柔皆應，恒。「恒，亨，无咎，利貞」，久于其道也。天地之道恒久而不已也。「利有攸往」，終則有始也。

天尊而地卑，陽尊而陰卑，君尊而臣卑，夫尊而婦卑，此天下之常理而不可易。若尊者守其常尊，卑者守其常卑，天地不交，上下情隔，非常久之道也。故剛上而柔下者，貞也。雷以動之，風以散之，雷風相與，巽順而震動，剛柔相濟而皆應，雷風相與而不相悖，如此，異乎執一而不知變者，是乃所謂貞常而能久者也。《彖》辭以此數者釋一「恒」字，固足以盡之。恒固可以致亨，亨則无復過咎矣。亨而不已則或失其所守，故又欲其趨于正。亨通而能不失其正，其道可久。固守其常而不知變與夫通物而不已，則入于邪，皆非可久之道也。

天地所以能長且久者，其位不易，變化无窮也。使天地固守其卑高之位，而无相感相應之道，則天地之道或幾乎息矣。四時之變終而復始，息息不停，故生殺代謝若環之无端而不可窮。聖人惡夫執滯不通若膠柱而調瑟者，故于《恒》卦特曰「利有攸往」。言利有所往則可以濟物，而其道无方乃不失其所謂常也，故釋之曰「利有攸往，終則有始也」。

日月得天而能久照，四時變化而能久成，聖人久于其道而天下化成。觀其所恒，而天地萬物之情可見矣。

恒，久也。天以運轉不窮爲恒，故日月麗乎天而能久照；地以安静不變爲恒，故百穀草木麗乎土而能久成。天假日月以爲晝夜，故日月有往來，天之體穹然乎其上者未嘗變也。地假四時以成寒暑，故四時有代謝，而地之形隤然乎其下者未嘗變也。觀乎天地，則恒之義可見矣。聖人默觀天地造化之變，如日月四時往來變化，而得貞恒之理，故能達乎天地萬物之情，位乎兩間而成三才之功也。周室之興本乎后稷，十五王而文基之，十六王而武居之，其積德累仁可謂久矣。故成周之治獨冠百王，功德之被海隅者廣，仁恩之浹生靈者深，故曰「聖人久于其道而天下化成」也。

《象》曰：雷風，恒。君子以立不易方。

雷風所以爲恒者，以巽體而相成也。《大象》統言一卦恒久之道，故以雷風爲喻。蓋天之有雷風猶朝廷之號令，其震動萬物必以其時。君子體夫雷風相與有恒之理，故能特立獨行而不爲窮達禍福所移。古人有行之者，伯夷、叔齊至餓死不食周粟，雖斧鉞在前而不顧，此能恒其德行而立不易方者。若夫達權適變，則有六爻之義存焉。故初六以浚恒而凶，六五以「恒其德，貞」，婦人吉而夫子凶，上六又以振恒而凶也。

初六，浚恒，貞凶，无攸利。

《象》曰：浚恒之凶，始求深也。

人之相與皆自淺而馴致于深，故可久也，君臣之分、朋友之義、夫婦之情莫不皆然。六以陰柔居恒之始，雖與四爲應，遽求深交，故雖貞而猶凶也。以此爲恒，何所利哉？浚者，始而深之也。恒，久也。久于其道，日以浸深，故恒久而不變也。六處巽初，巽性深入，不俟情義之合，凶其宜矣。以此爲恒，何往而利哉？古人應上之求，必待三聘而後往、三顧而後見者，慎其始也。始而求深，未有不蹈凶禍者。彭寵初見光武，自負其功，意望甚高，謂當迎閤握手，交歡并坐，而帝接之不能滿意，至反叛以取滅亡。故《象傳》曰：「浚恒之凶，始求深也。」

九二，悔亡。

《象》曰：九二，悔亡，能久中也。

九二以陽居陰，固當有悔，然二處巽之中，順而得中，則悔可亡也。夫以陽剛之才正應乎六五柔弱之主，能久于中道，得人臣之正而无犯上之嫌，何悔之有哉？

九三，不恒其德，或承之羞，貞吝。

《象》曰：不恒其德，无所容也。

巽以柔順爲體，巽入爲用，而九三以剛而處陽位，正應在上而下牽于初，進退无常。无常而剛柔失位，可謂不恒其德矣。故有以隱逸自名而志在要禄，以廉儉飭身而終于貪競者，謂可以欺愚惑衆，而世固有不可欺者。若察知其姦，適足爲辱，故曰「或承之羞」。以此爲恒，雖正而吝，況以不正處之乎？《象》曰「不恒其德，无所容」者，不恒之人，善人固惡其矯妄，不善之人亦疑其反覆，衆所不與，殆將无所容于天地之間也。

九四，田无禽。

《象》曰：　久非其位，安得禽也？

人臣居近君之位，必有以效其職，勝其任，故雖久而无竊位之譏也。九四以陽居陰，雖才足有爲，而處非其地，欲以久安其位爲恒，豈能有所獲乎？夫禽獸之害稼穡，則當獵取而除去之。今既不能爲國攘却寇患，乃偃然據非其位，无功受禄，如田獵而无獲也，故《象》曰「久非其位，安得禽也」。既據非其位，雖久而徒勞，禽何可得也？

六五，恒其德，貞，婦人吉，夫子凶。

《象》曰：　婦人貞吉，從一而終也。夫子制義，從婦凶也。

聖人所謂恒者，以能變爲常，若固守而不知變，但趨于静貞而已，豈能通其變、極其數以成天下之務哉？婦人以貞順爲恒，故孟子曰「无違夫子，以順爲正者，妾婦之道也」，故婦人則吉也。丈夫則當從權制變，操縱在我，若委曲循物而爲婦人之行，則失其剛陽之才，反蹈于凶禍矣。

《象》曰：「婦人貞吉，從一而終也。夫子制義，從婦凶也。」六五以柔弱而履中位，其象以婦人則吉，夫子則凶。蓋婦人以幽閒柔静爲德，守志厲操，不踐二庭，故貞而獲吉。丈夫制義，有權有變，適于義而已。義苟不可，雖君父之命有不得而從者，若反從婦人之行則凶矣。抑婦人當以從夫爲正，夫而從婦，則牝雞司晨，家道亂矣，唐之高宗是已。

上六，振恒，凶。

《象》曰：振恒在上，大无功也。

震，動也。上六處震之終，理宜静復而反振動之，以振爲恒，其動无節，失時而凶矣。《象》曰：「振恒在上，大无功也。」夫處恒之極，當震之終，不能安静以復其恒，尚欲有所作爲以振動天下，其誰肯從之？故大无功也。

予竊考《恒》之一卦，聖人于六爻反覆詳論以深明其義，蓋慮後世昧乎真恒之禮，而以妄爲恒者多矣。自初至上，多凶而少吉，雖九二一爻處乎中正之位，僅能免乎凶禍。六五雖居尊位〔一〕，恒其德貞，獨婦人吉而夫子猶不免乎凶也。周公作《立政》，以用常人爲先。孔子曰：「人而无恒，不可作巫醫。」大哉恒乎！初之浚恒，上之振恒，九四之久非其位，爲恒是有心于爲恒者，皆不免凶悔吝也，況乎不恒其德若九三者乎？嗚呼，非通其變、窮于理者，曷足以語聖人之真恒哉？

〔一〕「六五」，原作「六爻」，據文津閣本改。

䷠艮下乾上

遯：亨，小利貞。

孔子曰：「幾者，動之微，吉之先見者也。君子見幾而作，不俟終日。」遯之時雖四陽處上，而二陰在内爲主，此小人浸長之徵也。君子睹其幾微，察其徵兆，則釋位而去乃可免禍。故隱居求志，志得而心亨，萬鍾之禄有所不顧，卿相之貴有所不屑，身雖屈而道愈伸，故遯然後乃亨也。「否之匪人，不利君子貞。」遯未至于否，有否之漸，能以貞固自守者，但小利耳，不可大有爲也。

《彖》曰：遯，亨，遯而亨也。剛當位而應，與時行也。小利貞，浸而長也。遯之時義大矣哉！

夫立人之朝，一旦欲奉身而退，豈可遽哉？故剛當位而有應，此可遯之時也。昔人謂進身非難，乞身之難者如此。方小人浸長之時，當委曲沉默，使不見其欲去之迹，但卒歸于正可也。《彖》曰「浸而長」者，蓋知幾之士知四陽雖衆而已往，陰柔雖微而處内，小人之道必浸而長。浸猶水之潤物，漸漬而日衆也。「遯之時」謂可遯之時，「遯之義」謂當遯之義。觀其時，察其義，二者皆當遯，則可以全身遠害以俟天道之復。國之治亂、民之休戚係焉，故曰「遯之時義大矣哉」。

程氏以謂聖賢之于天下，雖知道之將廢，豈肯坐視其亂而不救？必區區致力于未極之間，不可大貞而尚利小貞也。竊爲不然，聖賢所貴乎知幾者，謂當辨之于早，脱之于衆人未覺之時，故可免也，故曰「知幾其神乎」。若如漢王允之徒遲回顧戀，不免殺身，徒速其禍耳，何補于治亂哉？

《象》曰：天下有山，遯。君子以遠小人，不惡而嚴。

天積氣而在上，山積形而在下。天，陽也；山，陰也。山雖峻極，豈能侵逼于天？小人雖長，固不能害君子。此天下有山所以爲《遯》也。君子處身于不可犯之地，如天之不可階而升也。遠小人之道，使之有所畏憚而不能陵犯可也，豈悻悻然懷憤含怒，遽以惡聲加之哉？有如顔真卿、段秀實之徒，一旦忠義奮發，雖蹈大難而成仁者，是固聖人之所取也，言豈一端而已哉？

初六，遯尾，厲，勿用有攸往。

《象》曰：遯尾之厲，不往，何災也？

小人將進，亡徵已見，非衆人所知也。故聖人于此察其幾微，高舉遠引，故能保身全家以免乎世患。若幾事不先，遯者已衆，然後欲去，是爲遯尾。尾者，後衆人而遯。讒間乘之，此危道也。遯既後時，故勿用有攸往。《書》稱「微子去之」，去之速也。箕子爲遯尾，故有囚奴之災。雖然，如漢孔光、張禹之徒，居昏暗之朝，知不可脱而括囊全身者，葢妄有見于「不往，何災」之義，此又學者不可不辨。

六二，執之用黄牛之革，莫之勝説。

《象》曰：執用黄牛，固志也。

《遯》以二陰在内爲陰長之漸，知幾之士及其未盛，皆爲遯藏之計。獨二以陰柔處内，上有九五之應，君臣志合，膠固如黄牛之革，説者雖多，莫之能勝。此小人挾君寵以害君子之術也。自古小人欲害君子，必先順適其君，深得其所欲，然後得以逞其私也。人主利其順適之快，故排衆議而用之，天下之勢雖土崩瓦解而不悟也。牛性至順，黄爲中色，順之至也。以至順而膠固其君，脅持内外，其勢必至於牢不可拔也，故《象》曰「執用黄牛，固志也」。

九三〔一〕，係遯，有疾厲，畜臣妾，吉。

《象》曰：係遯之厲，有疾憊也。畜臣妾，吉，不可大事也。

君子知天下將亂，小人必得路，人主不足與有爲，則悠然長往，然後可以保身而全家。若顧戀寵禄，懷其惠以係累其心，未有能超然獨往者也，如此，未有不反受其危害者。九三處下卦之極，无應于上而密比于六二陰柔處中當權之小人，冀以私意深交而固結之，亦已疏矣。小人在位，方

〔一〕「九」，原作「六」，據本卦卦形改。

挾君寵以害君子，特未得其處耳，豈可恃哉？若家臣婢妾，以私恩畜之，固可得其死力，故畜臣妾則吉也。《象》言：「係遯之厲，有疾憊也。畜臣妾，吉，不可大事。」夫有所偏係則心力俱疲矣。當可遯之世，與豪傑謀之，未必盡濟，況區區私惠，豈足以當大事哉？

九四，好遯，君子吉，小人否。

《象》曰：君子好遯，小人否也。

「好」與好惡之好同。四有應于初，爲初所好，亦好于初，能不顧戀于寵禄，遐舉遠引而去，故獲吉也。小人泥于私恩，朋淫相比，豈能見幾而作，不俟終日哉？雖未蹈凶禍，聖人之所鄙也。揚雄曰：「鴻飛冥冥，弋者何慕焉？」蓋言違患之遠也。孔子言：「棖也欲，焉得剛？」非九四之剛決，安能不牽于私欲哉？

九五，嘉遯，貞吉。

《象》曰：嘉遯，貞吉，以正志也。

九五居尊爲《遯》之主，非自遯也，旌賁巖穴，招聘隱淪，故曰「嘉遯」。聖人嘉與隱遯之士，共濟艱難，故貞則獲吉也。九五取中正之位，其可不正乎？不正則遯者亦遠矣。《象》曰：「嘉遯，貞吉，以正志也。」夫有道之士知小人之浸長，海内之必亂，人主不足與有爲也，故寧憔悴江湖之上，甘心寂寞之濱，若將終身爲此。嘉遯之主側席幽人，旌車蒲輪相望于巖穴中者，豈徒爲觀美哉？將以正吾之心術，有補于治道而已，故曰「嘉遯，貞吉，以正志也」。

上九，肥遯，无不利。

《象》曰：肥遯，无不利，无所疑也。

自昔隱遯之士皆樂枯槁，處閒曠，饑寒切身而不悔者，蓋明乎消長之幾，濟以剛決之勇，處身遠外而无上下之交，混迹編氓而无聲名之累，則其進退豈不綽綽然有餘裕哉？古人避世而遯，未有不戹窮者，上九獨能饒裕者，蓋去不爲尾，故不蹈初六之戹，義不反顧，故无九三之係。內不忌于小人，上不咈于人主，故《象》言「肥遯，无不利，无所疑也」。言上下內外无纖芥之疑，此最善遯而无形迹者也。《遯》既以初爲尾，則上九豈非首遯者乎？

䷡乾下震上

大壯：利貞。〔二〕

〔二〕本卦原無李光傳文，僅録《周易》經文及《彖》辭、《象》辭。文津閣本同。

《彖》曰：大壯，大者壯也。剛以動，故壯。大壯，利貞，大者正也。正大而天地之情可見矣！

《象》曰：雷在天上，大壯。君子以非禮弗履。

初九，壯于趾，征凶，有孚。

《象》曰：壯于趾，其孚窮也。

九二，貞吉。

《象》曰：九二，貞吉，以中也。

九三，小人用壯，君子用罔，貞厲。羝羊觸藩，羸其角。

《象》曰：小人用壯，君子罔也。

九四，貞吉，悔亡。藩決不羸，壯于大輿之輹。

《象》曰：藩決不羸，尚往也。

六五，喪羊于易，无悔。

《象》曰：喪羊于易，位不當也。

上六，羝羊觸藩，不能退，不能遂，无攸利，艱則吉。

《象》曰：不能退，不能遂，不詳也。艱則吉，咎不長也。

䷢坤下離上

晉：康侯用錫馬蕃庶，晝日三接。

康侯，能康濟天下之侯也。人臣孰无康濟天下之心，亦孰无康濟天下之才，然志或不得伸，才或不得展者，不遇其時也。明出地上爲《晉》，故《晉》爲明主之象。明主在上，故有康濟之侯也。侯，諸侯也。諸侯雖有土地人民，亦臣道也。然侯皆兼人臣，人臣未必皆侯也。

自昔帝王之興，皆建侯樹屏以藩王室。既有社有民，常失之不順。漢雖分王子弟，終至七國之亂。至唐假節藩鎮，山東奥壤化爲戎墟。征伐禮樂不自朝廷出，是諸侯之貴乎柔順也。離上者，大明之君也；坤下者，柔順之臣也。上有大明之君，則下有柔順之臣。「用錫馬蕃庶，晝日三接」，以見明良相遇，恩意浹洽，无復疑間，故錫賚之繁、燕見之數如此也。

《彖》曰：晉，進也，明出地上。順而麗乎大明，柔進而上行，是以康侯用錫馬蕃庶，晝日三接也。

「晉，進」者，日之始出乎地上而尚進也，蓋晨明不及于朏明，朏明不及于旦明，其進必有漸也。晉者，日之始進而未遽昃也，此日之方進而盛也，故有明出地上之象。順而麗乎大明，諸侯能恭順而麗乎大明之君也。柔進而上行者，六五之君以柔道而升乎中正尊極之位，故柔能進而上行也。人臣竭恭順以事上，故享其便蕃之錫而不辭；人主屈己以接下，故盡其勞謙而不倦也。

《象》曰：明出地上，晉。君子以自昭明德。

明出地上，如日之升。晉者，明之漸進也。以明爲主，故于卦爲《晉》。君子觀此象以自明其明德。昭者，使吾之德明照天下萬物，无不睹也。明德在我，非自外入，故曰「自昭明德」也。

初六，晉如摧如，貞吉。罔孚，裕无咎。

《象》曰：晉如摧如，獨行正也。裕无咎，未受命也。

古之君子未嘗不欲立人之朝，然其進非冒寵也，必將使是君爲堯舜之君，使是民爲堯舜之民。其任既重，其責亦深，安得不惕然思所以稱其職、勝其任乎？方其進也，非敢自肆也，故曰「晉如摧如」也。摧者，摧抑恐懼之貌也。雖能摧抑恐懼而不知以堅正自守，安能一正君而定天下乎？初六，坤體在下，以順爲正，則妾婦之道耳，故居貞然後獲吉也。人臣得君之初，體既柔順，疑者必衆，其心志之所存，安能使内外交信而不疑乎？方危疑之際，若竊竊然懼人之莫我知，而不能寬裕自處，阿意者必喜，議己者則怒，其招咎悔必矣。周公之相成王，遠則四國流言，近則王不知，及居東二年〔一〕，然後罪人斯得，則罔孚而能裕者，周公一人而已。子産不毁鄉校，謗者自息，則其次也。

《象》曰：「晉如摧如，獨行正也。裕无咎，未受命也。」人臣方進用之初，已有輕去就之義，非獨行其正而不慊于心者，能如是乎？初六雖正應在四，然最處卦下，如人臣始進而未受命者，其進退豈不有餘裕哉？

六二，晉如愁如，貞吉。受兹介福，于其王母。

《象》曰：受兹介福，以中正也。

君子之進也，欲以行其道也。晉如愁如，憂道之難行也。蓋六二雖處中正之位而无應于上，

〔一〕「二」，原作「三」，據《尚書》（宋刻本）改。「周公居東二年」事見《尚書·金縢》。

君臣之情未通，故當進用之初，憂思之深也。貞吉者，正則獲吉也。人臣事君當以正爲主，能以貞正自處，道合則從，不合則去。

《晉》之爲卦專主乎晉，故不可以不正也。人臣能守正則宜享其福禄，故爵命之便蕃，不期而自至矣，故受兹介福，于其王母也。二在坤之中，六五又處離之中，皆重陰也。以柔居尊，故以王母爲象。《象》言「受兹介福，以中正」者，處中居正，上有至明之主，群邪退聽，讒間不行，所以能受福也。不然，守正者必受禍矣。

六三，衆允，悔亡。〔二〕

《象》曰：衆允之志，上行也。

九四，晉如鼫鼠，貞厲。

《象》曰：鼫鼠，貞厲，位不當也。

六五，悔亡，失得勿恤，往吉，无不利。

〔二〕本爻以下原無李光傳文，僅録《周易》經文及《象》辭。文津閣本同。

《象》曰：失得勿恤，往有慶也。

上九，晉其角，維用伐邑，厲吉无咎，貞吝。

《象》曰：維用伐邑，道未光也。

䷣離下坤上

明夷：利艱貞。

日月麗乎天則明，今反入于地中，有暗君之象。暗君在上，明者必傷，君子當隱遯退藏之時也。若露其光景，耀其聰明，則傷之者至矣，故利在艱難而守正，然後免乎禍患也。

《象》曰：明入地中，明夷。内文明而外柔順，以蒙大難，文王以之。利艱貞，晦其明也。内難而能正其志，箕子以之。

「内文明而外柔順，以蒙大難」，此文王用此道以處昏亂之時也，故曰「文王以之」。「利艱貞，晦其明也。内難而能正其志」，此箕子用此道以立昏亂之朝也。知時未可伐，雖三分天下有其二，猶服事殷，故蒙大難而卒免于禍也。知君不可諫而晦其聰明，履險難而不易其所守，故爲之奴而卒歸于周也。此古之聖賢當昏亂之時，出處去就，其精微如此，非深達乎天下之事變，明乎象數之幾深者，孰能與于此哉？箕子，商之宗臣，故言「内難」。

《象》曰：明入地中，明夷。君子以莅衆，用晦而明。

《大象》因義以取象，方明出地上，《晉》則曰「君子以自昭明德」；方明入地中，《明夷》則曰「君子以莅衆，用晦而明」。各以類求，言豈一端而已？夫明入地中，明之傷也。然君子方其莅衆，則惡于太察，昭昭若揭日月而行，則非容衆之道，故貴乎用晦。用晦，不自用其聰明也。我之觀天下也，如處乎壼奥之内，以觀門庭之外，則无不見也。夫以一人之聰明而欲察衆人之情僞，儻非用晦，則明有所不至矣。

初九，明夷于飛，垂其翼。君子于行，三日不食。有攸往，主人有言。

《象》曰：君子于行，義不食也。

君子仕昏亂之朝，欲爲脱身之計，不可不速，緩則受禍矣。明夷于飛者，雖欲去之速，非匿迹戢影，則懼有矰繳之患，故垂其翼也。初九爲《明夷》之始，然身已在内，九雖剛決有必去之志，然不可亟也。雖君子遭難厄窮，脱身避禍，蓋有行不及食者矣。方其欲去也，故當垂其翼以示遲回不去之意。及其既去也，則三日不食，以見去之之亟。馮道之脱虜庭，用此道也。

有攸往，主人有言，何也？當危難之時，倉皇而去國，若逋逃然，故有往則人必疑之，但有言而已，未至于害也。《象》曰：「君子于行，義不食也。」既意在必去，雖餓其體膚，有不暇恤者，亦去國之初，知社稷之必亡，有不忍獨全之意，其憂憤不食亦義所當然也。

六二，明夷，夷于左股，用拯馬壯，吉。

《象》曰：六二之吉，順以則也。

六二居中得正而以柔順爲德，當明夷之時，傷不至甚，但夷于左股而已。雖害于行，而能拯其壯馬，從容求去，遠其危邦闇主而獲吉也。人之手足右强而左弱，夷于左股，弱者傷也。《象》曰「六二之吉，順以則」者，六二所以獲吉，以能柔順而不至失己也。則者，行有準繩也。

九三，明夷于南狩，得其大首，不可疾貞。

《象》曰：南狩之志，乃大得也。

暗君在上而下有剛明之臣，其相應也，非相合也，乃相敵也。殷紂、武王是也。不以六五爲君位而以上六爲昏主之象，何也？紂之无道，民怨神怒，雖在上而已失中正之位矣，以失位之暗君而當剛明之聖臣，天人之心蓋可見矣，故明夷于南狩，得其大首。此武王克商之時也。大首者，渠魁；得者，言取之之易也。周之伐商，應乎天而順乎人，其興也勃焉，然猶觀政于商，師逾孟津，遲回不亟進者，蓋有待焉耳，故正之不可疾也。

《象》言「南狩之志，乃大得」者，武王伐紂若田獵然，去其害民者而已。南狩者，自北而南。武王都鎬，商自成湯皆都于亳，《詩》云「宅是鎬京」，「武王成之」，《書》曰「湯始居亳，從先王」[二]。伐紂之志決矣。至此乃始克商，故曰「南狩之志，乃大得也」。

六四，入于左腹，獲明夷之心，于出門庭。

《象》曰：入于左腹，獲心意也。

當明夷之時，昏佞相濟，故六四以陰柔在高位而獲見容也。知幾之士處暗君之朝，皆遐舉遠引，惟恐前去之不速，其次相招爲禄仕可也。姦佞之臣方且乘時昏亂，陰揣其私，使卒得所欲，故能入其腹而獲其心意，雖出入門庭而无所憚也。夫正臣不可事邪主，明良昏佞之相遇，豈偶然哉？有堯、舜之君則有皋、夔、稷、契之臣，有桀、紂之君則有飛廉、惡來之臣，資適相逢耳。「左」非正也，小人以非道事君，故曰「左腹」。既以非道深入其隱奥，又得其心意精微之處，君臣各遂所欲，則威福之柄遂得而擅之于外矣，故《象》曰「入于左腹，獲心意也」。不然，何遽至

[二]「湯始居亳，從先王」，據《書序》云「自契至于成湯八遷，湯始居亳，從先王居，作《帝告》《釐沃》」，故此句或脱一「居」字。

于亡哉？

六五，箕子之明夷，利貞。

《象》曰： 箕子之貞，明不可息也。

箕子，商之宗臣也，去商歸周，爲武王陳《洪範》，存皇極之道，故以六五中位處之。箕子以父師爲囚奴，是晦其明，内難而能正其志也。《書》稱「囚奴正士」，謂箕子也。比干之死非沽名也，微子之去非忘君也，箕子之佯狂非偷生也，各行其志云耳。聖人于《明夷》獨稱箕子者，其存大法，尤有補于天下後世，其功爲最大，故《象》言「箕子之貞，明不可息也」。

道之在天下，非人不傳。當昏君之朝，明雖入于地中而非滅也，然則續而不絶，隱而不終喪者，其在于聖人乎！堯之命舜，舜之命禹，皆曰「天之曆數在爾躬」。紂之失道而箕子傳之，其處以六五之位，皇極之道存焉故也。

上六，不明，晦，初登于天，後入于地。

《象》曰： 初登于天，照四國也。後入于地，失則也。

紂之无道，雖尚擁虚器，已不爲人心所歸，是貴而无位、高而无民也，故以上六處之。上六體至陰之極，當《明夷》之終，其傷已甚，故不明而晦，昏君之象也。人主居尊極之位，如日之升于天，一旦沉溺聲色嗜欲，所昏如日之入于地。《象》曰：「初登于天，照四國也。後入于地，失則也。」失則者，以欲敗度、縱敗禮而失其典則也。

☲☴離下巽上

家人：利女貞。

婦人以幽閒静正爲德。離下巽上，内明而外順也。自天子達于庶人，未有身不正而能正家者也。故「二南」之化，皆托言后妃以見文王之德。女子之正本乎君子，故卦止言「利女貞」也。

《彖》曰：家人，女正位乎内，男正位乎外。男女正，天地之大義也。家人有嚴君焉，父母之謂也。父父子子、兄兄弟弟、夫夫婦婦而家道正，正家而天下定矣。

人倫之道自夫婦始，《詩》言「先王以是經夫婦、成孝敬、厚人倫、美教化、移風俗」。「女正位乎内」謂六二也，「男正位乎外」謂九五也。六二、九五得陰位、陽位之正，二爻正應在五，男女各得其正，如天地處上下之位而不可亂也。家有嚴君，則上下内外莫不肅治。父母雖以恩爲主，然于辨内外、别上下尤以威嚴爲貴，故通謂之嚴君焉。父子、兄弟、夫婦，此三者皆人倫之大端也，上下内外之分嚴，則家道正而天下定也。文王之治，刑于寡妻，至于兄弟，以御于家邦。「二南」之化自后妃始，然則定天下之道，在乎修身齊家而已。唐高宗之不君，百司奏事多決于武氏，其後遂不能制，以至毒流天下，幾危社稷，蓋由不能正其家也。聖人立言垂訓爲後世慮，豈不深且遠哉？

《象》曰：風自火出，家人。君子以言有物而行有恒。

風與火，相因之物也。身正則可以齊家，家之齊由我而致也，故有風自火出之象。言有物則可法，行有恒則可則。孔子曰：「言出乎身，加乎民。行發乎邇，見乎遠。」有物則言可法而不爲利害所移，有恒則行可則而不爲時世所變，修身齊家之道孰大乎此？

初九，閑有家，悔亡。

《象》曰：閑有家，志未變也。

婦人之性，剛則必悍，弱則易流，故不可不慎其始也。能慎其始而使之知禮義，循法度，則可免乎悔吝矣。《象》言「閑有家，志未變」者，夫驕奢淫逸所自邪也，若訓之不以漸，習之不以素，其志已變，已而矯革之，則夫婦之間必將反目矣。蓋治家之道自夫婦始，夫婦正則一家无不正矣。初九以剛明之才爲《家人》之始，是能防閑于未然，使上下内外習熟而安行之也。

六二，无攸遂，在中饋，貞吉。

《象》曰：六二之吉，順以巽也。

六二以陰柔而居中正之位，又上應九五，得婦人之正也。婦人以貞順爲德，主閫内之事，而職在中饋，志在承夫，不敢專也。《詩》美大夫妻能循法度，則可以承先祖、供祭祀矣。然則祭祀、賓客之奉，婦人之職也，能盡此道則貞而獲吉。《象》言：「六二之吉，順以巽也。」合離、巽二卦謂之《家人》，六二一爻專主婦道，其獲吉則以能巽順故也。

九三，家人嗃嗃，悔厲，吉。婦子嘻嘻，終吝。

《象》曰：家人嗃嗃，未失也。婦子嘻嘻，失家節也。

九三處内卦之上，以陽居陽，近于高亢威嚴，傷父子之恩，失夫婦之愛，故悔且厲。然威嚴之過則有所畏憚，而上下内外必肅而无瀆亂之失，故雖悔且厲而獲吉也。「嗃嗃」雖爲威嚴之過，過乃獲吉；「婦子嘻嘻」失嚴敬之貌，戒在終吝也。

《象》曰：「家人嗃嗃，未失也。婦子嘻嘻，失家節也。」夫以嚴毅治家，雖非中道，未至大失。若婦子以嘻嘻爲常，无嚴憚恐懼之意，則失其家節，乃吝道也。又嘻者，歡聲也。嚴而至有憚惜之聲，亦非中道也。

六四，富家，大吉。

《象》曰： 富家，大吉，順在位也。

《洪範》五福，一曰富而不及貴。孔子曰「崇高莫大乎富貴」。富貴一也。然貴不可常也，富可保也，能保其富則大吉也。六四處中正而能巽，居近君之位而能順，故《象》曰「富家，大吉，順在位也」。

昔楚襄王問陽陵君曰：「君子之富，何如？」對曰：「假人不德不責，食人不使不役，親戚愛之，衆人善之。」蓋爲富不仁，爲仁不富，世之小人至乘時射利、取倍稱之息者，其違人心多矣。今六四能順以在位，故履大吉，所謂「君子之富」也歟。

九五，王假有家，勿恤，吉。

《象》曰： 王假有家，交相愛也。

九五君位，與二爲正應，五居乎外，二處乎内，皆有中正之德，故爲有家之象。王者家天下，如唐堯之親九族，卒能協和萬邦； 文王之刑于寡妻，至于兄弟，以御于家邦。孟子所謂「言舉斯心加諸彼而已」。治天下之道蓋自正身齊家始，苟得其道，遑恤其他哉？聖人之于天下，戒慎恐懼，其莅事未嘗不惕然也。至事无可疑，而衆未喻其理，則有時而勿恤也。如《升》之不當位，用見大人乃勿恤也。《夬》九二以剛健而履中正〔二〕，雖惕號，暮夜有戎，度必有以制之，故勿恤也。

九五履尊居正，以化民成俗，復何所疑？故勿恤然後吉也。《象》曰「王假有家，交相愛」者，蓋言有應也。治家之道與治天下一也，夫義婦順、父慈子孝、兄友弟恭，未常不相因也。視民如子則民之愛之甚于父母也，厲民以自養則民之疾之甚于仇讎也。孔子所謂「先王有至德要道以順天下，民用和睦，上下无怨」者，其理如此。

上九，有孚，威如，終吉。

《象》曰：威如之吉，反身之謂也。

治家之道威信而已，有信則内外不欺，有威則上下必肅。上九在《家人》之終，處柔順之極，聖人蓋慮夫不能常久而不變。有孚，威如，常久之道。父子夫婦之間，交孚而不欺，有禮而不瀆，則家道成矣，故獲終吉也。《象》曰：「威如之吉，反身之謂也。」父子夫婦以恩爲主，加之威嚴則怨讟而傷恩，必先正其身，以身教者從，故中心悦服，雖威如而不失歡然之恩也。

〔二〕「夬」，原作「夫」，據下文「惕號，暮夜有戎」爲《夬》卦九二爻辭，可知「夫」爲「夬」之誤，因改。

䷥兑下離上

睽：小事吉。〔一〕

《彖》曰：睽，火動而上，澤動而下。二女同居，其志不同行。説而麗乎明，柔進而上行，得中而應乎剛，是以小事吉。天地睽而其事同也，男女睽而其志通也，萬物睽而其事類也。睽之時用大矣哉！

《象》曰：上火下澤，睽。君子以同而異。

初九，悔亡。喪馬，勿逐自復。見惡人，无咎。

《象》曰：見惡人，以辟咎也。

九二，遇主于巷，无咎。

《象》曰：遇主于巷，未失道也。

〔一〕本卦及下卦《蹇》原無李光傳文，僅録《周易》經文及《彖》辭、《象》辭。文津閣本同。

六三，見輿曳，其牛掣，其人天且劓。无初有終。
《象》曰：見輿曳，位不當也。无初有終，遇剛也。
九四，睽孤，遇元夫，交孚，厲无咎。
《象》曰：交孚无咎，志行也。
六五，悔亡，厥宗噬膚，往何咎？
《象》曰：厥宗噬膚，往有慶也。
上九，睽孤，見豕負塗，載鬼一車，先張之弧，後説之弧。匪寇，婚媾，往遇雨則吉。
《象》曰：遇雨之吉，群疑亡也。

䷦艮下坎上

蹇：利西南，不利東北。利見大人，貞吉。

《彖》曰：蹇，難也，險在前也。見險而能止，知矣哉！蹇，利西南，往得中也。不利東北，其道窮也。利見大人，往有功也。當位貞吉，以正邦也。蹇之時用大矣哉！

《象》曰：山上有水，蹇。君子以反身修德。

初六，往蹇，來譽。

《象》曰：往蹇，來譽，宜待也。

六二，王臣蹇蹇，匪躬之故。

《象》曰：王臣蹇蹇，終无尤也。

九三，往蹇，來反。

《象》曰：往蹇，來反，内喜之也。

六四，往蹇，來連。

《象》曰：往蹇，來連，當位實也。

九五，大蹇，朋來。

《象》曰：大蹇，朋來，以中節也。

上六，往蹇，來碩，吉，利見大人。

《象》曰：往蹇，來碩，志在内也。利見大人，以從貴也。

讀易詳說卷七

下　經　解至姤

䷧坎下震上

解：利西南。无所往，其來復吉。有攸往，夙吉。

解者，散也，散險阻而爲平易，而卦體不離乎險阻，但解散之耳。蓋東北爲險阻，而《解》坎下而震上，在《蹇》爲水，《解》則散而爲雨；在《蹇》爲艮，《解》則變而爲震。故《解》體爲東北，其用則利于西南。聖人當蹇解之世，非能出乎險難以求解散也，故坎不能陷而艮不能止。如冰解凍釋，龍蛇之奮迅也。

西南爲坤，廣大平易之象也。當解之時，險阻既除，憂虞既散，則以平易治之。秦不能然，既平六國之後，首用商君，刑法苛急，其亡也忽焉。漢祖入關，但約法三章耳，其興也勃焉。故解之時利西南也。外難既除，故无所往，但退而修其政刑耳。宣王中興，復文武之境土，故天下喜于王化復行，吉孰如之？故曰「无所往，其來復吉」也。禍患雖已散解，其間亦有負固不服者，不亟除之則滋蔓而難圖，故有攸往，夙吉也。解有解緩之義，故戒以當夙則吉也。

《彖》曰：解，險以動，動而免乎險，解。解，利西南，往得衆也。其來復吉，乃得中也。有攸往，夙吉，往有功也。天地解而雷雨作，雷雨作而百果草木皆甲坼。解之時大矣哉！

蹇之時，險難在外，故見險而能止；解之時，險難在内，故乘險而動則出乎險中。此聖人觀時而動静者也。西南坤位，卦言：「坤厚載物，德合无疆。含弘光大，品物咸亨。」解之利西南，西南得朋，故《彖》言「往得衆也」。

方險難解散之時，如雷雨之作，物无不被其膏潤者，豈獨一身能脱乎險難哉？險難解散，外无憂虞，故无所往，其來復吉。解雖赦過宥罪，其間亦有怙惡不悛者如蔓草然，勿使滋蔓難圖也，故有攸往則不可緩也。若出其不意，掩其不備，則无能爲矣，非若蹇難之世，往則愈蹇也，故曰「往有功」。當解之時，復與往皆吉，蓋時適然耳。

方天地否閉而成冬，則雷在地中，于卦爲《復》。「天地解而雷雨作，雷雨作而百果草木皆甲坼」，則于時爲春，于卦爲《解》。聖人贊天地之化育，故發政施仁，刑威慶賞，未有不因乎天者，然則解之時豈不大矣哉？

《象》曰：雷雨作，解。君子以赦過宥罪。

當春之時，蟄蟲始振，雷乃發聲，天地之難解矣。聖人體解之時，順其發生之德，過則赦之，罪則宥之。過者未罹于法，容其自新，故赦之。罪者已入于刑，量其罪之大小，有所降殺，非直縱而釋之也。

初六，无咎。

《象》曰：剛柔之際，義无咎也。

六以陰柔憂慮居解散之始，宜未能免咎。然上承九二之剛陽，正應在四，以柔承剛，以陰應陽，剛柔之際于理爲順，故得无咎也。難既解散，尊卑各正其位，上下各安其分，不相凌犯，尚何悔咎之有哉？

九二，田獲三狐，得黄矢，貞吉。

《象》曰：九二貞吉，得中道也。

狐隱伏多疑，如小人之邪佞狙詐，以害正道。獲三狐，則小人之情得，正直之道伸矣，故吉。

九二正應在五，以剛應柔，爲五所任，雖處乎險中而得中直之道，故能解散險難而獲衆邪，可謂能勝其任矣。

九二體坎，本陷于險中，非能解散險難者也。然六五之君爲之正應，因險用中，以濟危難，故邪佞狙詐者不能逃也，故《象》言「九二貞吉，得中道也」。二雖性險，用以解難，適時得正，吉其宜矣。

六三，負且乘，致寇至，貞吝。

《象》曰：負且乘，亦可醜也。自我致戎，又誰咎也？

六三以陰柔而居二剛之間，負上而乘下。負者，小人之事也；乘者，君子之器也。小人而乘君子之器，盜斯奪之矣。孔子于此一爻，著之《繫辭》，特加詳焉，言「作《易》者其知盜乎」。蓋盜亦有道，若无隙之可乘，无間之可入，雖善盜者莫能犯也。上慢下暴，所以致寇而招盜也，如此者，雖貞猶吝，況以不正處之乎？

《象》言：「負且乘，亦可醜也。自我致戎，又誰咎也？」言負擔之小人而乘軒車，人固不以爲榮，故可醜也。小人之盜猶女子之淫，淫盜一也，自我致寇，慢藏誨盜，猶治容之誨淫，皆自己取之，何所歸咎乎？故曰「又誰咎也」。

九四，解而拇，朋至斯孚。

《象》曰：解而拇〔二〕，未當位也。

拇，足大指也，在一身之中最爲微賤。解之時，赦過宥罪，恩施所及，雖微賤者皆獲解散，則其黨類无不信服矣。九四正應在初，初爲《解》始。聖人施德惠于天下，當一視而同仁，今所解者特其所應而已。蓋四之陰柔非陽剛之所當寓也，故《象》言「解而拇，未當位」者，「當位」謂三五也。使九而寓三，則車服必稱而无負乘之累矣。使九而寓五，則履尊居正而所及者必廣矣。

六五，君子維有解，吉，有孚于小人。

《象》曰：君子有解，小人退也。

六五，柔弱之君，非能威制海内，所以服强梗亂治之小人以解散禍亂者，惟有解而已。解非聖人之得已也，蓋力不足以制小人，行姑息之政，以解一時之禍患可也，故解然後獲吉。而小人知其必貸，咸有自親之志。如雷雨之作，而草木枯悴者无不甲坼矣，龍蛇之閉蟄者无不奮迅矣。聖人與天下更始，赦宥之行有不得已者。《象》曰「君子有解，小人退」者，小人一旦蕩滌瑕垢，齒于平

〔二〕「拇」，原作「孚」，據文津閣本及《周易》（宋刻本）改。

民，孰有不退聽者乎？古人以赦令爲小人之幸者，豈不然哉？

上六，公用射隼于高墉之上，獲之，无不利。

《象》曰：公用射隼，以解悖也。

鷙鳥之搏也，必匿其影然後能獲物。今在高墉之上，宜乎爲人所獲也。以象小人在當位而善害物者，上六是已。方解之時，不能遠迹退聽，猶竊據寵榮而在高位，聖人之所必不赦也。獲者，得之難，如「獲其大首」也。蓋赦宥蕩滌之後，猶負固不服，此小人之桀黠者，故射之。射者，用干戈以取之也。上六當解難之極，而小人終不知變，將復害君子，于此能獲之，則天下之難解矣，故曰「獲之，无不利」也。

《象》言「公用射隼，以解悖」者，夫爲治而不能終去悖亂之小人，天下何時而定乎？公者，人臣之極位也，悖亂之人非假威望之大臣，孰能制之？成王之時，三監及淮夷叛，周公東征，則罪人斯得矣。孔子于《繫辭》復詳言之曰：「弓矢者，器也。射之者，人也。君子藏器于身，待時而動，何不利之有？動而不括，是以出而有獲，語成器而動者也。」以見取之難而動之不可妄也。

☶☱兑下艮上

損：有孚，元吉，无咎，可貞，利有攸往。曷之用？二簋可用享。

損之道莫大乎有孚，蓋損己以益物，損上以益下，損剛以益柔，人之所甚難也。世之人固有矯激而爲之者，其損也，志在乎求益而已。惟君子能以至誠格物，勝其私心以就理義之正。富貴者，人之所欲也，不以其道得之，不處也；貧賤者，人之所惡也，不以其道得之，不去也。患難不苟避也，勞苦之事必争先也，以誠意行之，故獲元吉，然後乃无咎。既獲元吉，内外交孚，固无咎之者。故退而窮處則其道可貞，達而有爲則所往皆利。「曷之用？二簋可用享」者，損之益上，豈貴乎備物哉？澗溪沼沚之毛，潢汙行潦之水，可薦於神明者，亦以誠爲主耳。曷之用者，聖人欲盡損之理，則曰何所用之乎？二簋可用享，言菲薄之物可交神明、格天地也。

以上下二卦言之，兑下艮上爲《損》。陽能益物者也，兑本乾剛也，坤以陰柔損之而成兑，所謂損下也。陰受益者也，艮本坤柔也，乾以陽剛益之而成艮，所謂益上也。世之人皆知損之爲損，而不知損之爲益，故損下益上則謂之損，而損上益下則謂之益。向子平讀《損》《益》二卦，然後知貴之不如賤，富之不如貧，但未知死何如生耳。然則損益盈虚之理，非聖人孰能達其精微哉？

堯之土階茅茨，漢文之弋綈革舄，人主之尊能深自貶損，若武王克商之後，散鹿臺之財，發鉅橋之粟，大賚四海而萬姓悦服。此當損之時，益莫大焉。唐明皇用宇文融、韋堅之流，行聚歛刻剥之政，歲進羨餘爲天子私藏，百姓流亡，海内耗竭，致禄山之禍，損莫大焉。

《彖》曰：損，損下益上，其道上行。損而有孚，元吉，无咎，可貞，利有攸往。曷之用？二簋可用享。二簋應有時，損剛益柔有時。損益盈虚，與時偕行。

損下益上，其道上行，以卦體言之也。兑處艮下，艮者坤之變也。乾，剛也，損其三以益上而成艮，故曰「其道上行」。上行者，上通乎君也。「曷之用？二簋可用享」者，籩豆簠簋皆祭祀之器，特言簋者，物不必備也。享祀之禮以誠敬爲主，當損之時，非豐大之世，特禮有不可闕者，掃地而祭可也。象車玉輅，用于太平之世猶以爲非，若徒爲觀美以誇耀閭閻之耳目，非獨欺其君，上則欺天，下則欺民，内必欺心，神其吐之矣。聖人觀會通以行典禮，二簋之祭，適時而已。

損剛益柔，損下益上，亦豈可常哉？聖人亦有不得已而行之者。損益盈虚，與時偕行，則民且信之，損之貴乎有孚者如此。若時有可爲而不爲，或未可爲而强爲，逆天違民，叛道而悖理，謂之矯誣可也。欲以求福而禍必隨之。三代損益皆因時而已。

《象》曰：山下有澤，損。君子以懲忿窒欲。

孔子曰：「山澤通氣。」山之峻極必假澤之滋潤，然後能生長萬物，使之條達而茂遂。山下有澤所以爲損者，損下以益上也。君子體此象以修德，則在我者必有所損乃能有益。忿、欲，害德之大者也。人生不能无忿，懲之則忿氣不作；人生不能无欲，窒之則欲心不萌。

顔子不遷怒，不貳過，皆損己之道也。一日克己復禮而天下歸仁，則損己者乃益己之大者也。澤之潤雖上泝于山，而山之氣亦下通于澤，故噓而爲雲者必降而爲雨也。苟達乎此，則知一人之瘠而天下肥矣，府庫充實者海内必減耗矣。君子修身治國之道，知損之爲益，庶乎其不厲民以自養也。

初九，已事遄往，无咎，酌損之。

《象》曰：已事遄往，尚合志也。

初九正應在六四，以下而應上，以剛而應柔，上所賴以益己者也。人臣之道，无成而代有終。若已事而顧戀寵榮，遲回不去，未有能善終者，故已事而速往，則可免咎。酌損之者，量其時之所宜，斟酌而貶損者也。人臣竭智力謀猷以益上，功名遂而身退，天之道也。

《象》言「已事遄往，尚合志」者〔一〕，功成不居而知退避，庶乎合上之心志也。人主所願乎臣下

〔一〕「尚」，原作「上」，據本爻《象》辭改。

者如此。漢惟張子房一人，既佐沛公以有天下，則願與赤松子遊，封留足矣，是能亟退而酌損之也。後世貪沓之士欲以諛説人主，至竭百姓膏血爲淫荒之用，自謂益上，而竊位冒寵不知紀極，豈有不喪身覆族者哉？

九二，利貞，征凶，弗損益之。

《象》曰：九二利貞，中以爲志也。

人臣事主，无非損己以益上者。二五又君臣之位，九雖陽剛而二位遠君，无凌犯之嫌，所患者不能靜止，而或枉道媚悦其上以干進耳，故所利在貞。貞者，守道堅正之謂。正不足以盡之，不能守正，必枉道干進，故有攸往則凶也。弗損益之者，事固有益之而損、損之而益者，以六五陰柔之主，二以剛中應之，故在下者得以行其志，固有弗損而益之者。逆其所順，强其所劣，彌縫輔贊，在我實无所損，其增益人主之智慮多矣。《象》言「九二利貞，中以爲志」者，九二處人臣之中位，其事上也，曷可不由乎中道哉？志者，心之所之。中以爲志者，志常存乎中道而无過不及之患也。

六三，三人行，則損一人。一人行，則得其友。

《象》曰：一人行，三則疑也。

一陰一陽之謂道。惟至精，故能合乎至神，豈容有二哉？兑之三爻，惟六三爲獨陰；艮之三爻，惟上九爲獨陽。上下陰陽二爻又爲正應，故雖遠而心相得也，雖疏而道相應也，豈餘爻所能間哉？兑、艮二卦，三陰三陽各有所應，獨于六三言三人者，以見一陰一陽精誠之至，故孔子于《繫辭》特舉天地男女交感之象以明致一之道。

損一人者，損己以益上也。陰爻雖多，卒能損己以益上者，一陰而已。《象》曰「一人行，三則疑也」，天下之理多則惑，少則得，況乎天地陰陽與夫人道交感之際，君臣、朋友、夫婦之間其可不致于一乎？不致于一則其疑有不可勝言者矣。蓋一介之士必有密友。君不密則失臣，臣不密則失身。古之事主者造膝而言，詭辭而出，所以防其疑也。

六四，損其疾，使遄有喜，无咎。

《象》曰：損其疾，亦可喜也。

凡損之道皆損己以益物者也，惟六四一爻乃損己以求益者。己之有疾，爲己之害，能使速愈，則其喜可知。初以陽剛爲己正應，四所求益以損己之疾者也，所謂損剛益柔，損有餘以補不足也。當損之時，四居近君之位，以柔弱之才不能勝其任，危而不能持，顛而不能扶，此四之所甚病也。初以剛健在下，爲己之助，扶顛持危而損其偏柔之疾，使速有喜，然後可以无咎也。《象》曰：「損其疾，亦可喜也。」人方疾痛，能使之脱然去體，豈非切身可喜之事哉？

六五，或益之十朋之龜，弗克違，元吉。

《象》曰：六五元吉，自上祐也。

當損之時，非六五柔弱之君能虚心克己，則孰肯告以善道者？或益之，言智略輻凑，益我者非一人也。十朋之龜，《周禮》《爾雅》皆云「神龜」「靈龜」，其類有十，言助我者既衆，神靈之物无不協從也，此所以能享元吉也。然六三以三人而疑，今益我者既衆，能无疑乎？故以「十朋之龜，弗克違」爲大吉，以見聖人居尊履正，人謀鬼謀，百姓與能也。《象》曰「六五元吉，自上祐」者，人主能謙恭損己以來天下之善，則海内必蒙其福，民之所願，天必從之，故言「自上祐也」。

上九，弗損益之，无咎，貞吉，利有攸往，得臣无家。

《象》曰：弗損益之，大得志也。

上九處損之終，勢力足以制服海内，而恣其裒斂，剥下以媚上者也。如此，雖才如劉晏，不能以善終，故弗損於下而能反益之，庶其免乎咎戾，全其剛貞而獲吉也。上九，人臣之極位，上能增主之明，下能裕民之財，然後可以大有爲於世。以身徇國，得爲臣之正，何以家爲哉？《象》言：「弗損益之，大得志也。」人臣能斂不及民而用度足，必有生財裕民之道，如古稷、契、管、蕭之徒，乃可大得志於天下也。

䷩震下巽上

益：利有攸往，利涉大川。

《彖》曰：益，損上益下，民説无疆，自上下下，其道大光。利有攸往，中正有慶。利涉大川，木道乃行。益動而巽，日進无疆。天施地生，其益无方。凡益之道，與時偕行。

損上益下，興利以益民也；自上下下，謙虚以受益也。能損己以益下則民獲其利而説我者衆也，虚己以接物則己受其益而其道光顯也。陽當在上，今乃下居于初；陰當處下，今乃反居于四，以見陽能抑損其剛〔二〕，以柔弱自處，故名譽愈遠，德義愈尊，其道大光，顯于天下也。利有攸往，中正有慶，二與五君臣之位，六二、九五爲正應，君臣道合，各位乎中正，故能流福天下，无所往而不利也，豈獨一人之慶哉？「利涉大川，木道乃行」者，舟楫之利以濟不通，聖人能涉險濟難，所以行木道也。高宗命傅説曰：「若濟巨川，用汝作舟楫。」故濟川莫利乎舟楫，濟險莫高乎聖人

〔二〕「剛」，原作「綱」，據文津閣本改。

也。「益動而巽，日進无疆〔一〕」者，聖人欲大利于天下，因以自益，在乎順動而已。時苟未可，動而不順，則與物多忤，我之益物有時而窮，物之益我有時而既，豈能日進无疆乎？

「天施地生，其益无方」者，天以氣施，地以形生，萬物皆受氣于天，成形于地，故天地裕于萬物，四時循環无有窮也，其爲益也豈有限量哉！聖人成位乎兩間，其益下之道亦若是而已。「凡益之道，與時偕行」者，時變无窮，聖人趨時之變，亦與之爲无窮。如黄帝、堯、舜作法制器，夏、商、周所損益之類是也。凡爲上之道，必能憂勤損己以利天下，故興大利、除大患，有所不動，動則民皆悦而從之，雖履危涉險，无往而不濟也。古之聖王興事造業，或至手胼足胝，播奏庶艱食鮮食，无非益天下之道，故《繫辭》言：「耒耜之利，以教天下，蓋取諸《益》。」又曰：「《益》以興利。」蓋損上益下，民説无疆，何往而不利哉？

《象》曰：風雷，益。君子以見善則遷，有過則改。

風雷，善益萬物者也，非相資以相益也。風以散之則鬱結者必解，雷以動之則蟄藏者必奮。君子見善則遷，有過則改，皆損己之道也。損己者，所以益物，亦所以自益也。顏子得一善則拳拳服膺而弗失之矣，然則見善則遷，顏子足以當之；周公之過也如日月之食焉，人皆見之，及其更

〔一〕「日進无疆」，原作「民説无疆」，據文津閣本改。

也，人皆仰之，然則有過則改，周公足以當之，是皆損己以自益之道也。

初九，利用爲大作，元吉，无咎。

《象》曰：元吉，无咎，下不厚事也。

益下之道莫大乎興事造業。大作者，大有所爲也。九以剛健之才居于初，爲《益》之始，上有六四大臣爲之正應，以有爲之才當可爲之時，故利用爲大作也。能任其大事以有天下，使海内蒙其益，故能獲大吉而无咎也。《象》言「元吉，无咎，下不厚事」者，人臣之道，无成而代有終，況居《益》之初，最處底下，雖任上之事而能不有其功，乃可獲吉而无咎耳，故曰「元吉，无咎，下不厚事也」。厚事，重大之事也。雖利用爲大作，而不敢以重大之事自居，此人臣之正也。

六二，或益之十朋之龜，弗克違，永貞吉。王用享于帝，吉。

《象》曰：或益之，自外來也。

六二，震體居中，有所不動，動則天下莫不助之矣，故曰「或益之十朋之龜，弗克違」也。聖人有所興作，必得天人之助，人謀鬼謀，百姓與能。十朋之龜，弗克違，則人心可知矣。《損》之六五，君道也，故獲元吉。《益》之六二，臣道也，故永貞吉。貞者，静而正也。六二雖中正有應，而體本柔弱，能永守貞固則无邪佞之失，故吉也。「王用享于帝，吉」者，《益》之六二即《損》之六五，能損己益物，得天下之助，非獨人臣也。王者能用此道，亦可享上帝而獲福也。蓋人心之所與，則天意之所歸，未有咈人心而可以合天意者。

堯之試舜，納于大麓，烈風雷雨弗迷，故付以天下而不疑也。彼欺君罔上，徒欲誇耀以欺天下者，雖盛其輿服，豐其牢醴，簠簋籩豆之飾有加于前，恩典儀物之數逾其常度，儻非其時，曷足以答天意乎？故《損》之《象》曰：「曷之用？二簋可用享。二簋應有時，損剛益柔有時。」然則非當盛大之時，得天下之助者，安可矯誣以欺天哉？《象》曰「或益之，自外來」者，能虛中損己以益下，則助我者非獨四海之内也，雖被髮左衽，遠在荒服之外者莫不愛戴之矣，故曰「自外來也」。

六三，益之用凶事，无咎。有孚中行，告公用圭。

《象》曰：益用凶事，固有之也。

六三處上卦之下、下卦之上，遠君而近民也。凶年饑歲欲爲損上益下之道，則發倉廩，損逋負，使老弱无轉徙溝壑之患，雖矯制專輒，何咎之有？凡《易》稱「无咎」，有无過咎者，有人不以爲咎者。三之用凶事，蓋君子遭變之時，以身任之，无所歸咎也。

聖人又戒以有孚中行者，若未見信于上下而行之不以中道，則有傷財難繼之事，故上下信而行之以中道，則上必旌賞之矣。故告公用圭者，錫之圭組，以報其裕民之功也。《象》曰「益用凶事，固有之」者，以見人臣于凶荒之歲能以身任責而不恤禍患者，非愛民之誠素定乎胸中，能若是乎？故曰「固有之也」。漢之汲黯是已。

六四，中行告公從，利用爲依遷國。

《象》曰：告公從，以益志也。

六四，近君之大臣，九五之君所信任者。所行有得中道，雖國之大事，詎有不從乎？周公卜洛邑，澗水東、瀍水西，四方道里均焉，必有所依，故可遷不疑也。左氏曰「周之東遷，晉鄭焉依」是也。大臣雖以身任責，亦侍君命而後敢行，故告公從，必有文告之辭矣。盤庚之遷，不從者民也，故敷心腹腎腸，丁寧訓告，僅能從之，蓋當時无一中行之大臣若周公者以身任之也。《象》言「告公從，以益志」者，九五之君實爲《益》主，志在益下，大臣知遷國之事必有以利社稷、安百姓，故告公必從，以成其益下之志也。

九五，有孚惠心，勿問元吉。有孚，惠我德。

《象》曰：有孚惠心，勿問之矣。惠我德，大得志也。

人主有惠利天下之心，非出于矯僞，則獲元吉不問可知矣，故惠心貴乎有孚也。人固有行姑息之政以傲福干譽者，雖竭府庫倉廩，不足以得民心，使其中誠惻怛有愛民之誠心，則四海之內莫不愛戴而允懷之。得乎民者，得乎天也，故自天祐之，吉无不利，尚何疑乎？「有孚，惠我德」者，上以有孚惠下，下以有孚應我，故惠我以德也。心與德皆无形也，君與民相感于无形之間，故惠者不費而應上者无窮，其爲益豈有既乎？

《象》言「有孚惠心，勿問之矣。惠我德，大得志」者，人君志于益下，其效如此，故得志也。後世之君以處富貴、縱聲色爲得志，以唐太宗之賢尚以破西域爲帝王之樂，喜而見群臣曰「朕今樂矣」，遂遍觴之。嗚呼，是焉知帝王得志之真樂哉？

上九，莫益之，或擊之。立心勿恒，凶。

《象》曰：莫益之，偏辭也。或擊之，自外來也。

上九，大臣釋位而去者，既无以益人，將豐殖自益，有无厭之求，衆所不與，故群起而攻之也。故莫益之則或擊之矣。夫大臣之處高位，衆所求益，今乃反求益己，故莫有益之者而或擊之，反蹈于凶禍，是其立心勿恒之所致也。

孔子曰：「君子安其身而後動，易其心而後語，定其交而後求。君子修此三者，故全也。危以動則民不與也，莫之與則傷之者至矣。」君子于動静語默之間可不慎哉！大臣至于傷之者至，則首領將不暇保矣。《象》言：「莫益之，偏辭也。或擊之，自外來也。」偏辭者，一偏之辭也。人心不與，則一偏之辭足以激天下之怒心，故或擊之則不可解矣。自外來者，千里之外莫不應之，此聖人戒慎之深意也。

䷪乾下兌上

夬：揚于王庭，孚號有厲。告自邑，不利即戎。利有攸往。

乾下兌上，下健而上說，五陽而一陰，陽雖在下，然衆方向進而據中正之位，陰雖在上而權勢已去，故无内外之助，是君子道長而小人道消之時也，故于義爲夬。夬者，以剛果而決斷小人也。小人衰微，不能同心協力，乘時而顯誅之，方且依違牽制，或爲自然之計而陰爲内應，則將復出爲惡而反爲所擠矣。故揚于王庭者，使天下顯然知其爲小人也。孚號有厲者，雖號令之必信，然猶懼天下有不吾與者，不得不惕然以危懼自處也。

告自邑者，誅朝廷之大姦，使海内曉然知其爲天下之害也。邑，郡邑也。告命之下，自朝廷而達之郡邑也。凡此皆治内之道也，治内之道，自朝廷達之郡邑足矣。不利即戎者，戎，中國之外也，聖人于戎狄猶四肢之于外物，叛服不常，羈縻之耳，非如朝廷之小人，剛決而力除之也。利有攸往者，二五各以剛健之才處中正之位，可以大有爲之時也。雖不利即戎，而治内之道无往而不利也。

《彖》曰：夬，決也，剛決柔也。健而説，決而和。揚于王庭，柔乘五剛也。孚號有厲，其危乃光也。告自邑，不利即戎，所尚乃窮也。利有攸往，剛長乃終也。

去小人固貴乎剛，然不可獨任也，故以乾、兑成卦，然後爲《夬》。剛固可以決柔，健而能説，則不動聲氣而海内安矣。決而能和，則不勞斧鉞而天下服矣。「揚于王庭，柔乘五剛」者，小人雖日微弱，然猶據高位以憑陵君子，不假大君之命戮之于朝，其肯退聽乎？孚號有厲者，雖號已信衆，審知其小人，未嘗敢以盛氣加之，惴惴然常慮其圖己而反爲所擠也。如此，然後其功可成，其道愈光顯于天下矣，是晦其明者乃所以爲光也，戒懼矜慎之至也。

「告自邑，不利即戎，所尚乃窮」者，剛武非聖人之所尚也，去朝廷之小人，不得已而用其剛果可也。恃其剛果，至于誅伐不已，勤兵于遠，則取困窮之道也。剛武之道雖不可尚，至于在内之小人足以害治道者，去之不可不盡也。譬之農夫之務去草，不除其根本，使之滋蔓難圖，則悔无及矣。唐之五王，特以留一武三思爲天子藉手，故反受其禍，是五剛不能勝一陰而卒爲所圖，剛長而不能終之效也，可不戒哉？

《象》曰：澤上于天，夬。君子以施禄及下，居德則忌。

山澤之氣上升則下降，蓋未有升而不降者，其理可決也。衆陽並進以決一陰，則朝廷无害治之人，其能施澤于天下无可疑者。君子體此象，則施禄及下，使天下蒙其惠利，如澤之上于天，復降而爲雨露也。若屯其膏施，獨擅富有而不與衆共之，則衆皆忌嫉之矣。

武王伐紂，誅一獨夫耳。周公、太公之徒爲輔佐，克商之後，分土列爵，散鹿臺之財，發鉅橋之粟，大賚四海而萬姓悦服。項羽使人有功，當封爵，刻印刓，忍不能予，豈足以成大功哉？武王所以長有天下，項氏卒爲漢所滅，成敗之效豈不昭然哉？

初九，壯于前趾，往不勝，爲咎。

《象》曰：不勝而往，咎也。

乾雖剛健，然方伏而在下，欲動而勝物，不可易也，故壯于前趾。急于躁進，理必不勝而反獲咎也。以五君子而決一小人，宜若易然，然陰方在上據其高位，衆陽爲其所乘，欲決去之，必以謀濟。雖五之得尊位，尚須中行，然後无咎，況初爲發足之始乎？

《象》言：「不勝而往，咎也。」度其勢不能決勝，乃冒昧而往，其蹈凶咎必矣。湯武之事應乎天而順乎人，然成湯尚云「慄慄危懼，若將隕于深淵」。武王師渡孟津，觀政于商。二王所以卒勝有天下也，自古勝敵之道，如鷙鳥之擊、猛獸之搏，必戢翼匿形，然後有獲，豈可遽進而躁動哉？

九二，惕號，莫夜有戎，勿恤。

《象》曰：有戎勿恤，得中道也。

小人爲寇戎，必在暮夜幽闇之時，君子于此時能惕然思懼，常若寇賊之至，必有以禦之，夫何憂何懼哉？故可勿恤也。《象》言「得中道」者，二在乾之中爻，蓋去小人之道，用其剛壯而直前固不可也，依違不決而陰與之相應，愈不可也。初與三所以不免乎咎悔，而二獨得中道，故小人无所能爲而卒勝之也。

九三，壯于頄，有凶。君子夬夬，獨行遇雨，若濡有愠，无咎。

《象》曰：君子夬夬，終无咎也。

九三居下卦之上，處至顯之地，有頄之象焉。先儒以頄爲面顴，上六也。九三居君子之中，獨與上六小人爲應，衆所不與，宜其凶也。君子知與上合則爲群賢所疑，故能不牽于昵比之私，不暴其欲去之迹，能決其所當決，故曰「君子夬夬」也。「獨行遇雨，若濡有愠，无咎」者，衆方乘時並進，欲決去一小人，己獨陰爲内應，宜乎爲衆所愠也。然因其合己而陰與衆圖之，則彼不疑而吾之謀策得行焉，衆雖有愠見之色而卒去小人，故无咎也。陳平、周勃之用酈寄是已。《象》言「君子夬夬，終无咎」者，于此能行其剛決，又何咎焉？陸氏以比陳太丘之弔張讓，庶幾其是乎。

九四，臀无膚，其行次且。牽羊悔亡，聞言不信。

陽剛君子而寓于陰柔之地，不足于剛決者也。其行次且而不進，如臀之无膚，其可與有爲乎？羊雖喜觸而善群，衆陽方進，能牽連以行，則可免後時之悔矣。四方樂于静，退居不競之地，雖聞斯言，未必能信之而行之也。

《象》曰：其行次且，位不當也。聞言不信，聰不明也。

聖人深著去小人非難，能同心同德之難也。君子能同其心德，何事而不可成乎！方小人在上，衆欲去之，蓋有懷疑畏而不敢進者，亦有賣我而自售者，使其居得志之位、稟聰明之才，其去小人不啻摧枯拉朽之易耳。故《象》曰：「其行次且，位不當也。聞言不信，聰不明也。」

九五，莧陸夬夬，中行无咎。

《象》曰：中行无咎，中未光也。

甚哉，小人之難去也！以九五剛陽之君而下有群賢之助，一小人在上而反比之，若有所畏然，雖能用其剛斷而卒去之，僅能免咎耳。莧陸，莧之生陵陸者。莧，柔脆之物而生于陵陸之上，如小人而在高位者。「中行」謂典刑不及，非若舜之去四凶也。蓋小人必有以嘗君之欲而得其心，若德宗之于盧杞是也。故《象》言：「中行无咎，中未光也。」聖明之主欲使其道光顯于天下，非藁街之戮、兩觀之誅，豈足以快天下之論、服海内之心乎？

上六，无號，終有凶。

《象》曰：无號之凶，終不可長也。

上六以陰柔之小人，以非道媚悦于上，蠱惑其心，上所密比，其極至无所忌憚，固寵保位，乘五以抗衆陽，无禮之甚，衆所忿激，故不假號令而誅鋤之。《象》曰：「无號之凶，終不可長也。」衆剛雖在下而方進，此君子道長之時，小人雖據高位，詎能久乎？

䷫巽下乾上

姤：女壯，勿用取女。

震下坤上爲《復》〔一〕，巽下乾上爲《姤》。冬至之日，一陽生乎下，故爲《復》；夏至之日，一陰生乎下，故爲《姤》。五陽而一陰，則一陰爲之主。陰雖復而在下，其勢必盛，故有壯女之象。

〔一〕「震下坤上」，原作「艮下坤上」，據文津閣本改。

勿用取女者，小人勿用也。善明治道者，察乎幾微而已。陰邪處内，雖寡，足以勝衆陽，是一小人足以敵衆君子也。然則君子小人相爲消長，特在内外之間耳，《否》《泰》二卦是也。人君能審知其小人，勿用可也。唐明皇用一李林甫，去一張九齡，治亂于此分矣。君明臣良，古人謂千載一遇。當《姤》陰長之時，聖人致其戒慎之意深矣。

《彖》曰：姤，遇也，柔遇剛也。勿用取女，不可與長也。天地相遇，品物咸章也。剛遇中正，天下大行也。姤之時義大矣哉！

柔之遇剛，陰之遇陽，臣之遇君，其理一也。《姤》之所以爲遇也。君子小人雖異趣，未有无所遇者，君子之遇明君，小人之遇暗主，資適相逢耳。「勿用取女，不可與長」者，當《姤》陰長之時，君子道消，故勿用取女，必有敗國亡家之道，故不可與長也。「天地相遇，品物咸章」者，天地之氣不交感，則不能生育萬物。天氣下降，地氣上升，寒往則暑來，暑往則寒來，然後飛潛動植之物職職呈露，故品物咸章也。「剛遇中正，天下大行」者，《姤》雖陰長之時，然二五各據中正之位，雖非正應，體實剛健，足以大有爲于天下，此遇之至善者也。「姤之時義大矣哉」者，以天地陰陽之理觀之，則聖賢相遇必能易亂爲治，去危爲安，社稷生靈皆蒙其福，則姤之時與義豈不大哉？「姤之時」言陰長之時也，「姤之義」則陰陽相遇之義也。

《象》曰：天下有風，姤。后以施命誥四方。

卦以巽下乾上爲《姤》，其象爲天下有風。夫風在天下則萬物无不遇者，聖王體此以施令誥于四方，孰敢不聽從者？人君舉措未有无所法象者，風雷皆號令之象也。凡可以動物者皆風也，風以動之則物无不遇者，故朝廷之命令猶天之有風也。風行草偃，則物无不披靡者。聖人發號施令以播誥四方，取象於《姤》，義无餘藴矣。

初六，繫于金柅，貞吉。有攸往，見凶，羸豕孚蹢躅。

《象》曰：繫于金柅，柔道牽也。

姤之時陰方長而未盛，如小人在内而黨與未應，制之不于其漸，則滋蔓難圖矣，故繫于金柅。金柅者，在車之下，以金爲之，所以止輪令不動也。九二陽剛而位乎中正，比近于初，與初同體，能止初者也，故以爲象。如小人寖長之始，其勢未盛，有剛陽得位之君子以正道格之，使其私欲不行，則貞而獲吉矣。「有攸往，見凶」者，小人之性猶女子也，无所繫而任其所之、恣其所睹，則凶之道也。

「羸豕孚蹢躅」者，豕方羸弱之時，若无能爲者，及其羸而制之則易。初六微陰，豕之羸者也。小人之初，其勢未盛，然其中誠有一跳踉之志矣，不能有所繫而恣其所往，何所不至乎？《象》

言:「繫于金柅,柔道牽也。」小人之初必有牽制之,使繫于一,則无能爲矣。

九二,包有魚,无咎,不利賓。

《象》曰: 包有魚,義不及賓也。

二遠君而近民,五陽在上,一陰在下,故初有民之象。初六微陰未有主,而二先得之,四雖正應,然初已從二,四不能主而反爲賓。如陳勝所遣將相,得其地即王其地、有其民,武臣至邯鄲,自立爲趙王,韓廣得燕,自立爲燕王,如此豈賓之利哉?稱賓則體敵而无君臣之分矣。

二擅有其民,宜其有咎也。方民思其主之時,五剛莫適爲主,雖有正應,不能禁二之自專,故曰「包有魚,无咎」。「包」謂包裹之。《易》之取象,言豈一端?《象》言「包有魚,義不及賓」者,既王其地、有其民,豈復顧其賓哉?

九三,臀无膚,其行次且,厲,无大咎。

《象》曰: 其行次且,行未牽也。

三與初同體,皆處下卦。初切近于二,爲二所得,故九三失據,如臀之无膚也。退而從初則礙于二,捨之而進則三陽厄于上,故其行次且。次且,難進之象。處此勢者,其凶可知。然三以剛健而寓陽位,非闇弱之人,必能惕厲自强,故无大咎也。咎不至大者,小或不免耳。《象》言「其行次且，行未牽」者，不爲上下所牽制也。知初之不可據而義不反顧，知上未易犯而不敢直前，此所以獲免乎咎悔也。

九四，包无魚，起凶。

《象》曰：无魚之凶，遠民也。

九四與初六爲正應，位尊而近君。然初已爲二所據，是不得乎民，如包之无魚，有所作爲則凶矣。起者，興事造業之謂。上欲興事造業而百姓不與，孰與成功哉？《易》之《師》曰「剛中而應，行險以順」，而民從之。夫用兵行師，驅民于萬死一生之地，而民不敢不從者，以吾能有其衆也。故地中有水爲《師》。師，衆也。吾能包而有之，然後可以大有爲于天下。湯伐桀，武王伐紂，順乎天而應乎人，不有其民，豈足以興師動衆乎？《象》言包无魚，遠民也，以九四近君而遠民，雖勢足以有行而民不與，故凶也。

九五，以杞包瓜。含章，有隕自天。

《象》曰：九五含章，中正也。有隕自天，志不舍命也。

杞，剛勁之木；瓜，柔弱蔓延而善附物。杞，九二也；瓜，初六也。九五爲《姤》之主，與二同德，所謂剛遇中正也。當陰長之時，小人欲傾摇君子，聖人思有以制之，豈自用其聰明哉？必有剛果之臣，折其芽蘖而包容之，不使滋蔓難圖也，故九五之君但含章而已。含章者，含畜其至美之德而不暴露也。此制小人之道也，故福慶自天而降，小人无能爲矣。

《象》言「九五含章，中正」者，位乎中正而用中正之道，故可端拱无爲，晦迹藏用，小人自退聽矣。「有隕自天，志不舍命」者，天之所令謂之命，當陰陽代謝，君子小人相爲傾奪之時，但任賢使能，一聽天命而我无容私焉，故天弗能違而降之福慶也。

上九，姤其角。吝，无咎。

《象》曰：姤其角，上窮吝也。

角者，剛而上窮之象。姤以遇爲主，物之交感无非遇者，而君臣爲大。九以陽剛乘五而處姤之終，此大臣位極乎人臣，有凌犯之志者。小人乘權勢之久，貪得无已，如《坤》之上六「龍戰于野」，理必傾覆，則吝道也。禍自己取，何咎于人乎？《象》曰「姤其角，上窮吝」者，姤至于上窮而吝，其始在乎患失而已，終至覆族滅頂之禍，悔可及乎？

讀易詳説卷八

下經 萃至鼎

䷬坤下兑上

萃：亨，王假有廟。利見大人，亨利貞。用大牲吉，利有攸往。

萃，聚也，物萃則聚也。民猶水也，性无不下，澤所以能蓄者，以善下之也。畜衆之道无他，不以威强劫制之耳。好生而惡殺，好利而惡害，民之性也。以逸道使之，能生之而不傷，興利而去其害，則下无不順者。二五以正應，又居中正之位，上下悦順，故能容民畜衆而萃道成矣。

甚哉，民之難萃而易散也！太王居邠，狄人侵之，去之岐山之下居焉，從之者如歸市，豈以勢力驅之哉？秦專任强威，并吞席卷，非不能聚民也，而陳勝奮臂一呼，天下響應。聖人設卦觀象之意，則上悦然後下順，是知勢力之不可恃也。剛中而應，是知偏任威强則民不與也。

《彖》曰：萃，聚也。順以説，剛中而應，故聚也。王假有廟，致孝享也〔二〕。利見大人亨，聚以正也。用大牲吉，利有攸往，順天命也。觀其所聚，而天地萬物之情可見矣！

王者致治，至萃則人道盡矣，可以格祖考矣。蓋建邦設都，必先立宗廟，所以致孝亨也。夫以孝治天下者，四海雖大，萬民雖衆，舉无不順者，以合乎人心也。合乎人心則民之從之也輕，此要道也。「利見大人亨，聚以正」者，「大人」謂九五也，九得剛中之位而爲《萃》主，此人君能以正道聚天下者，故天下皆利見之。「用大牲吉，利有攸往，順天命」者，享祀之禮皆報也，非祈也，周公行郊祀之禮于治定功成之後。

非豐萃之時而行盛大之禮，則是矯誣上天也。因萃時用其禮，則天必親而享之，如此，然後可以大有爲于天下。此聖人先天而天弗違，後天而奉天時，故《彖》言「用大牲吉，利有攸往，順天命也」。反此，則逆天理矣。「觀其所聚而天地萬物之情可見」者〔三〕，天地至大，萬物至衆也，欲以一人之私智而遍察之，則吾之智有時而窮矣。聖人坐觀萬化之變，必自其近而易見者始。民同是心也，能同民心則天地萬物之情舉在此矣，豈有它道哉？

〔二〕「亨」，原作「亨」，據文津閣本及《周易》（宋刻本）改。
〔三〕「聚」，原作「萃」，據本卦《彖》辭改。

《象》曰：澤上于地，萃。君子以除戎器，戒不虞。

《師》之《象》曰：「地中有水，師。」師亦衆也。萃者聚于治安之時，師者用于險難之世。方聚于治安，禍患潛伏，故君子體此象以除戎器、戒不虞也。除者，除治其虧鈍也；戒者，戒慎其未形也。此聖人于治安之時，不忘乎危亂之道也。後世君臣苟玩歲時，因循朝夕，銷兵撤警，以幸一旦之安，及夫事至而應則已无及，其亦昧于《萃》之道矣。

初六，有孚不終，乃亂乃萃。若號，一握爲笑，勿恤，往无咎。

《象》曰：乃亂乃萃，其志亂也。

初六以柔弱之才而處《萃》之始，物之所萃，非能萃物者也。在下而爲所萃，非其中心誠實，則物不與也，故宜有孚。然初之正應在四，而二陰在上，初以柔道爲物所萃，非能卓然獨立也，是以知其決不能克終而乃亂乃萃也。乃亂者，其志紛亂，不能定于一也；乃萃者，不能守其誠實而輕有所萃，此小人女子之象也。

「若號，一握爲笑，勿恤，往无咎」者，若能翻然悔悟，號咷求附于四則正矣。雖群聚而譁笑之，勿恤而往，則可終免咎悔也。《象》曰「乃亂乃萃，其志亂」者，初本應四，四止而不能下應，故初无所適從，是其心志之亂也。

六二，引吉，无咎，孚乃利用禴。

萃之時群陰在下，二雖陰柔而與五爲正應，二五各處中正之位。二在坤中，上下皆陰，莫知適從，既正應在五，則當從所應，然非其招不往也，必待五招聘然後往，乃吉而无咎也。孚乃利用禴者，初以有孚不終，故乃亂乃萃。二獨得柔中，以應剛陽，君臣道合，誠實无間，雖菲薄之物可交于神明也。禴，春祭之名。方春之時，品物未備，故其祭曰禴，精潔之義也。苟有誠實，雖二簋可用享，《損》所以貴有孚也。

《象》曰：引吉无咎，中未變也。

《象》曰「引吉无咎，中未變」者，守其孚誠而不變也。君子小人各以類聚，小人之與小人，其志趣蓋有不約而同者，非得位處中，内含誠實，未有不反爲朋類所引而變者。二能應五之招聘以從正應，故吉且无咎。以中心有所執守，而不爲群邪所變易也，豈非特立獨行之士哉？

六三，萃如嗟如，无攸利。往无咎，小吝。

《象》曰：往无咎，上巽也。

六三體陰柔而據陽剛之位，小人之桀黠者也。卦四陰而二陽，皆非己應，莫適所從，故萃如嗟如，无攸利也。上與三皆居本卦之上，雖失陰陽正應之理，而上説下順，勢必相合，故往則无咎。

小吝者，往雖无咎，而上處大位，三乃順從之，勢利之交，古人所羞，故小吝也。《象》言「往无咎，上巽」者，三與四五變而成巽，三之從上，上能巽説而无違拒之意，故无咎也。

九四，大吉，无咎。

《象》曰：大吉，无咎，位不當也。

四居近君之地，下據三陰，當萃聚之時，爲説之始，而衆之所歸，此爻之最善者，故大吉也。然以陽居陰，是能柔巽以奉上接下者，故大吉而无咎悔也。《象》言「位不當」者，本以逼上有咎，然既得上下之歡心，上爲君所萃，下爲衆所萃，故雖免于咎悔而其位終不當也。聖人不以大吉无咎而廢其不當之位，亦不以位之不當爲必蹈凶禍也。

九五，萃有位，无咎。匪孚，元永貞，悔亡。

《象》曰：萃有位，志未光也。

人主居域中之大，臨海内之衆，總其權綱，設官分職以統治之耳。有位者，百官有司之位也。分民分土，大小尊卑各任其職，垂拱以視天民之阜而已，故黄帝、堯、舜垂衣裳而治天下也。如此，然後可以无咎。「匪孚，元永貞，悔亡」者，九五正應在六二，人主患不廣大，不能泛應曲當而心有偏係之私，豈能使海隅之衆罔不是孚哉？能元永貞，則匪孚之悔可以亡矣。元，善之長也；永，久也；貞，正也，是三者大君之道也。有其大善如乾剛之獨運，又久于其道而以正固守之，則可以亡其匪孚之悔矣。《象》言「萃有位，志未光」者，《象》辭獨舉爻中一句以包下文，誠信之德未著，則于萃爲未光大，故云「志未光也」。

上六，齎咨涕洟，无咎。

《象》曰：齎咨涕洟，未安上也。

上六以陰柔之才而處高位，當萃之時進不知止，有顛覆之勢。然能恐懼憂危，尚可免咎，況乎知進退存亡之道，以功名爲餘事、視富貴如浮雲者乎？《象》曰「齎咨涕洟，未安上」者，六處説之上，居萃聚之終，下无應援而又乘五，其能一日安于上乎？以見危懼之甚也。後世貪沓愚暗之人一旦得路，自以子孫常握重權，繼世不離廊廟，況復能惕然知禍患之在後，而齎咨涕洟以自危懼乎？

䷭巽下坤上

升：元亨，用見大人，勿恤，南征吉。

巽下坤上而《升》，下巽者，求升之道也，上順者，可升之時也。以求升之道，遇可升之時，所以能大亨也。「用見大人，勿恤，南征吉」者，大人者，道隆德駿，可與大有爲之人也。《乾》之二五皆曰「利見大人」，今二五相應，自二之五，自下而升上之象。文王、太公相遇，當其時矣。勿恤，无所憂慮。五雖陰柔而得尊位，下有陽剛之臣爲之輔翼，何往而不濟乎？以此求升，故不足憂也。南征吉者，此文王伐紂之志也。西伯戡黎，祖伊恐，《詩》頌武王能卒其伐功，則文王南征之志未嘗一日而忘也。渭濱之獵，非熊非羆，帝王之師，則知南征之必吉也。然卦以柔巽爲主者，時或未可柔巽，所以避時之艱而有待也。

《象》曰：柔以時升，巽而順，剛中而應，是以大亨。用見大人，勿恤有慶也。南征吉，志行也。

坤以柔而升乎上，巽以剛中而應乎上，所以爲《升》。君臣道合乃能升也。爲上之道，不順則不能虛心屈己逮下。下之求升，一於卑巽，則近于佞媚而入于邪，故應者貴乎剛中也。體雖卑巽而枉道以求升，則不可也。以九二之剛應六五之柔〔二〕，此所以能大亨也。「用見大人，勿恤有慶」者，君臣相遇，无復憂虞，天下必賴其慶矣。「南征吉，志行也。」南征者，文王之志也。當升之時，

〔二〕「六五」，原作「六二」，據文津閣本改。

聖賢相遇，諸老咸歸，以往則无不利矣，故其志得行也。

《象》曰：地中生木，升。君子以順德，積小以高大。

木生地中，其本深固則其末必茂。雖資地氣，必有其本，地能順而生之耳。「君子以順德，積小以高大」者，「順德」則坤之象也，《書》稱「爲學遜志〔一〕，務時敏，厥修乃來」，是知修身進學必本于順德，能巽順則人必樂告以善道，乃能自微小以成其高大也。

初六，允升，大吉。

《象》曰：允升，大吉，上合志也。

初以柔巽而復處卦下，至卑巽者也。雖于上无應，而承九二之剛，與之俱升而應乎六五中正之位，以柔承剛，與二同心合意以進于上，故獲大吉也。《象》言「允升，大吉，上合志」者，與二中心孚信，不相疑忌，能上合六五之志也，君臣志合而升道得矣。

九二，孚乃利用禴，无咎。

《象》曰：九二之孚，有喜也。

〔一〕「爲」，《尚書·説命下》作「惟」。

九二得人臣中正之位而上應六五，升道之最善者也。君臣相與以孚信爲主，君未深信其臣，雖周公未免成王之疑。九二雖剛陽，以處臣位之中，君臣交孚，故雖菲薄之禮无所疑也。禴，薄祭也。祭祀之禮莫大于誠敬，《傳》曰：「蘋蘩藴藻之菜，潢汙行潦之水，可薦于鬼神，可羞于王公。」苟不以誠敬爲先，雖品物之多、樂舞之盛，神其吐之矣。惟中誠實乃能通乎神明而享福禄之報，何咎悔之有乎？

《象》言「九二之孚，有喜」者，上下交孚，志得而道行，天下皆喜樂之矣。《萃》與《升》相反而相同，《萃》之六二，《升》之九二，皆以有應而交孚，故二爻皆云「孚乃利用禴」。君之深信其臣與臣之深交其君，其理一也。

九三，升虚邑。

《象》曰：升虚邑，无所疑也。

九三以剛陽之才而處陽位，體既卑巽，與物无競，非衆陰所能遏也。又有上六爲之正應，故如入空虚之地，物无不順從者。《象》曰「升虚邑，无所疑」者，紂有臣億萬，離心離德，故孟子有「獨夫」之號，雖商邑之大猶空虚也，以往則无所疑矣。此文王必伐之志，武王卒其伐功，牧野之戰，卜之人心，无可疑者也。

六四，王用亨于岐山，吉，无咎。

《象》曰：　王用亨于岐山，順事也。

六四處近君之位，上承于五，處尊位而无陵犯之志者，文王是也。太王居豳，狄人侵之，去之岐山之下居焉，從之者如歸市。文王因之，此周家王業之所基也。居六四之地，勢足以亨于天下，然止于岐山者，此文王之至德也。在升之時，當升而不進，孔子所謂「三分天下有其二，猶服事殷」也，故能吉且无咎。

而《象》言：「王用亨于岐山，順事也。」至武王則逆取而順守之，詩人謂之卒伐功，則亨于岐山者，將時之未可乎？然則聖賢出處進退之際，易地皆然，善學《易》者當察其變通之際，則得之矣，言豈一端而已哉？

六五，貞吉，升階。

《象》曰：　貞吉，升階，大得志也。

貞者，静而正也。能静而正則獲吉，而終陟元后之位矣。六五下有剛正之賢爲之正應，如太公之流，此文王所以卒登王位也。然猶服事殷者，六爲柔順，又體坤德，雖位極人臣，然猶守其貞固，但升階而已，未及九五之飛龍也。

《象》言「大得志」者，升道至此，其志可謂得矣。或以升階歸之九二，夫九二在下之賢人，階至而升可也。便以升階歸之九二，豈理也哉？程氏以謂任剛中之賢，輔之而升；陸氏謂文王受命之象，是也。

上六，冥升，利于不息之貞。

《象》曰：冥升在上，消不富也。

上六以陰柔處《升》之終而不知止者也，冥然而行，不知陰陽消息盈虛之理、聖賢進退存亡之道，至于敗國亡家而不知悔者。大哉，貞乎！苟正矣，雖知進而不知止，富貴功名不足累之也。聖賢出處固非衆人之所測也，若利社稷，安生靈，以宗臣自任，終始以正道自持，如周公者，雖進不知止，又何訾焉？經于上六既戒以冥升，而繼以利不息之貞，豈慮萬世之下亦有如周公者，衆或責以不釋位而去乎？

《象》曰「冥升在上，消不富」者，小人无正固之德，貪冒寵禄，冥然而升，則其德日消而窮極繼之。《洪範》五福一曰富，今上六處升之極而不知止，失富之道也。程氏曰：「以小人貪求之心移之于進德，則何利如之？」故其説曰：「君子于貞正之德終日乾乾，自强不息，以上六不已之心用之于此則利也。以小人貪求无已之心移于進德，則何善如之？」

䷮坎下兑上

困：亨。貞，大人吉，无咎。有言不信。

《彖》曰：困，剛揜也。險以説，困而不失其所亨，其惟君子乎！貞，大人吉，以剛中也。有言不信，尚口乃窮也。

亨，困之反也。君子不以貧賤之道而得貧賤，雖身困而道亨；小人不以富貴之道而得富貴，雖身亨而道則否也。「困，亨」者，在困而能亨，則不隕獲于困窮矣。文王居羑里而衍《易》，孔子厄陳、蔡而弦歌，顔淵居陋巷而不改其樂，此聖賢處困之道也。「貞，大人吉，无咎」者，小人得路必厄君子，當斯時也，欲以貞固自處，鮮有不蹈禍悔者，故貞而獲吉非大人不能。吉，然後可以无咎。有言不信者，國之无道，是非曲直顛倒錯謬，君子可以忘言之時也。

《象》曰：澤无水，困。君子以致命遂志。

澤，水所積也。水性趨下，澤上而水下則澤必枯竭，无以説潤萬物，困之象也。君子體此象以致命遂志，雖處困厄之時，未嘗不得其樂也。致命者，不以窮達禍福死生動其心也。不以窮達禍福死生動其心，則吾志何往而不遂哉？伊尹耕于有莘之野，樂堯舜之道；伯夷、叔齊餓于首陽之山，不食周粟，彼各行其志而已。

初六，臀困于株木，入于幽谷，三歲不覿。

《象》曰：入于幽谷，幽不明也。

困者，君子小人所不能免也，得所援則不困矣。初六以陰柔最處坎下，爲困之始，有臀之象。九四雖處近君之位，爲吾之應，然以陽剛而揜于群陰之中，力不能有所援也，如株杌之木，自不能芘其身，安能芘人哉？初既无所芘覆，又陰柔之才不能自遂顯明之地，如入于幽谷，愈以困窮耳，故至于三歲之久，卒不能自見于世也。

初寓坎下，陰險底滯，趣下而善陷物，其困也實有以自取之，所謂小人以困窮之道而得困窮者也。四雖勢足以應援，非徒不能援，亦莫之恤也。《詩》言：「在彼空谷，其人如玉。」蓋君子當窮獨之時，困而不失其所亨。《象》言「入于幽谷，幽不明」者，特以陰柔之才不善處困，識慮昏蒙，自趣于幽暗耳。

九二，困于酒食，朱紱方來，利用亨祀。征凶，无咎。

《象》曰：困于酒食，中有慶也。

九二以陽剛處人臣中正之位，又上有九五同德之君，若可與有爲，然當困世，君臣俱爲群陰所揜，勢不能及物，但有厭飽于酒食而已，豈其志哉？朱紱，天子飾下體之服。九二以剛中之賢，雖爲群陰所擠，而位處中正，不爲貧賤所移，此有道之主所以不忍遺也。錫命之至，其誰禦之？故曰「朱紱方來」也。方來者，以言寵命之至方來而未已。亨祀者，兼天神人鬼而言也。九二以剛中之德，雖在險難之中，所守正固，在困而心亨，固可交于神明矣。然在困守正，僅能以貞固自守，飲食燕樂可也，非大有爲之時，若强聒妄動，必有悔吝。知未可動而動，則凶禍之來，將誰咎乎？故曰「征凶」也。征者，有所往也。《象》言「困于酒食，中有慶」者，君子能守其中正之德，非能終困者也，困而必亨，積善于身必有餘慶矣。

六三，困于石，據于蒺藜，入于其宮，不見其妻，凶。

《象》曰：據于蒺藜，乘剛也。入于其宮，不見其妻，不祥也。

六三以陰柔而處尊顯之位，二陽在上而欲進焉，一陽處下而已乘焉，可謂不量力矣。堅重難入而不可動揺者，石也，九四、九五是也。負芒刺而不可枕藉者，蒺藜也，九二是也。小人之害君子，方其處下，巧爲攻擊，雖負凶惡之名不恤也；方其在上，則肆其憑陵，雖嬰刀鋸之戮不避也。

蓋君子當困蹇之時，以道義自處，視軒冕猶桎梏，于富貴如浮雲，小人雖欲陵藉摧辱之，卒不可得。故孔子曰「非所困而困焉，名必辱；非所據而據焉，身必危」，以見小人卒不能勝君子而反受危辱也。方是時也，雖知退處燕閒爲自全自安之計，則已晚矣，故曰：「既辱且危，死期將至，妻其可得見耶？」死期將至，則凶可知矣。《象》言：「據于蒺藜，乘剛也。不見其妻，不祥也。」以見作不善之報。

仲尼于《繫辭》發明此爻，使一卦之義涣然明白，故予妄欲發明仲尼之旨，以祛諸儒紛紜異同之論，而不敢自謂然也。

九四，來徐徐，困于金車，吝，有終。

《象》曰：來徐徐，志在下也。雖不當位，有與也。

解紛濟難固以速往爲吉，故《解》卦言「有攸往，夙吉」。《困》之初六最處卦下，至困者也，其望在外有力之援，甚于倒懸之求解也。九四爲正應，宜亟往赴之，而其來反徐徐者，以九處坎之中，疑其深險而不敢進也，況四居多懼之地，以有强敵不敢輕犯，其慮患深矣。

九二剛而處中，運動適變，有金車之象。以九四大臣有濟國之志而不得伸，誠可鄙也。二剛當困世，宜同心以濟困者，況二爲剛中之賢，豈能終厄之哉？故雖吝而有終也。夫四與初爲正應，其援初之志未嘗忘也，所以徐徐者，將以有濟焉耳。九四以陽剛而處陰位，然卒无咎悔者，有濟困之志，爲衆所與也。孔子所謂「困以寡怨」者也。

九五，劓刖，困于赤紱。乃徐有說，利用祭祀。

九五處中正之位，有剛健之德，若可以有爲，然當困世，强臣在側，爲所脅制。欲濟天下之大困，必以去小人爲先，此劓刖之刑不得已而用也。上六、六三、初六皆小人而據其上，善揜剛者，故當刑而去之。赤紱，諸侯之服。三陰未去，威令不專，勢必降殺，僅同諸侯之位耳。聖人處困有道，能盡消息之理，然後從容有濟，不以困于侯位爲慊而輕躁妄動也，故徐乃有說也。五居兑中，小人既去，志得而道行，天下皆喜樂之矣。如此，然後可以祭祀宗廟，以膺受多福也。自古聖王郊天告廟，未嘗不在小人既去、憂虞既釋之後，故《萃》《涣》二卦皆曰「王假有廟」。而《閔予小子》，嗣王朝廟之詩，亦在成王釋喪即政之始，故此卦九五亨困之道，莫利用于祭祀也。

《象》曰：劓刖，志未得也。乃徐有説，以中直也。利用祭祀，受福也。

《象》曰：「劓刖，志未得也。乃徐有説，以中直也。利用祭祀，受福也。」小人爲害則志不獲伸，志不獲伸則劓刖之刑所不得已而用也。九二雖非正應，而處相應之地，俱爲陰柔所乘。道同德合，能以中道輔贊彌縫，使不見去之之迹，故九五之説，以二能以中直相濟也。祭祀非以祈福，時適當然則爲神天所祐，故祭祀則受福也。當困之時，下能施刑于小人，中得賢人之助，上爲神天之所福，則不困而可以亨天下之困矣。

上六，困于葛藟，于臲卼，曰動悔有悔，征吉。

《象》曰：困于葛藟，未當也。動悔有悔，吉行也。

上六以陰柔居困極之地，三雖非正應，小人之同道者也。柔之爲道雖假援而濟，然六三自以陰柔處險，非有剛健之才能挽己于困厄者，徒能纏繞之耳。困于葛藟者，反爲三所困也。六處上極，下乘九五之剛，不知進退存亡之道，高而必危，故困于臲卼也。「曰動悔有悔，征吉」者〔二〕，當困極之時，若曰動必有悔而不思變動，則益入于困耳。若能悔前之失，窮而思通，必濟矣。君子未嘗无過，過而能悔，善莫大焉。《書》稱：「慮善以動，動惟厥時。」若時未可動則以安貞爲貴，時可動而不動則有後時之悔，非困而求通之道也。《象》言：「困于葛藟，未當也。」言處困之道未當于理也。「動悔有悔，吉行」者，若慮動必有悔而不復思動，則終于困窮矣。思變而行，慮善以動，理當獲吉，不失其幾也。

〔二〕「征吉」，原作「吉行」，據本爻爻辭改。

䷯巽下坎上

井：改邑不改井，无喪无得，往來井井。汔至亦未繘井，羸其瓶，凶。

井以象有常德之君子也。改邑不改井，邑，人民所聚，聚散无常而邑有時而遷，井无變也。夫有喪則有得，若本无喪，何所得乎？汲者常滿而我无所損，物賴以濟而我无所增，或汲已而往，或方汲而來，出入往來其應无窮，而井固自若也，此井之功用也。井之功用如此，而汲者當致力以求之。

汔，幾也；繘，綆也；瓶，所汲之器也。若幾至而不及泉，與不汲同，以象君子之進德修業當力行而不怠也。若半途而畫，非徒不能成濟物之功，而吾之器業亦隨喪矣。羸者，喪敗之象也。人之器業至于喪敗，豈有不蹈凶禍者哉？故羸其瓶，凶也。

《彖》曰：巽乎水而上水，井。井養而不窮也。改邑不改井，乃以剛中也。汔至亦未繘井，未有功也。羸其瓶，是以凶也。

巽，木也；坎，水也。巽下坎上，木下而水上，舉水而上之，汲之象也。此合二卦之體言井之用也。井之爲用，泉源渾渾，不舍晝夜，取之无盡，汲之愈新，養物而无窮者也。人物有代謝也，墟落有時而變遷也，而井不可易也。

二與五皆有剛中之德，故能有常如此，以象君子獨立而不變者。爵禄可辭也，名節不可移也，身可殺也而道不可屈也，非剛中者能之乎？二五皆以剛陽爲德而非應也，有應則可以濟物而有功于天下矣，故汔至亦未繘井者，未有功也。上下各以剛陽，君臣各行其意，豈能成功哉？羸瓶之凶何所逃乎？

《象》曰：木上有水，井。君子以勞民勸相。

木本在上，欲汲水則反下；水本趨下，欲濟物則反上，二者皆勞也。君子欲兼善天下，以成濟物之功者，未有不始于勤勞者也。故觀乎井之用，以勞民勸相。勞民者，非驅之死地也。東作西成，不失其時；春耕秋斂，不遺其力。以是而勸民，使不怠于生養之業；以是相民，使不乏于衣食之原，皆所以法井之功用也。

初六，井泥不食，舊井无禽。

《象》曰：井泥不食，下也。舊井无禽，時舍也。

井以潔清爲貴，汲多則日新无窮。六處《井》下而上无其應，不汲之井也。汙泥所聚，不可食也，不食則井之用廢矣。雖禽鳥亦將棄而遠之，況于人乎？如人不能致身高遠之地而自處卑穢，誰復汲引之者？其極至于无禽，則爲時所舍棄可知矣。

九二，井谷射鮒，甕敝漏。

《象》曰：井谷射鮒，无與也。

水性本下，其流爲江河，畜爲沼沚，卒歸于海者，以善下故也。而井之爲用乃以上出爲功，非其性也。九二雖以陽剛處中而无應于上，乃下比于初，不能及物，故旁出爲谷，徒能射鮒而已，井之功用廢矣。如敝漏之甕，何所用哉？故《象》言：「井谷射鮒，无與也。」无與者，不爲九五所與也。君子有剛陽之才，既不爲上所汲引，當以廉静自守，歸潔其身可也。而朋比于下，自投汙穢之地以抗其上，其顛覆必矣，故如甕之敝漏而无用于時也。

九三，井渫不食，爲我心惻。可用汲，王明並受其福。

《象》曰：井渫不食，行惻也。求王明，受福也。

渫，治井去其汙穢，其泉清潔可食也。三居坎水之下、巽木之上，汲之象也。治井至于清潔可食，如君子修德潔行于幽隱之中，非在上者有以汲引之，亦將廢而不用矣，故爲衆心之所惻惻也。君子豈以不見用輕動其心哉？爲我心惻者衆人也。水至于渫治清潔則可用汲，汲不汲者上也。

君子有可用之才，非明主孰能知而任用之？知人，惟帝其難之，故稱「王明」。王而明則浸潤之譖、膚受之愬不行焉，君臣上下俱獲其福利，井之功既成而汲者以濟，非獨在上者受其福而已。若渫而不食，則行道之人皆爲之傷惻也。君子之不見用，豈當有求哉？求王明者，量而後入也。王而明，吾之所求也，不明之王可與有爲哉？

六四，井甃，无咎。

《象》曰：井甃，无咎，修井也。

井之畜泉，泥或汩之，甃所以潔其泉也。君子進德修業必有致力之處，雖未能及物，然德業之盛必由此而致焉。六四以柔弱之才居近君之位，不能以剛健上輔人主，從容裨贊，期于无過而已，此大臣之任也。故《象》曰：「井甃，无咎，修井也。」井非修治則汙穢所聚，或爲棄井，朝廷之不治則綱紀廢弛，豈非大臣之咎哉？

九五，井冽，寒泉食。

《象》曰：寒泉之食，中正也。

九五君位，人君履中正之位，其利澤可以及物矣。冽，清也。井至清而寒泉之可食者也，以象人君博施濟衆，物所賴以生養者也。人孰无濟物之心，困于无位而利澤不加于百姓者，則勢不足以有行也。故《象》曰：「寒泉之食，中正也。」

上六，井收，勿幕。有孚，元吉。

井收，汲也，收其綆以上水也。縱而下之，收而上之，所以汲也。幕者，以幕障之，使不得汲，則井之用廢矣。上六正應在九三，井之爲利當與衆共，乃偏于所應，而幕之使不得妄汲，非居上博施之道，故戒之如此。「有孚，元吉」者，收而勿幕，則遠近内外、居者行者咸獲其利，故有孚而獲大善之吉也。

《象》曰：元吉在上，大成也。

《象》言「元吉在上，大成」者，井之功用至此而大成，則在下者得其所濟而在上者獲其元吉矣。

䷰離下兑上

革：巳日乃孚，元亨，利貞，悔亡。

革，變革也。澤、火二物本不相得，非水滅火則火必涸水，然亦相資而爲用者，能革剛爲柔，革生爲熟，水火之用不可闕一也。離下兑上，此水火相資而爲用者，故《易》曰「窮則變，變則通，通則久」，欲久而无弊，則革之道不可已也。其大者莫如革命，湯武之事，聖人所不得已也；其次則法度有不適于時、不便于民者，勢不可不革也。三代之政，有不得而盡循者，莊周曰：「今期行周與魯〔一〕，是猶推舟于陸也。」此勢之不可不革者。

革之必駭人之耳目，非常之原，黎民懼焉。聖人睹利害之未然，而衆人見利害之已然。漢之賈生欲改正朔，易服色，知七國之必變，而大臣絳、灌尚不能用，況无知之愚民乎？故已日乃孚者，見其利害之形而无可疑者也。雖然，革之道，天下之至難，非具元亨利貞之四德，未有革之而不悔者。有此四德，則體與乾合，可以大有爲于天下。有所不革，革之无不當，革之无不當則悔可亡矣。

《彖》曰：革，水火相息，二女同居，其志不相得，曰革。已日乃孚，革而信之。文明以説，大亨以正，革而當，其悔乃亡。天地革而四時成，湯武革命，順乎天而應乎人，革之時大矣哉！

坎爲水，兑爲澤，兑非水也，然離下坎上則爲《既濟》，而離下兑上則爲《革》者，何也？澤最處汙下，與火尤相戾也，非若坎、離之配合以致用也，但能相息而已。息，止也，非生息之息也。雖然，水之息火，理之必然者，火安能息水哉？蓋從其所勝言之。火在下而澤處上，則水必減耗，耗

〔一〕「今期行周與魯」，語出《莊子·天運》，諸本《莊子》均作「今蘄行周於魯」。

而不已則必涸竭，理之不可不革也。離爲中女，兑爲少女，中少二女雖同居而不相得者，志各有所行也。雖中女處内而少女反處乎外，其勢不得不革，離下兑上所以爲《革》也。少女處内，中女處外，其勢不得不睽，故兑下離上所以爲《睽》也。

聖人固重于改作，愚民亦樂于因循，自非燭見利害之原，革之而當，豈能使天下曉然心悅而信服之哉？「文明以説，大亨以正，革而當，其悔乃亡」者，合離、兑二卦之體以盡革之理也。文明則不昧于事幾，説則不違咈乎百姓，又能大亨而盡正固之道，以此變更天下之事，所謂革而化之，與時宜之，尚何悔吝之有哉？悔亡者，凡革之道本有悔，革之而當，故悔可亡也。湯以寬仁而革桀之威虐；武王以聖德而革紂之淫酗；漢王入關，約法三章，以革秦之苛暴；昭帝以静治而革漢武之窮兵，豈有悔乎？

「天地革而四時成，湯武革命，順乎天而應乎人，革之時大矣哉」者，聖人深言天地萬物之理，苟或當革，有不可得而已者。天地所以亘萬古而无弊壞者，以造化密移，新新而不停也。觀夫陰陽之消長，日月之往來，而四時行焉，此革之見乎天地者也。桀之无道而湯放之，紂之无道而武王伐之，天道助順，人心歸仁，有不可已者。然則革之而當，則天下蒙其福，百姓亨其利，治亂存亡係焉，此革之時所以爲大也。

《象》曰：澤中有火，革。君子以治曆明時。

水性潤下，火性炎上，物之至異者也。澤中非有火之所，澤中有火，必相滅息，其勢不可不革也。君子體此象以治曆明時，則陰陽消息之理不能逃矣。《記》曰：「聖人慎守日月之數，以察星辰之行，以叙四時順逆，謂之曆。」蓋日月之運、星辰之行，雖有常度，然積久則不能无差，差則曆法壞而四時或不得其正矣。自黄帝迎日推策，降而唐、虞、三代，下而漢、唐，其詳見于天文曆書，莫不以五行爲本。聖人取象水火之相息，以明曆法之必當革也。

初九，鞏用黄牛之革。

《象》曰：鞏用黄牛，不可以有爲也。

初以陽剛爲革之始，疑于堅頑而難革者也，然能以中順之道自固，雖无應于上，然順而得中，爲革之始。雖非强狠難化之人，然能守其貞，不徇于物，如黄牛之革而體不變也。《象》言「鞏用黄牛，不可以有爲」者，守其貞固，不爲時所變易，從道而不從時者也，此陽剛君子伏而在下，自處則善矣，未可以大有爲于天下也。必欲大有爲于天下，非幾足以通天下之志，權足以通天下之變者，未易任此，故曰「不可以有爲也」。

六二，巳日乃革之，征吉，无咎。

《象》曰：巳日乃革之，行有嘉也。

六二以陰柔處中正之位，而上有九五陽剛之君爲之正應，非敢先時而動于悔，亦不敢後時而失其幾。又陰非倡始，故巳日乃革之。能應上之命，以中正之道從其所革，如此，然後進而有爲，則吉无咎矣。《象》言「行有嘉」者，巳日革之，革之而當，故爲上所嘉美也。人臣進退，度時而已，可則行，不可則止。二五各據中正之位而君臣道合，可與有爲之時也。

九三，征凶，貞厲。革言三就，有孚。

《象》曰：革言三就，又何之矣。

革非聖人之得已也，其弊極矣。堯、舜、三代之法有不得盡循者，然皆非聖人之得已也。九三以剛健之才而處陽剛之位，過乎剛者也。革之道，中而已，苟過乎中，則一動一静无適而可。蓋革之不當，則天下將起而非我矣，往固凶也，將退而窮處，其身益危，若之何？在察乎人情之向背而已。

聖人將欲革天下之大害，以興天下之大利，必有勞民動衆之事，非灼見利害之原者，豈能使衆人翕然從我而无疑乎？故革言三就，則從我者衆矣。聖人欲有所革，默觀天下之公論，言可革者三，然後中外孚信而无復横議者矣，如此，舍我將安之乎？故《象》言：「革言三就，又何之矣。」

九四，悔亡，有孚改命，吉。

《象》曰：改命之吉，信志也。

九四无應于下，宜其悔也。然上承九五之君，爲革之主，勢足以有行。有所不革，革之而天下莫敢不從，故无復可悔之事也。湯伐桀而伊尹相之，武王伐紂而周公輔之，上下内外有不信乎！天下既已信服，則順天應人，以膺受天命而獲无疆之福矣。此九四之任，惟伊尹、周公足以當之。《象》曰：「改命之吉，信志也。」革之而吉，則湯武之志信于天下，亦九四之功也。

九五，大人虎變，未占有孚。

《象》曰：大人虎變，其文炳也。

《乾》之九五曰：「飛龍在天，利見大人。」《革》之九五曰：「大人虎變，未占有孚。」龍虎皆大人之象。在《乾》則爲龍，《革》則爲虎，何也？龍能飛能潛，升降自如，故有《乾》之象。虎以剛猛之威，炳焕之文，故有《革》之象。《易》：「雲從龍，風從虎。聖人作而萬物睹。」龍興虎變皆取象于聖人也。

當革命之際，非剛猛之威不足以服天下，非炳焕之文不足以化天下，舍湯武其誰哉？未占有孚者，九五之君威望素著，革道已成，應天順人，无可疑者，不待占筮而天下固已信服矣。《象》曰：「大人虎變，其文炳也。」革道明著，必有粉飾顯設之事以化成天下，有目者无不睹也，故曰

「其文炳也」。

上六，君子豹變，小人革面。征凶，居貞吉。

《象》曰：君子豹變，其文蔚也。小人革面，順以從君也。

《革》之六爻，二陰而四陽。陰，柔也；陽，剛也。陽能變陰，剛能變柔。大人虎變，自變也；君子豹變，從所變也。上六之時革道已成，人无賢愚莫不咸化其上，特淺深之異耳。豹變者，質性之皆變，與五同德，若箕子、微子是也。革面則其心未必然也，商之頑民是也。聖人之化，小人革面足矣。

觀《酒誥》一篇，其待商之諸臣惟工，乃湎于酒，勿庸殺之，姑惟教之。如此，豈暇革其心哉？非獨不暇，亦不能也。上六以陰柔而處《革》之終，不可以有爲也，以静正守之則无事矣。吉凶禍福特在動静之間耳，可不慎哉！君子與上同其心德，革而化之，故其文蔚然；小人特畏吾之威刑，所革者不過外貌而已，其心未必然也。

䷱巽下離上

鼎：元吉，亨。

《易》无非象也。蓋制器所以尚象，立象所以明義也。《鼎》之爲卦，以全體言之則下巽上離，以木巽火，中虚而下實，此制器所以尚象也；以六爻言之則中實爲腹，所以受物，下植爲足，所以承鼎，對峙于上以爲耳，横亘于耳中以爲鉉，此立象以明義也。

有其義，有其象，則夫運動其器以致用者，聖人也。此鼎之所以謂象也。鼎之爲象如此，故大吉而亨。曰「元吉，亨」者，大吉然後能亨也。聖人立成器以爲天下式，鼎之爲器，通上下用之，而聖人用之，非欲衆人之養口體而已。

《彖》曰：鼎，象也。以木巽火，亨飪也。聖人亨以享上帝，而大亨以養聖賢。巽而耳目聰明，柔進而上行，得中而應乎剛，是以元亨。

《鼎》之爲卦專取其象，則其義自見矣，所謂立象以明義也。如《頤》之下動上止，有頤頷之象，《噬嗑》震下離上，頤中有物之象，此自然之象。若鼎之爲象則假于人爲，然後成器以致用者也。鼎所以正名曰象者如此。鼎固重寶大器也，非无用之器也。有鼎之象，必有鼎之用，非若珙璧琬琰徒爲寶器而已。

以木巽火，所以爲亨飪之用，亨飪所以爲祭祀賓客之用，祭祀莫重乎享上帝，賓客莫大乎養聖賢。此二者，聖人運動大器之道也。巽而耳目聰明，上離下巽，屈體以尊賢，則賢者必樂告以善道，故能合天下耳目以爲聰明。而六五柔弱之君，能進而上行以登尊極之位者，以在下有剛健之臣，應乎我者衆也，此所以能大亨也。繇辭言「元吉，亨」，《彖》言「元亨」而已，能致大亨則吉不足道也。

《象》曰：木上有火，鼎。君子以正位凝命。

鼎雖假于人爲，及其成功，則有自然之象，非若餘卦但取其象而已。故木上有火者，鼎之所以成器，亦所以成物而致亨飪之功焉。君子體此以正位，則位一定而不可逾；體此凝命，則命一成而不敢變。夫鼎所以革故而取新也，其爲器也重，其爲寶也大，國之存亡係焉，宜爲歷代受命之君所寶用歟！

聖人置此卦于《革》《震》之間者，豈无意哉？蓋革命則鼎取新，而震爲長子，守器之主也。武王克商，遷九鼎于洛，非以其器大故邪？蘇氏曰：「五帝、三代及秦、漢以來，受命之君靡不有此鼎。鼎存而昌，鼎亡而亡。蓋鼎必先壞而國隨之，豈有易姓而猶傳者乎？」此合《大易》取新之義。觀乎《象》辭「以木巽火，亨飪也」，此蘇氏所謂用器也。戰國之時，鼎爲周患，秦與齊、楚皆欲之，三國之君未嘗一日而忘周者，以鼎在焉故也，是惡知聖人立器觀象之旨哉？

初六，鼎顛趾，利出否，得妾以其子，无咎。

《象》曰：鼎顛趾，未悖也。利出否，以從貴也。

卦有專取乎象者，《鼎》是也。以上九爲鉉，六五爲耳，四三二爲腹，則初六者趾也。鼎以安静不動爲體，趾所以承鼎也，鼎而顛其趾，則所以爲鼎者覆矣。鼎不覆則不能去穢而納新，故利在出否。否者，穢濁也。鼎以取新爲義，不可不潔也，穢濁者出則可以受實矣。妻者，嫡也，尊且正也，正家而天下定矣。妾非正也，得妾者，匹嫡也，如趾之顛而反處乎上也。

然有時而不得已者，《春秋》之義，母以子貴，是出否惡也。否惡既出，所以爲利。如妾之至賤，越嫡而上配乎主者，悖也；以子而貴則非悖也。初六上應九四，有從貴之象。如鼎顛而出否，固有以顛爲貴者。夏之鼎覆而商受之，商之鼎覆而周受之，然則出否者其在《鼎》初乎？若大臣不勝其任，不過折足，所覆者美實而已，未係于存亡也。聖人寓不盡之意于卦初，姑言其小者耳。

九二，鼎有實，我仇有疾，不我能即，吉。

《象》曰：鼎有實，慎所之也。我仇有疾，終无尤也。

陰虚而陽實，以九居二，二于鼎爲腹，受實者也。自二之四爲乾，乾陽物，是鼎有實也。九二正應在五，五之于二，仇匹也。五欲下應于二，而四三以剛强塞其往來之路，九五之所甚病而不獲于下者也。九二居中正之位，爲臣而盡臣道，不可加矣。六五欲增益之，適以累之耳，故不我能即，然後乃吉也。

鼎有實，非虚器也，人臣負其實才之象。即，就也。伊尹耕于莘野，孔明處于草廬，二主能輕身而往從之，然後可以出而有爲。今二已處人臣中正之位，非不召之臣也，正其君臣之分可也，故不我能即乃二之福也。《象》曰：「鼎有實，慎所之也。我仇有疾，終无尤也。」人臣有可用之才，當擇其所從則不枉道矣，故曰「慎所之也」；能守其職任則免乎悔吝矣，故「終无尤也」，此人臣自處于中正之道也。

九三，鼎耳革，其行塞，雉膏不食。方雨虧悔，終吉。

《象》曰：鼎耳革，失其義也。

《鼎》以象言，九三居巽之上，處離之下，與二四皆腹也，非耳也。曰「鼎耳革」者，言六五之道至此而變革也。六五，君道也。君易其常道，則賢臣在下者于是否隔而不通矣。三，陽也，以九居三，人臣過乎剛則强臣也，宜乎在上者有不能堪也。人臣孰不欲行其志，若君疑其臣，則退而窮處可也，故曰「其行塞」也。雉膏，鼎中之美實也，以象美德，謂有美德而不獲進也。不食者，謂人主懸美禄以待天下之賢，而三乃自守窮獨而不復貪冒者，良由君臣始交之際，其情未通，雖明良相遇，亦不能大有爲于天下也。

「方雨虧悔，終吉」者，陽氣升而陰固之，則爲密雲耳。雨者，陰陽和也。方雨者，陰陽方欲和也，以象君臣方情通道合，則前之所悔者既虧而終吉矣。上下疑阻而不交者，悔也；既交則悔虧矣。《象》言「鼎耳革，失其義」者，人君不能體離明之照，虚己聽納，則失其爲耳之義矣。

九四，鼎折足，覆公餗，其形渥，凶。

《象》曰：覆公餗，信如何也。

鼎之恃足，猶宫室之恃柱礎也，未有柱礎傾折而宫室不摧者。《南山有臺》之詩樂得賢也，得賢則能爲邦家之光，立太平之基矣。鼎之九四處大臣之位，當腹心之寄，國之廢興存亡繫焉，可以非其人乎？下有二陽不能引而進，獨與初六爲内應，是忌其同列而締交乎小人也，是折其足而覆其養賢之資也。其形渥者，言汙穢之甚也。汙穢之狀見于面目形骸之外，甚者或至刀鋸之戮、原野之刑加焉，其凶甚矣。

《象》言「覆公餗，信如何」者，大臣不能量力事主而固寵保位，至不勝任，而顛覆戮辱隨之，尚何救哉？孔子曰：「不曰如之何，如之何者，吾末如之何也已。」信如何者，信乎无如之何也。先儒以「形」爲「刑」、「渥」爲「剭」，言大臣不勝任則受其大刑。王沿曰：「古之大刑有剭誅之法。」

然則刑者誅及其身而已，至「其形渥，凶」，豈獨戮辱其身而已哉？

六五，鼎黄耳金鉉，利貞。

《象》曰：鼎黄耳，中以爲實也。

五居鼎上，中虚而无爲，雖不若足之任重、腹之受實，若无用而鼎用以之成也。鉉以扛鼎，耳以受鉉，而鼎始成運動之功。六五爲鼎之得中，而能虚己以受物，有君之象，故爲耳。黄者，中也。金鉉，上九也。耳處鼎上，鉉又處耳上，耳无爲而鉉有爲也。雖在卦上，居鼎之終，而不得中正之位，故爲鉉而已。鉉貴而无位，利貞者爲利也，體本柔弱，介乎强臣之間，能虚己无爲，以正道格之，則衆陽皆爲我用矣。《象》曰：「黄耳〔二〕，中以爲實。」非虚名也。

上九，鼎玉鉉，大吉，无不利。

《象》曰：玉鉉在上，剛柔節也。

上九之爲鉉，不可易也。上處卦之極，體柔而用剛，鼎道既成，不爲燥濕之所變易，有玉之德焉。金從革者也，玉不可革也。鉉固鼎之所用，非虚器也。在五爲金，在上爲玉，則益貴矣。以玉

〔二〕「黄耳」下，原衍「金鉉」二字，據本爻《象》辭删。

爲鉉，又所以飾鼎，而鼎道大成，故大吉而无不利也。

《象》曰「玉鉉在上，剛柔節」者，上九以剛乘柔，居鼎之上而用之有時，且六五之柔非鉉不行，是相資而爲用、相待而成功者也。又玉之爲德，其温潤有似乎仁而非柔也，縝栗有似乎義而非剛也，故曰「剛柔節也」。

讀易詳説卷九

下　經 震至巽

䷲震下震上

震：亨。震來虩虩，笑言啞啞。震驚百里，不喪匕鬯。

《彖》曰：震，亨。震來虩虩，恐致福也。笑言啞啞，後有則也。震驚百里，驚遠而懼邇也。出，可以守宗廟社稷，以爲祭主也。

震，動也。動萬物者莫疾乎雷，蓋雷發聲則蟄者皆奮，甲者皆坼，屈者皆伸，故震然後能亨也。人之處乎燕安，无以警畏之，則怠惰驕慢，惟湛樂之從，卒而困窮者多矣。故震然後能亨也。虩虩，懼也。震來而知懼則可以不懼矣，故笑言啞啞也。「虩」字不見於經傳，惟許慎《説文》云：「虩，蠅虎也。」諸儒皆承此説。蓋蠅虎之搏物，必周旋而進退，故震來而能虩虩者，恐懼之象也。啞啞，和樂之聲也。「震驚百里，不喪匕鬯」，何也？雷之震驚遠及百里，而不失其匕鬯，以見倉卒之際，精誠專一，不爲外物所移奪，可以付重器矣。匕者，載鼎實之器。鬯，所以灌也。《象》言「震來虩虩，恐致福」者，恐懼則能致福，此聖人所以畏無難而不畏多難也。衆人當震擾之時，鮮有不失其常度者，惟君子雖恐懼畏慎若無所容，而其中實從容燕笑不失其常度也，故曰「笑言啞啞，後有則也」。「震驚百里，驚遠而懼邇」者，邇者懼，遠者驚，則威之所加者廣矣。雷之震發猶人君威令，必能驚遠而懼邇，然後可以震動萬方而无不肅也。震爲長子，長子主器者也。古者天子之出，太子監國，當震動之際能不喪匕鬯，是其器業之弘大，必能守宗廟社稷之重寄，蓋自其微者而察之也。孔子曰：「禘自既灌而往者，吾不欲觀之矣。」祭祀之道，誠敬爲先。灌，其始也，不誠不敬，鮮有不喪所守者。故不喪匕鬯，聖人知其可以守宗廟社稷而爲祭主也。

自古居儲君之位，任主器之重，上既嫌疑，下亦窺伺，鮮有不蹈禍敗者。以秦皇、漢武之英果，而扶蘇、戾園卒以見殺，況其下者乎？聖人于卦《象》、爻《象》皆反覆致其恐懼戒慎之意，其爲後世慮豈不深遠哉？

《象》曰：洊雷震，君子以恐懼修省。

洊者，如水之洊至。雷聲相繼而至曰洊，蓋威怒之象。孔子當迅雷風烈必變，所以敬天怒、畏天威也。恐懼則知所修省矣。雷之洊至，非變異之大者，君子必惕然有敬畏之心焉。聖人防患，必于其微。《詩》：「敬天之怒，無敢戲豫。敬天之渝，無敢馳驅。」況于山冢崒崩、日月薄蝕、彗孛飛流，而恬然不爲之警懼乎？成王惑管蔡，疑周公，天乃雷電以風。雷之變，豈无自而然哉？君子所當恐懼而修省也。

初九，震來虩虩，後笑言啞啞，吉。

《象》曰：震來虩虩，恐致福也。笑言啞啞，後有則也。

繇辭統論一卦之體，而初爻爲衆爻之主，故其辭皆同。蓋震爲長子，乾統三男而長子用事，震所以代乾也。然當震之時，陽欲奮而二陰厄之，則其勢必有危我者，能自警懼，然後可以獲吉，故于初爻特加一「後」字，以見非有虩虩之懼則不能致啞啞之吉也。

六二，震來，厲。億喪貝，躋于九陵，勿逐，七日得。

《象》曰：震來，厲，乘剛也。

《象》辭以「震驚百里，不喪匕鬯」知可以守宗廟社稷以爲祭主，蓋以卦之全體言之。震以陽剛爲主，陽雖在下，陰以退聽，故處震之時能安静不動，惟剛者能之。六以陰而處二，其時與位皆純乎陰者也，故震來則危厲而失其所守，喪其所資。「億」言所喪之多也。「躋于九陵」者，有所避也。九，陽數之極，言所避遐遠也。古人于至崇至深之地皆以九爲言，如九天、九地、九淵，以見崇深之極處也。「勿逐，七日得」者，既能危懼遁避，則在我者盡矣，可以勿逐而自得也。宣王遇烖而懼，側身修行，以致中興之治，復文武之業，豈必外務而馳逐之乎？《復》卦言：「反復其道，七日來復，天行也。」以卦氣言之，爻各主一日，卦位有六，七日乃更始。自二至上復反于初，復自初之二，則所歷七爻乃七日也。陰陽得喪之理，循環无窮，豈有常哉？未有常治而不亂，常否而不泰者，故知七日卦氣之終，不俟追逐而自復也。《象》曰「震來，厲，乘剛」者，六二處中正之位，在他卦爲吉，今震來而厲，則以乘初九陽剛也，陽上陰下，陽尊陰卑，今以陰乘陽則危道也。

六三，震蘇蘇，震行无眚。

《象》曰：震蘇蘇，位不當也。

六以陰柔而居陽剛不中之位，非處震之道，故震至而蘇蘇也。王弼曰：「震者，驚駭怠惰以肅懈慢者也。」震動而至于蘇蘇，則驚懼甚矣。以此而行，可以无過。又四爲震主而三能承之，當震之時知敬順之道，故可无眚也。《象》言「震蘇蘇，位不當」者，震爲長子，以不喪匕鬯爲善，今蘇蘇然若无所容者，由所處非其位也，爲長子而處非其位，可不畏哉？

九四，震遂泥。

《象》曰：震遂泥，未光也。

九四陷于重陰，逼于尊極，未能超然處于物上。當震之時，以剛健之才處嫌疑之地，如陽欲出地，而上下二陰壅遏之，其勢不能致遠而大有所爲也，故《象》曰「震遂泥，未光也」。震本主動而有能行之象，其道本當光亨，以厄于二陰，故未能也。

六五，震往來，厲。億无喪，有事。

《象》曰：震往來，厲，危行也。其事在中，大无喪也。

古之聖王處尊極之位，能慄慄危懼而无荒怠之失，則可以永保其位矣。當震之時，下有九四之强臣，五无應而來乘剛，或往或來，能自危懼，則可以萬萬无失矣。「无喪，有事」者，不喪其所有之事也。无非事者，所有之事未易概舉，「不喪匕鬯」則事之大者也。震之時，往來皆危行也，能履于危則可安其位而无失矣。六五爲動主，雖居中正之位，其才柔弱，非能濟乎險難者，本有失也，以位處中正，故得大无喪也。

上六，震索索，視矍矍，征凶。震不于其躬，于其鄰，无咎。婚媾有言。

《象》曰：震索索，中未得也。雖凶无咎，畏鄰戒也。

處震之極，其勢必危，故氣索索而幾盡，視矍矍而无主也。居嫌疑之地，當危懼之時，能以安静退縮自處，庶可免禍。而上六陰柔之質，性復動躁，急于有行，其凶必矣。上既无應而下比于五，五其鄰也。上雖處震動之極而无其位，方海内震擾之時，而六五實任其責，又禍非己致，故震不于其躬而于其鄰，則在我爲无咎也。婚媾有言者，上六雖不任責，既處上極，望我者亦衆，方天下震擾，豈得盡歸于其鄰，恝然忘情若秦越之人哉？雖所親者且有怨懟之言，况他人乎？《象》言：「震索索，中未得也。雖凶无咎，畏鄰戒也。」以所處上極，未得中道，故驚懼之甚，至索索然也。上六有往雖凶，而能恐懼修省，以鄰爲戒，則可以免咎矣。

䷳艮下艮上

艮其背，不獲其身，行其庭，不見其人，无咎。

《象》曰：艮，止也。時止則止，時行則行，動静不失其時，其道光明。艮其止，止其所也。上下敵應，不相與也，是以不獲其身，行其庭，不見其人，无咎也。

道之廢興係乎聖人出處之間。《艮》之爲卦，一陽極乎上，二陰處乎内，群陰爲主而一陽在外，此可止之時也。時苟當止，不可强行，故艮其背者得所止也。人之相面，所以盡交際之道。背者，陰也，非交物者也。能止于所當止，非獨忘物也，而至于忘我，故不獲其身、不見其人，雖户庭之内而人我俱忘矣。當可止之時，猶出而交物，則咎悔隨之。于可止之時而能止，是真止矣。行于有人之境，如入无人之境，物與我无相尤也，故无咎。

《彖》言「艮，止」者，釋《艮》之義一言可盡者，「止」而已。聖人又惡夫一往而不返者，故曰「時止則止，時行則行〔二〕，動静不失其時，其道光明」也。聖人動與陽同波，静與陰同德，豈滯于一隅若聚塊積塵哉？一動一静適于義而已，故能大有爲于天下，而其道光明也。《艮》、《震》之反也。九三爲《震》，《艮》東北之卦，有震動之象焉。卦之反合，爻之升降，豈有常哉？

「艮其止，止其所」者，止得其所，謂「艮其背」也。若止于前，則有所見而聲音接于耳目者擾擾矣，故惟止于背爲得其所也。「上下敵應，不相與」者，一陰一陽，上下不敵，所以相與，故形躁好静，質柔愛剛。二女同居，雖近而不相得；鳴鶴在陰，雖遠而相求，故近不必比而遠不必乖，特在應與耳。今六爻既相敵而非應，如人之相背而行，雖衆而各不相知，是以不獲其身，行其庭，不見其人，无咎也。

《象》曰：兼山，艮。君子以思不出其位。

〔二〕「時止則止，時行則行」，原作「時行則行，時止則止」，據本爻《彖》辭乙正。

上能兼下，大能兼小，尊能兼卑，《艮》以兩山相重，勢均而力敵，非相應也而相兼也。兼非異體也，各止于其所止而已。君子體此象以思不出其位，謂安其分守，无躁妄也。夫止者，施于其背則真止矣。是猶山兼山，豈復有動乎？聖人以此象示人，則物各安其性命之正矣。

初六，艮其趾，无咎，利永貞。

《象》曰：艮其趾，未失正也。

足本主動，曰趾者，固以止爲義，況艮之時而以陰柔處下，動則悔吝生矣。于艮而能止，是不失其幾，故得无咎也。利永貞者，當艮之初，動則入于邪矣，故利在永貞。貞者，静而正也。當止而止，卷懷其道若將終身焉，故以永貞爲利，此聖人肥遯之時也。故《象》曰：「艮其趾，未失正也。」止于其初，雖未可語權，于正道爲未失也。

六二，艮其腓，不拯其隨，其心不快。

《象》曰：不拯其隨，未退聽也。

趾也，腓也，股也，一體而相爲用者，其行其止皆非三者所得專也。然腓在足上，其形雖動躁，未有足行而腓不應者，故腓之從足猶股之隨腓，觀乎《咸》卦則可見矣。咸以動而感，而艮則静而止。六二體既躁動，而上下拘制，不能自專以有爲，安能拯其隨乎？隨爲三也，二既不應五而上承于三，三雖以陽剛處上，當艮之時志在隨人而已，无能爲也。雖欲用其智謀以拯救之，而其志卒不得伸，故其心不快也。《象》言「不拯其隨，未退聽」者，二處人臣中正之位，志在有爲，非能終止也，其肯恝然忘情于斯世哉？

九三，艮其限，列其夤，厲熏心。

《象》曰：艮其限，危熏心也。

夫一人之身，四肢百骸動静相爲用者也。今艮其限，上下内外隔絶而不相通，猶裂其膂脊而爲二物也，其危厲甚于熏灼其心也。限，身之中；夤，脊膂肉也。自其限而止之，猶裂其脊膂，言君臣上下各止其止而不相通也。三居下卦之極，而九以陽剛處之，施止于限，果于静止而不知變以趨時者也。昧乎時行時止之義，故聖人以爲戒焉。古之人有行之者，如漢二龔、魏范粲，雖全大節，當時處之，其危厲熏灼痛忿之狀，豈人所能堪哉？

六四，艮其身，无咎。

《象》曰：艮其身，止諸躬也。

六四已進而達乎下卦之上，能兼乎上下者也，故以全體言之，曰「艮其身」也。處近君之位，不能以道濟天下，蓋六五柔弱之君非有剛健勇決之臣以輔翼之，不足以大有爲也。四能量其君，度其才，止于所當止，故得无咎而已。

《象》曰「艮其身，止諸躬」者，躬有致恭之義，人臣之節，行止進退不失恭順，雖不能止天下之所當止，而爲全身之計則善矣。故爻以爲无咎，而《象》言「止諸躬」而已。夫身爲大臣，宜兼濟天下而爲獨善之行，聖人之所深鄙而可以忘言者也。

六五，艮其輔，言有序，悔亡。

《象》曰：艮其輔，以中正也。

六五在六爻爲君位，君无爲也，出言則爲號令。輔者，言之所出也。王者之言其出如綸，能艮其輔，則言不妄發而悔可亡矣。夫下卦爲趾、爲腓、爲限，得其一體而已，進至六四則爲身，然猶局于形體，非能超乎形體之外也。惟六五處中正之位，有輔頰之象，一言之善則千里應之，一言之失則千里違之，能運乎形體而不爲形體所拘，故吾欲止天下之當止，孰有不從者？五爲艮主，故所止如此。

上九，敦艮吉。

《象》曰：敦艮之吉，以厚終也。

上九，重艮之終也。二山相重，敦厚之至。人能静止如山之相重，出乎萬物之上，其孰能動摇之？故曰「敦艮吉」也。《象》曰「敦艮之吉，以厚終」者，夫以静止爲德，終之實難，上以剛健爲德，至誠而不息者也，與夫作輟者異矣，故曰「以厚終也」。

䷴艮下巽上

漸：女歸吉，利貞。

女子之嫁也猶士之仕也，皆惡不由其道也。《漸》之辭專以女歸爲吉。女之適人，必待求而後行，納采問名，匪媒不得，《漸》之義莫大乎此。利貞者，所利在正也。貞者，静而正也。女能以正行，未有不以漸者，能以漸固獲吉矣。然亦有漸而不正者，蓋長女、少男疑于不正，異乎《咸》之相感悦，故既吉又戒以利貞也。

《彖》曰：漸之進也，女歸吉也。進得位，往有功也。進以正，可以正邦也。其位，剛得中也。止而巽，動不窮也。

進固多門矣，有挾術而進者，有阿其好而進者，有以邪塗進者，有假隱遁爲捷徑而進者，莫若以漸而進爲得其正，如女之歸人則吉也。「進得位，往有功也。進以正，可以正邦也。其位，剛得中也。止而巽，動不窮也」，皆進之善者也。進而得位則可以行其志而可以大有爲矣，故往有功也。未有枉尺而可以直尋者，枉道而可以事人者，亦未有身之不正而可正人者，故士之進身，其始不可不正也。進以正，然後可以正邦，蓋一正君而國定矣。

進爲于世，固不可不剛健，然剛健不可過也，不可不及也。《漸》之六爻皆得其正，謂二四之陰而六居之，三五之陽而九居之，初上二爻雖无應而皆得陰陽之正也。九五履至尊而得中正之位，爲《漸》之主，故云「其位，剛得中也」。「止而巽，動不窮」者，艮止而巽動，止者静而動者順，以此爲進，雖涉險蹈艱，何往而不利哉？

《象》曰：山上有木，漸。君子以居賢德善俗。

山之有木，長養而成就之，自青蔥以至合抱，必有其漸。君子以禄位處賢有德之士，與夫化導天下之俗，使入于禮義，亦必皆有其漸而不可遽也。堯之用舜，猶歷試諸艱，以見賢德之不可驟進也。善人爲邦百年，可以勝殘去殺，以見風俗之不可頓革也。

初六，鴻漸于干，小子厲，有言，无咎。

《象》曰：小子之厲，義无咎也。

《漸》之六爻皆以鴻爲象。鴻，水鳥也，能知進退者。陵陸非其所安也，江湖之上是其所棲息也。干，水涯也。將離乎陵陸而近水涯，雖其進有漸，然猶未免矰繳之患，故其勢不得不危懼也。小子，未有所識之稱，非小人也。六以柔弱而處卦下，有小子之象。若《隨》之六二「係小子」，能隨人而已，豈能達乎進退之幾？故危懼而不自安也。居漸之初，宜棲息以俟時可也。衆雖有言，在己无諐，何足恤哉？度之于義，无可咎者，故《象》曰「小子之厲，義无咎也」。

六二，鴻漸于磐，飲食衎衎，吉。

《象》曰：飲食衎衎，不素飽也。

磐，石之盤旋于水中者，比之于干，則離乎陵陸遠矣，故飲食衎衎，和樂而无意外之患，猶賢者進而得禄位也。二處人臣中正之位，上有剛健之主爲己正應，故身安而爵禄可保也。《象》言「飲食衎衎，不素飽」者，人臣遭時遇主，進而得正，履而得中，必將有以濟天下，故食人之禄則懷人之憂，衣人之衣則思人之患，豈竊位素餐以飽其身、肥其家而已？此又聖人致其戒慎之意也。

九三，鴻漸于陸，夫征不復，婦孕不育，凶。利禦寇。

《象》曰：夫征不復，離群醜也。婦孕不育，失其道也。利用禦寇，順相保也。

鴻隨陽往來，《爾雅》曰「高平曰陸〔一〕」，陸非鴻之所宜安也。漸進于陸，雖若可安，然非其所

〔一〕「平」，原作「厚」，據文津閣本及《爾雅·釋地》（宋刻本）改。

樂也，故以象夫之征而不復、婦之孕而不育也。九三陽剛，不能漸進。征者未有不思復，孕者未有不思育，然失于急躁，不能待時而動，則二者皆不獲其志。不獲其志，凶可知矣。「利用禦寇」者，四三相比，同心不違，故利用禦寇。如《蒙》之上九「不利爲寇，利禦寇」，蓋爲寇則衆之所違，禦寇則衆之所助，與此象體異而義同也。

《象》曰：「夫征不復，離群醜也。」九三以剛陽獨進于上，離乎群衆，故往而不能反也。「婦孕不育，失其道也」，婦以貞順爲德，生育爲功，孕而不育，不能保養其子，皆欲速之咎也。「利用禦寇，順相保」者，天下之理，逆則相違，順則相保，三雖失于剛暴，言能順于義理，則可用以禦寇也。黥、彭之流，逆則爲敵，順則爲用，卒滅項氏者，能順以相保也。

六四，鴻漸于木，或得其桷，无咎。

《象》曰：或得其桷，順以巽也。

木比之陵陸，益非鴻之所安，此《漸》卦以鴻象君子之進退，當以其漸而不可亟也。江湖，鴻之所樂處也。陵也，陸也，木也，雖愈進而愈非所安，此知幾之士所以難進易退，以避矰繳之患也。鴻漸于木，雖非所安，或得其桷，若可以棲而无患，故无咎也。

桷，木枝之大者。《象》曰「或得其桷，順以巽」者，鴻未有棲于木者，或得其桷，非其常也。四體在巽，巽爲木，三附于四，桷之象也。君子立人之朝，履富貴之危機，能以巽順承上而接下，可以少安，然終非其處也。仲尼于此爻寓戒深矣。

九五，鴻漸于陵，婦三歲不孕，終莫之勝，吉。

《象》曰：終莫之勝，吉，得所願也。

九五君位，其進益高，故以象鴻漸于陵。大阜爲陵，《同人》九三曰「升其高陵」，言其所處最高而不可陵也。五與二得君臣中正之位，三以陽剛而乘于二，四以大臣而比于五。二五雖應而未能遽合也，故三歲不孕。君臣以中正相與，苟志同道合，其孰能間之？故曰「終莫之勝，吉」也。

夫君臣之交，患在不正，故近不必比而遠不必乖，特在情志之間合與不合耳。

《象》言「終莫之勝，吉，得所願」者，小人之害君子，或能厄之于始，君子之進固自有機會，時苟當進，小人雖廣設坑阱，比力合謀，莫能陷害之。小人不能陷害，則君子之道亨而平昔之志願獲矣。

上九，鴻漸于陸，其羽可用爲儀，吉。

《象》曰：其羽可用爲儀，吉，不可亂也。

上九，大臣之處乎高位而不任事者，特其形容可爲朝廷羽儀耳。「鴻飛冥冥，弋者何慕？」既出乎事外，小人莫得而害之，故吉也。上與三皆稱「陸」，人臣致身于極高之位，能自卑巽，下與三同，蓋盡乎屈伸之理，所以吉也。《象》曰「其羽可用爲儀，吉，不可亂」者，其形容既足以儀表天下，則朝廷之上，百執之衆，尊卑有别，上下有等，雖群而不黨，故曰「不可」。

䷵兑下震上

歸妹：征凶，无攸利。

聖人于夫婦之際，每存終始之義，始之不慎而能克終者鮮矣。女少而説，男之所以動也。説不以正，動不以禮，則華落色衰，復相棄背，故征凶，无攸利也。征凶者，以媚説而往則凶也。无攸利者，无所往而利也。《漸》之所以吉者，艮止巽順，以男能下女也。《歸妹》征凶者，兑説震動，六爻皆不當其位也。《咸》之相感，必繼以《恒》，蓋男下女則陰陽之義明，女從男則尊卑之位定，所以存鑒戒也。

《彖》曰：歸妹，天地之大義也。天地不交，而萬物不興。歸妹，人之終始也。説以動，所歸妹也。征凶，位不當也。无攸利，柔乘剛也。

乾健而坤順，陽尊而陰卑，此天地之大義也。然乾下坤上而爲《泰》，乾上坤下而爲《否》，若嚴其分位，則天地不交，而萬物不興矣。《歸妹》以少女在下而長男處上爲正，故其事可常而有終始也。女説而男動，陰陽感悦，所以成《歸妹》，若老婦士夫則可醜矣。雖然，女子處幽閒之中，非有求焉則不往也。若説以動，則有不待媒妁之言者，故陰陽之位不可不當也，不當則所往皆凶矣。女處乎下，男位乎上，内外上下各當其位，以往則无不吉也。今二四陰爻而九居之，三五陽爻而六居之，无一當其位者，故以往則凶也。「无攸利，柔乘剛也」，剛者，柔之所承也而反乘之；乘者，婦陵其夫之象也。

卦體兑本在下，于理爲順，而爻六皆乘九，是以陰而乘陽，失尊卑之序，内无柔順之道，外失陽剛之德，則害于而家、凶于而國，何所利哉？夫成家之道必資于婦順，故婦順備而後内和理，内和理而後家可長久也。《恒》之六五曰：「恒其德，貞，婦人吉，夫子凶。」《象》曰：「婦人貞吉〔一〕，從一而終也。夫子制義，從婦凶也。」恒者，夫婦之正也，故其戒如此。然則陰之乘陽，柔之乘剛，豈非逆德也哉？世之悍婦以制夫爲能，使不得措其手足，是猶强臣擅命，威福自專，反制其君也。漢成帝制于趙氏，唐高宗制于武氏，中宗制于韋氏，卒至滅身亡國，何所利哉？況以帝女之尊而下嫁諸侯，車服不繫其夫，勢固足以陵其夫矣，故聖人于《歸妹》爲戒。

〔一〕「貞」，原作「之」，據《恒》卦六五《象》辭改。

《象》曰：澤上有雷，歸妹。君子以永終知敝。

澤之氣能升而爲雲，雷震而澤隨，此陰陽相感之義，有《歸妹》之象焉。男女以動悦相感，或失于不正，故昏禮將合二姓之好，必納采問名，敬慎重正而後親之。如此，然後家可長久也。聖人見微知著，見其動而説，知其不能終也。若《恒》以巽而動則知其能久，《漸》以止而動則知其終吉也。是道也，雖君臣朋友之間莫不皆然，豈特夫婦哉？

初九，歸妹以娣，跛能履，征吉。

《象》曰：歸妹以娣，以恒也。跛能履，吉相承也。

古者諸侯一娶九女，嫡夫人及左右媵皆以姪娣從。「歸妹以娣」，女歸于人而以娣從也。九居于初，女之賢者，始進而能謙，无妬忌之行，猶跛之能履，勉强而行，步驟馳騁不敢自恣也。歸妹而能以娣往，爲永終長久之道，尊卑相承，故无往而不吉也，此歸妹之善者也。

九二，眇能視，利幽人之貞。

《象》曰：利幽人之貞，未變常也。

《履》之六三以陰柔而據陽位，故如眇者之能視，不足以有明也，跛者之能履，不足以與行也，故如履虎尾，咥人凶。《歸妹》初九、九二以陽剛而寓于陰位，此婦人之貞吉也。二又居中履正，有常貞之德，退處乎不競之地，雖若无所能爲，如眇之能視，異乎擿埴索塗，冥行而已，故利幽人之貞。九二得中正之位，上有六五爲之正應，此又夫弱而婦强者，能自謙遜乃不失婦人之常道也。

六三，歸妹以須，反歸以娣。

《象》曰：歸妹以須，未當也。

《歸妹》以説而動，常失于不正，而六三復以陰柔而居陽位，故當有待，而以娣行。如此，乃能合禮而无妄動之失也。須，待也。女子之嫁固當待父母之命、媒妁之言。而三爲説主，以説而動，動不以正則非女子之行也，故曰「未當」也。

九四，歸妹愆期，遲歸有時。

《象》曰：愆期之志，有待而行也。

女之適人猶士之事君，必有求焉而後往。九以陽剛而寓陰柔之位，上无正應，此賢貞之女屏處幽閒，未遇良匹而不苟然以從人者，雖過期而不悔也。懷才抱義之士固有不遇明時而老死丘壑者，《白駒》之詩所爲作也。

六五，帝乙歸妹，其君之袂，不如其娣之袂良。月幾望，吉。

《象》曰：帝乙歸妹，不如其娣之袂良也。其位在中，以貴行也。

史謂湯爲天乙，又有祖乙，《多士》稱「成湯至于帝乙，罔不明德恤祀」，則帝乙蓋商之賢王，非天乙、祖乙明矣。堯降二女于濶汭，嬪于虞。帝女之尊，下嫁諸侯，其來已久。至帝乙然後制爲婚姻之禮，而周因之。以《詩》考之，天子之女下嫁諸侯，車服不繫其夫，下王后一等，故帝乙歸妹，所以爲萬世之法也。漢唐公主下嫁，舅姑率北面于堂下，至于本朝神宗始復三代之舊，屈帝女之尊而人倫正矣。

《詩》美后妃服浣濯之衣，无妒忌之行，豈恃容色以争妍取媚哉？君，嫡夫人也；娣，左右媵也。娣以容色爲主，故君之袂不如娣之袂良也。六五與九二爲正應，下嫁之象也。女處尊位，履順居中，盡其陰陽交配之宜，斯善之善者，豈特容服之間哉？月者，日之配也；婦者，夫之配也。月受日以爲明，至望則體敵矣。體敵，盈之極也，未有盈極而不虧者。今能降尊配卑，不以滿盈自處，如月至幾望而止，婦之謙順，既不抗其夫，又能惠其下，此帝女之尊而能履中道者，故《象》曰「其位在中，以貴行也」。

上六，女承筐，无實，士刲羊，无血，无攸利。

《象》曰：上六无實，承虚筐也。

上六，《歸妹》之終，以柔乘剛而下无其應，女之无所歸者。婦以奉祭祀爲職，《詩》言：「夫人可以奉祭祀，則不失職矣。」女承筐，无實，何以達其誠？士刲羊，无血，何以薦于幽？如是而家道廢矣。故以士女稱之，見夫婦之道不成也。卦體兑下震上，少女以説而動，動不以正，又六爻位皆不當，故不能永終而有離絶之象，何以往而利哉？聖人于終爻致其戒慎之意深矣。

䷶離下震上

豐：亨，王假之。勿憂，宜日中。

離、震于時爲春、夏，萬物豐亨之時也。王者之治，自天造草昧以至豐而亨，則太平極盛，周家之業至成王之時是也，故曰「豐，亨，王假之」。《詩》云「《假樂》，嘉成王也」，以言成王能持盈守成以致太平之功，故嘉之也。文王若日月之照臨，顯于西土而已。如日之方中，萬物皆照，則在成王之時，故可安亨佚樂而无憂勤之慮也，故曰「勿憂，宜日中」也。雖然，太平之業豈可恃乎？《泰》之上六言「城復于隍」，蓋泰之極无不否者，聖人所憂不在乎未中而常在日之既中，能知勿憂爲有憂之大，如日之升，如月之常，則可長保其治安矣。

《彖》曰：豐，大也。明以動，故豐。王假之，尚大也。勿憂，宜日中，宜照天下也。日中則昃，月盈則食。天地盈虛，與時消息，而況于人乎？況于鬼神乎？

豐固不止于大，聖人以一言斷之曰「大」，蓋豐之時物得極其大也。日以晅之，雷以動之，長養成就，物之所以能大也。王者之治，能體乎離、震之法，明以動，故能假乎至治，然則豐亨之道，豈非聖王之所尚乎？故曰「王假之，尚大也」。勿憂，宜日中，宜照天下也」。聖人之道如日之中，容光所及无不遍也。蓋日之始出則其明未盛，日之將昃則其光已虧，皆不能遍天下也。然則聖人可以自暇自逸者，其惟日中乎！

日中者，治安極盛，是聖人畏无難之時也。日之中猶月之望也，既中无不昃，既望无不虧。食，虧也。天地盈虛，四時是也。其盈其虛，因時而消息之，如《復》卦陽息而陰消，至《姤》卦陽消而陰息，天地不能違也，而況于人與鬼神乎？雖然，人有盛衰，鬼神亦有盛衰乎？聖人通幽明之故，知鬼神之情狀，《乾》卦言天地人及鬼神，皆合而論之，其好惡一也。怪神之事，孔子不以語學者，後世猶不免依托以亂天下，況可明告之乎？此非通乎性命之理、象數之妙者，曷足以究此哉？

《象》曰：雷電皆至，豐。君子以折獄致刑。

雷之威怒，電之照耀，二者相因而至，此物豐之時也。當豐盛之時，非有以警懼察治之，則物繁事夥，姦僞日滋，有不可勝治者矣。君子體此象以折獄致刑，既明且威，人之情僞有不能遁也。《豐》與《噬嗑》皆有雷電之象，而爻有升降，故其用不同。《噬嗑》震下離上，此制法者，故明罰敕法，王者之事也。《豐》離下震上，此行法者，故折獄致刑，有司之職也。

初九，遇其配主，雖旬无咎，往有尚。

《象》曰：雖旬无咎，過旬災也。

初正應在四，以陽敵陽，非其應也，特所配之主耳。剛陽相配，明動相資，力敵而勢均，兩貴不足相使，然得无咎者，初能下之，往而有所尚也。尚者，能尊尚之也。《象》曰：「雖旬无咎，過旬災也。」二剛相遇，未有兩存而无傷者。初能推四以爲配主而往歸之，則无患矣。若恃其智力，各務盛强，過其分量，不顧滿盈之戒，則禍災之至何所逃乎？此昧乎處豐亨之道也，故曰「雖旬无咎，過旬災也」。

六二，豐其蔀，日中見斗。往得疑疾，有孚發若，吉。

《象》曰：有孚發若，信以發志也。

豐之時如大明中天以遍照天下，今但豐其蔀而已，幽闇之甚，至日中見斗，陰侵陽之象也。六二居中處正，人臣之盛位，又卦體爲離而處震下，爲掩覆之象，陽不足而陰道行。斗運四時，人所取正。以六二中正之臣而遇六五柔闇之主，可以自守而不可以有爲，往則爲主所疑而衆且疾之矣。能以忠信自處，發其疑疾，如成王之悔悟，則國家安全而保其終吉矣。發者，發其蒙蔽，非忠信誠實，豈能感發之？周公其人也。

九三，豐其沛，日中見沬。折其右肱，无咎。

《象》曰：豐其沛，不可大事也。折其右肱，終不可用也。

沛，先儒皆以爲「旆」，王弼直云「幡幔，所以禦盛光」，程氏亦云古文作「旆」字。今以《廣韻》《玉篇》考其意義，作滂沛則其理不通。蓋豐之時，當顯設幡飾以稱其豐大。而九三正應在上六，以陽剛而敵陰柔，不能發揮其光明，反幛蔽之，是猶日中盛明之時而處乎重幃之内，所見者闇昧。如人欲擊搏運動而折其右肱，何所施乎？

然得无咎者，九三以陽剛能爲之才而不遇其時，其不幸也，乃所以爲大幸歟！古者明智之士遇時昏亂，壞德穢行，或自托于瘖盲跛蹇，然後能免于禍，此折右肱所以得无咎也。人臣遇暗主，若恃其剛健，欲大有爲，功成之後鮮克自全者。唐德宗之于陸贄是也。折其右肱者，示不可復用，如司空圖是也。九三剛健，有可當大事之才，折其右肱，終不可用，則其時可知矣。

九四，豐其蔀，日中見斗。遇其夷主，吉。

《象》曰：豐其蔀，位不當也。日中見斗，幽不明也。遇其夷主，吉行也。

當豐亨盛大之時，雖有明主，鮮有不湛冥于宴安者，故六二之正、九四之剛皆不得行其志。以不遇明主，故其《象》皆曰「豐其蔀，日中見斗」也。日之中而見斗焉，闇之甚也。上有昏暗之主，有志莫伸，則下求于等夷之人，同心協德，自相賓主，則吉无不利矣。四與初爲應，故初以四爲配主，而四以初爲夷主，爻有上下，位有尊卑，故所稱輕重不同，其實一也。使上有剛明之君，收攬英傑以爲己用，則皆立乎人之朝矣，豈止自相求而已？

《象》曰：「豐其蔀，位不當也。」以九居四，位非中正而在近君之位，故不當也。「日中見斗，幽不明也」，日中當遍照天下，而幽暗如暮夜，此忠邪莫辨、白黑不分之象，賢人君子當遐舉遠引之時也，故曰「遇其夷主，吉行也」。以吉而行，從容而行，行則吉也。

六五，來章，有慶譽，吉。

《象》曰：六五之吉，有慶也。

人主當天下豐大之時，能屈己招來賢德之士以文太平，庶可保其治安，則在我者必獲其福慶而民譽歸之，吉无不利矣。五與二俱陰非應，然離下震上，震動而離明，明動相資，又皆居君臣中正之位。離爲文章，其性炎上，苟能説而納之，則將洋洋然動其心而來矣。上有用賢之美，野无遺棄之才，邦家之慶孰大于此？聖人從而贊之曰「六五之吉，有慶也」，以見所以得吉者，以有此用賢之慶也。

上六，豐其屋，蔀其家，闚其户，闃其无人，三歲不覿，凶。

《象》曰：豐其屋，天際翔也。闚其户，闃其无人，自藏也。

士方居窮隱約，消聲滅迹，自樂于閒曠可也。若夫身處大位，當豐亨之時，不能躬吐握之勤，以延見多士，而深自閉匿，豐其屋，蔀其家而已，則將鬼瞰其室矣。故闚其户，闃其无人，三歲不覿，其凶可知。上六，大臣之不任事者，雖不任事而位則穹矣。國之存亡，民之利害，安得恝然忘情哉？

「豐其屋」謂壯大其所居也，「蔀其家」謂屏蔽其所藏也。此大臣之營私自奉者，古之愚人莫不皆然。觀周公作《鴟鴞》之詩曰：「迨天之未陰雨，徹彼桑土，綢繆牖户。」「予手拮据，予所捋荼，予所蓄租，予口卒瘏，曰予未有室家。」勤勞如此，豈自營也哉？六居卦終，震動之極，失處豐之義，其荒虛闃寂，卒爲狐兔之場，若鳥失其巢，去人遠矣。本乎絶物乃以自絶，本乎多藏反致空闃，禍災之至咸其自取焉爾，故《象》曰「豐其屋，天際翔也。窺其户，闃其无人，自藏也」。「闃其无人」，陸氏以爲家空人亡，如漢梁冀之徒是已。

䷷艮下離上

旅：小亨，旅貞吉。

《彖》曰：旅，小亨，柔得中乎外而順乎剛，止而麗乎明，是以小亨，旅貞吉也。旅之時義大矣哉！

旅者，聖賢當屯否之世，道不行而爲栖栖，爲旅人之時也，雖處之有道，但得小亨而已。「旅貞吉」者，能守正則吉也。王弼以爲不足全夫貞吉之道，惟足以爲旅之貞吉，故重言「旅貞吉」也。麗乎外而得中則亨，止乎下而得正則吉，故《彖》曰「柔得中乎外而順乎剛，止而麗乎明，是以小亨，旅貞吉也」。

六上居于五，又處二剛之間，此在旅之象。卦體在外，故言「柔得中乎外」。下艮而止，上明而麗，止而有所附麗，此處旅之善者。以孔子之聖，歷聘諸侯，然時君不能鈞用而卒老于行，以至伐樹削迹，厄于宋、衛、陳、蔡之間，七日不火食者，以時无剛明之君爲之依歸也，況其下者乎？爲旅之道有時有義，得其時義則其道可行，窮斯通，困斯濟矣，然則處旅之時豈易哉？故其時義爲大也。

《象》曰：山上有火，旅。君子以明慎用刑而不留獄。

山上有火，明之至也，然炎炎不已，或至燎原而玉石俱焚。君子體此象以用刑，則當明慎也。明者，辨析其理而不敢輕也。慎者，哀矜其情而不敢易也。火在山上，因風而行，其勢必速，非久居也。君子體此象以斷獄，則知囹圄之間、重棘之内或有受其枉者，斷決以時而无淹延，此聖人著此象以爲司獄之戒也。

初六，旅瑣瑣，斯其所取災。

《象》曰：旅瑣瑣，志窮災也。

當旅之時，以陰柔而處底下，此小人之寓旅困者也。「瑣瑣」猶屑屑也。古者豪傑之士處貧賤羇旅之間，如劉毅、馬周、李白、郭元振之徒，豪氣蓋世，夫豈若是屑屑？然則在旅而瑣瑣，斯其取災之道也。《象》曰「旅瑣瑣，志窮災」者，在羇旅之始不能擴其志氣，變而易通，乃計較錐刀于僕御之間，則孰與任其腹心者？意外之患乃其自取焉耳。

六二，旅即次，懷其資，得童僕貞。

《象》曰：得童僕貞，終无尤也。

旅，寄也，寓也，爲客之道也，非可安居者也。六二以柔得中正而上承二剛，雖无正應，可以就而安之，故能懷其資而无誨盜之失，得童僕之貞而獲内外之助。在旅如此，雖動而居外，夫何尤怨之有？

九三，旅焚其次，喪其童僕貞，厲。

《象》曰：旅焚其次，亦以傷矣。以旅與下，其義喪也。

九三處艮之上，有峻極之勢，无柔順謙虚之德，爲旅若此，宜衆人之所不與也，故焚其次舍而喪其童僕之正，危莫甚焉。二以柔順中正而安，三以高亢自尊而厲，在旅而遇焚如之厄，非止失其所止而已，其勢必至于傷。夫初六之瑣瑣固足以取災，而當羇旅之際，輕財妄施以致空殫，亦失爲旅之道。故剛柔皆欲適中，今二者舉過之，故《象》曰「旅焚其次，亦以傷矣。以旅與下，其義喪也」。

九四，旅于處，得其資斧，我心不快。

《象》曰：旅于處，未得位也。得其資斧，心未快也。

九四以陽剛而自托于陰柔，蓋處旅之善者。士欲行其志而已，得其資斧，豈足以行其志哉？旅于處，得其資斧，徒能安其居，得其資財器用而已。懷與安實敗名，旅非豪傑之所能安也。劉備、孔明不肯留吳，關羽不肯留魏，豈乏其資斧哉？使韓信无蕭何之薦，亦非漢祖所能羈縻之也，况乎聖如仲尼、賢如孟軻者，儻不處以卿相之位，使得盡行其所志，豈區區利禄所能豢養之哉？

六五，射雉，一矢亡。終以譽命。

《象》曰：終以譽命，上逮也。

《旅》之六五雖非君位而有文明之德，方以直道遇物，發无不中，此聖賢之處乎羈旅者，如射雉而以一矢殪之也。雉爲文明之物。矢者，器也。君子藏器于身，待時而動，動而不括矣，此處旅之最善者。譽命之來，何可禦也？孔子之至是邦，必聞其政，以温良恭儉讓而得之。

《象》言「終以譽命，上逮」者，言爲上之所逮，聖賢之寓旅困，在上者能居己而訪逮之也。《易》之「上逮」，即《詩》之「逮下」也。君能逮下以成其政，臣能歸美以報其上，故上下交譽之也。《旅》之上九方以高亢自居，而此云「上逮」者，蓋旅人之有譽命，必有上之人能寵遇之，非必上九也。六爻取義各有所在，言豈一端而已？

上九，鳥焚其巢，旅人先笑，後號咷。喪牛于易，凶。

《象》曰：以旅在上，其義焚也。喪牛于易，終莫之聞也。

鳥之巢木，猶人托迹于傳舍也。夫人之處乎里閭之間也，有長幼之序，有親戚之恩，患難相救，疾病相扶持也。方在羈旅之時，人情乖睽，惟卑順謙恭乃可自保，而上九以高亢自居，下乘六五之尊位〔二〕，不遜若此，其能免乎？巢者，鳥所托以棲息者也。離爲火，其于木也，爲科上槁，今處離上，是巢而遇焚，失所棲息之象也。上九以陽剛而處衆旅之上，始固足以陵物而衆爲之下，若可喜也，而爲旅之道，威權不足，人終不與，將无所容，亦足悲也，故先笑而後號咷。牛之爲物健而順，且有功于稼穡，而喪之，不能敬畏故也。

莊子曰「有而爲之，其易之者，皞天不宜」，況于人乎？九三以剛陽居旅而焚其次、喪其童僕，所喪在外，故厲。上九以剛陽居旅，如鳥焚其巢、喪牛于易，所喪在我也，故凶。上九處卦之極，言凶則不止于危而已。《象》言「以旅在上，其義焚也」，爲旅而處人之上，其焚巢固宜，非不幸也。

〔二〕「六五」，原作「五六」，據文津閣本改。

「喪牛于易，終莫之聞」者，人之有過，能虚己聽納，人或告以善道。上九亢陽，有絶物之象，使有過咎，人孰告之？故終莫之聞也。

䷸巽下巽上

巽：小亨，利有攸往，利見大人。

《巽》之爲卦，二陽在上，一陰在下，惟以巽順承物，自處卑下，然後能盡巽之道。一于柔順則妾婦耳，故得小亨而已。欲其道大通于天下，蓋有逆人之所順，强人之所劣者。然挾柔巽以遊世，无往而不利。聖人又惡夫以非道而合則近于邪佞，雖利有所往而利見者惟大人爲可。「大人」謂在上之二剛也。柔能順乎剛，故小者亨。「小亨」謂一陰也，雖然，巽之道豈止于小者而已？

《彖》曰：重巽以申命。剛巽乎中正而志行，柔皆順乎剛，是以小亨，利有攸往，利見大人。

巽而重之，所以申復其號令也。上下皆巽，故有重復之義，亦在上者能巽以與下，在下者能巽以承上也。剛或失之高亢，柔或失之卑佞，陽剛而得中正，二五是也。九二之剛而初六順之，此在上者能巽以逮下，故其志得行也。陰柔而能承剛，初四是也。九五之剛而四順之，此在下者得所附托，故其道不終否也。二與五賴初四而後得志，初與四必待二五而後小亨，此又剛柔相因、上下相隨之義。

巽入之道，无往而不利，故利有攸往也。雖利有攸往，又惡不由其道，故利見大人也。能以卑巽上承乎中正之大人，此巽之至善也。巽之六爻，四陽而二陰，則君子固已勝矣。陰又在下，无能爲也，此畫卦之深意也。自古君子衆而小人寡，非徒君子之道勝，小人亦因以爲用矣。宇文士及、封德彝之在唐，上有一太宗，下有房、杜、王、魏之徒，故无能爲也，不然，其佞何所不至哉？

《象》曰：隨風，巽。君子以申命行事。

天之有風如國之有號令，必相繼而至乃能振動萬物。風至柔弱也，而善入物。君子體此象柔巽之道，申復其命至再至三，雖頑獷難化者无不説隨矣。无非事者，命令之出必有事也。盤庚遷都之事，武王伐商之事，凡興大功、役大衆，非以巽言申復其命，則播告之修豈能曉然不匿厥旨哉？故申命然後可以行事也。

初六，進退，利武人之貞。

《象》曰：進退，志疑也。利武人之貞，志治也。

六以陰柔處于巽初，爲二剛所乘而上无應援，欲進則不敢，欲退則不能，懷疑首鼠，莫之爲計。

若能以剛決自任而以正道行之，則其疑可釋而其志定矣。武人者，剛決之象。剛決或失之暴，故所利在貞也。治者，蚤正素定而臨事不惑也。故《象》曰：「進退，志疑也。利武人之貞，志治也。」

九二，巽在牀下，用史巫紛若，吉，无咎。

《象》曰：紛若之吉，得中也。

巽在牀下，宜衆人之所鄙賤也。衆人所賤，其可交于神明乎？如此，則人不可欺而鬼神可欺也。蓋二爲陰爻，九以陽剛寓之，此陽剛之君子自退，托于卑賤。能以卑遜自處，出于誠意而非僞爲，故不祈于人知，而幽閒之中鬼神知之也。世之陰柔小人自托于尊顯之上，足以欺愚惑衆，而幽閒之中鬼神得而誅之矣。然則九二巽在牀下，雖過于卑巽，人或惡之，而其中心誠實，或可以交神明也，祝史、巫覡皆所以通其誠意。人能志誠恭巽，心非邪諂，通吾誠意者紛然而衆，雖豚魚可及，水火可蹈，而況于人乎？況于鬼神乎？

牀者，人之所安也。巽而大過，入于牀下，反失其所安，然終獲吉且无咎者，人可欺而鬼神不可欺也，故《象》曰「紛若之吉，得中也」。巽在牀下，疑于失中，而《象》言「得中」者，位在九二，處巽之中，陽剛得中，是其中心誠實之象，獲福之多，理在不疑。周公以上公之貴、叔父之尊，事幼沖之主則盡恭順之道，禮天下之士則躬吐握之勤，觀《金縢》册祝之辭，欲以身代武王之死，卒至得請于三王，則中心誠實而獲史巫紛若之吉者，周公其人也。鬼神之事，聖人固難言之，惟于《易》多稱鬼神，與天地人不少異，何也？蓋《易》之爲書，所以微顯闡幽，決斷天下之疑惑，其神明之用與蓍龜等，然則非知命之君子，曷足以語此哉？

九三，頻巽，吝。

《象》曰：頻巽之吝，志窮也。

九三以剛明之才，體巽而處下卦之上，又居得其位，可以進而有爲矣。今巽窮而復遇巽，頻巽也，巽以行權可也，豈可數乎？而與四密比，厄于陰柔，不得展盡其才，卒之志氣窮索，鄙吝之甚也，故《象》曰「頻巽之吝，志窮也」。

六四，悔亡，田獲三品。

《象》曰：田獲三品，有功也。

《易》之稱「悔亡」，皆本有悔，以處得其道，故其悔可亡。六四下无應援，以陰柔獨處而有乘剛之過，宜有悔也。而處上下重剛之間，承上臨下，一以柔順，處巽之善莫如此爻，故悔亡而反有獲也。譬之田獵，雖盡力乎驅馳，而所獲則歸于君，而非私己也。「三品」謂乾豆、賓客之奉、充君之庖，舉是三者則能及乎上下矣。君子能以柔巽遍及上下而已不私其利，如田者之獲三品也。蓋柔巽之人无入而不自得，以此奉上則獲乎君，以此與下則獲乎民，巽之功于斯爲盛。

九五，貞吉，悔亡，无不利。无初有終，先庚三日，後庚三日，吉。

《象》曰：九五之吉，位正中也。

五爲巽主，當謙虚逮下，而以陽居陽，又下无應援，疑失之亢。然當上下巽順之時，若昏佞相濟，禍亂有不可勝言者，今九五獨能毅然守其剛正，不徇群邪，故能獲吉而其悔可亡也。履至尊而居中正之位，以柔巽爲體，不失正固之德，故无入而不自得也。下非正應而與二睽，此過乎剛者，故无初也。上有剛正之德，下卒聽從，發號出令如風行草偃，孰敢違之？固有終也。《蠱》卦曰：「先甲三日，後甲三日。」當天下蠱壞，欲一新其法令，故曰甲。甲者，日之始也。庚者，申命也。重巽以申命，故「先庚三日，後庚三日」者，聖人欲更易法令，使便于民，豈易而爲之哉？先三日以告教之，使通其意，故天下曉然莫敢違吾令者；後三日以申審之，使察其情，故天下莫敢犯吾令者，如此，則吉孰如之？以人主之權欲改易更革天下之政令，若无甚難者。如秦用商鞅，法雖行而民不以爲便，卒至天下大亂，而劉項乘之，秦遂以亡，以不得乎大中至正之道故也。故《象》曰：「九五之吉，位正中也。」

上九，巽在牀下，喪其資斧，貞凶。

《象》曰：巽在牀下，上窮也。喪其資斧，正乎凶也。

巽在牀下，其失一也。九二用史巫紛若，吉且无咎。上九喪其資斧，貞凶，何邪？九二處下體之中，爲下之道也。上九以陽剛處巽之上而下无應援，資財殫竭，威權去手，雖索爲匹夫不可得，守此而不知變，凶之道也。

讀易詳説卷十

下　經　兑至未濟

☱☱兑下兑上

兑：亨，利貞。

兑之能亨，以澤説物也。以澤説物，非特物亨，己亦亨焉。説物者不以情感則正矣，以情感物，未有出于正者。卦體一陰在外，二剛在内，内剛而外柔，以此説物則不入于佞邪，而其道亨矣。

《彖》曰：兑，説也。剛中而柔外，説以利貞，是以順乎天而應乎人。説以先民，民忘其勞；説以犯難，民忘其死。説之大，民勸矣哉！

兑之爲義，孔子以一言釋之曰「説也」，蓋兑爲澤，説萬物者莫説乎澤〔二〕，故爲萬物之所説也。

〔二〕「説」，《永樂大典》作「潤」。

《兑》之爲卦，一陰處乎上，二陽處乎下，外柔而内剛也。聖人涉世，外曲而内直，外柔而内剛，内不失己，外不絶物，无往而不通，以正説人，故曰「説以利貞，是以順乎天而應乎人」也。湯武革命，南巢、牧野之戰勞民犯難，而民忘勞忘死者，豈以力驅之哉？能盡説之道，得其心而已。古之興大役、動大衆，未有下不説從而能成功者〔一〕。秦之長城、隋之遼東，一役興而天下亡矣。説道之大，民皆相勉勵以從上之命〔二〕，何事而不可成乎？聖人所以大之也。

《象》曰：麗澤，兑。君子以朋友講習。

澤，陂澤也，人所資以爲灌溉之利。《禹貢》曰「九澤既陂」，雲夢之類是也。澤不相麗，或有時而竭涸，以澤麗澤，相繼不絶，故其爲利无窮。君子體此象，相與講習，見所未見，聞所未聞，故其心悦也。孟子曰：「理義之悦我心，猶芻豢之悦我口。」朋友講習，互相滋益之樂，以發明其理義，故无窮也。然則聖人所以悦民者，能使知其理義之所在，然後可用也，不然，安能使之犯難而忘其死乎？

初九，和兑，吉。

〔一〕「從」，《永樂大典》作「隨」。
〔二〕「皆」，《永樂大典》作「至」。

《象》曰：和兑之吉，行未疑也。

初九，居《兑》之初，爲説之始。在下而能以剛正自處，有孚信之德而无邪諂之行，和而不同，无所阿比，所以得吉。士方未遇而專以和柔爲行，或疑其邪諂，初能履剛守正，衆所孚信，故曰「行未疑也」。未疑者，未有可疑之行也。

九二，孚兑，吉，悔亡。

《象》曰：孚兑之吉，信志也。

兑主于説，説物者常失于不正。九二上比于六三陰柔小人，而己比之，宜有悔也。然履忠信[一]，和而不同，非爲邪也，是以吉而其悔可亡也。士非見信于人之難，自信爲難，能自信其志則雖舉世非之不能阻也，權利誘之不可移也，白刃臨之不可屈也，此信道篤而自知明者也。

六三，來兑，凶。

《象》曰：來兑之凶，位不當也。

三陽位而六以陰柔居之，不正也，以象邪佞不正之人，欲以非道媚悦正直之君子，必爲所斥

[一]「忠信」，《永樂大典》作「中信志」。

遠，其凶宜矣。君子、小人猶水火燥濕之不同，以帝堯之聖猶畏壬人，孔子之聖亦曰「遠佞」，是知邪佞之人急于求進，是亦在上者有以來之，非剛明之君子未有不爲所眩者。唐明皇之悦李林甫，德宗之悦盧杞，亦其資適相逢爾。

六三爲兑主，自處非正，故小人得以乘之，此有間而可入也。如好色、好貨、好田獵、好用兵，以致陂池苑囿之觀，各因其所好而投之，故《象》曰「來兑之凶，位不當也」。以急于求説而自處非中正之位，説不以道，至亡國敗家，其凶可知矣。

九四，商兑未寧，介疾有喜。

《象》曰：九四之喜，有慶也。

六三來兑，此最佞邪之人，如蠅之營營，驅之復來者。九四以剛直處近君之位，欲有以排却之而未知計之所出，故擬議商度，不遑寧處，然終獲有喜者，遇九五剛明之君也，不然，其身之不暇保，憂未艾也，故《象》言「九四之喜，有慶也」。喜在我，慶在一人與天下也。邪佞之人，聖人之所甚疾也，知之非難，去之實難。以周公之聖，猶不免見疑于成王，觀《鴟鴞》之詩，其心之靡寧可知矣。心之靡寧，以王室之靡寧也，然則九四一爻非周公其孰當之？

九五，孚于剥，有厲。

《象》曰：孚于剥，位正當也。

《剥》，陰消陽之卦，小人道長、君子道消之時，故指《剥》爲小人。九五爲兑説之主，小人以邪道説其君，或以聲色，或以貨利，阿諛順旨，惟意所適，非剛明之君未有不爲所惑者。九五，剛明之主也。聖人特于此致其戒慎之意，言信于小人則危道也。以唐太宗之明且不能去宇文士及之佞，然其所尊信者，房、杜、王、魏之流，故小人不得行其志耳。

《象》曰：「孚于剥，位正當也。」以九居五，此乾剛之主也。乾剛之主宜信任君子，乃孚于小人，然不至于亡者，以居正當之位，雖密比小人，无能爲也。世之小人，當明主在上，威權不移于群下，度未有以勝君子，亦能隱其姦慝而勉其從善[一]，故《象》曰「孚于剥，位正當也」。

上六，引兑。

《象》曰：上六，引兑，未光也。

兑以説爲主，以説道進者多陰邪之人，而剛正之士動多忤物，使之事主則面折廷争，如周昌、

〔一〕「其」，原作「於」，據《永樂大典》及文津閣本改。

汲黯之徒，豈以諛説爲心哉[一]？《兑》之六三，小人之在下者，故曰「來兑」。下卦爲内，柔自外來也。上六，小人之在高位者，故曰「引兑」，自上引其類也。上與三雖非正應，而以邪道合者，處《兑》之終，居卦之上，宜旁招俊乂，汲引衆賢，以盡説道之正，則利澤施于天下矣。上六，陰柔小人，其所汲引者不過其黨類耳，安能光亨天下乎[二]？故《象》曰：「上六，引兑，未光也。」

䷺坎下巽上

涣：亨，王假有廟，利涉大川，利貞。

涣者，散也。險難既除，涣然冰釋。肅宗平安史之難，德宗釋奉天之圍，此涣之時也。涣則亨矣，内可以假有廟以示孝治之本，外可以涉大川而成濟險之功，是二者非出于正固則離叛之心未易合，故曰「天下之動，貞夫一者也」，此所以貴乎利貞也。

《彖》曰：涣，亨，剛來而不窮，柔得位乎外而上同。王假有廟，王乃在

[一]「説」，原作「悦」，據《永樂大典》及文津閣本改。
[二]「亨」下，《永樂大典》有「于」字。

中也。利涉大川，乘木有功也。

坎下巽上爲涣，涣所以亨，以剛來而不窮，柔得位乎外而上同也。凡卦三陽三陰者有九，陽上陰下皆自《否》而來，三復三變而成九卦，《涣》其一也。以九四之剛來居坤之中而成坎，柔既得剛則其心亨而不困窮矣。以六二之柔上居于四而成巽，剛既得柔則能巽順而上同矣。當涣之時，上下相濟，君臣比合，何患而不除，何難而不解乎？其道大亨于天下，故假有廟而祖考來假，涉大川而險難以濟也。

《閔予小子》，嗣王朝廟之詩，蓋在成王釋喪即政之始。《清廟》祀文王，亦在周公既成洛之後。然則「王假有廟，王乃在中」者，蓋言九五得中正之位，故能居涣之中以拯天下之涣，而泮離者得所歸焉。「利涉大川，乘木有功」者，巽爲木，涉川者非假舟楫其能濟乎？上巽下坎，有乘木濟川之象。巽爲木，濟險之道非可以力勝，惟巽以入之則无往而不利矣，故曰「乘木有功也」。

《象》曰：風行水上，涣。先王以享于帝立廟。

水之性本静且止，泛濫流衍或鼓爲濤瀾者，風撓之也。先王體此象以合天下之散離，亦静以止之耳。享帝立廟，天下之心有所宗矣。享于帝則天神可以感格，立廟社則神鬼有所依憑，而況于人乎？古之立國者必先立廟社，所以係人心之道莫重乎此。

初六，用拯馬壯，吉。

《象》曰：初六之吉，順也。

初六以柔弱之資居坎險之下，欲以拯難出險，非藉剛健之才不能也。九二雖在險中而其才實剛健，二又互震，震爲作足，有壯馬之象，故初能承之，所以能拯天下之涣離，致遠涉險而不困也。《象》曰：「初六之吉，順也。」二有剛德，初能承之，故曰順也。夫弱能御强，柔能制剛，非至順者能之乎？

九二，涣奔其机，悔亡。

《象》曰：涣奔其机，得願也。

九二雖剛陽而陷于坎險之中，非濟以柔順，未易脱也，故下憑于初，然後悔可亡也。机者，人所憑以安者也。以九二之剛乃下憑于初，宜有悔也，而在險難之中，不有所助，何能自拔乎？奔者，行之速也。在危險之中欲就安全，其去之可不速乎？孔子去魯，遲遲其行者，去父母國之道也。孟子三宿而後出晝，於予心猶以爲速，欲以行道，未知所税駕也。田文之脱秦，馮道之去虜，足以當此爻矣。《象》曰：「涣奔其机，得願也。」奔就所安，出險逃難，憂虞散釋，願斯得矣。

六三，涣其躬，无悔。

《象》曰：渙其躬，志在外也。

渙其躬者，渙止于躬，未能及物，僅得无悔而已。六三居坎之上，上將出乎險難而未離乎險難也。自三至五成艮，艮其身，止諸躬也。六三以陰柔不中正之才，而上九處高亢无位之地，雖爲正應，非能相濟以大有爲也，使能免其一身之憂虞而已。《象》曰：「渙其躬，志在外也。」巽爲外卦，上又處乎卦外，三居于内而志乃在外，是懷貳心以事上者，豈真有意爲國者哉？不過爲全身之計耳。

六四，渙其群，元吉。渙有丘，匪夷所思。

《象》曰：渙其群，元吉，光大也。

天下渙離之時，必有强梗僭叛之徒虐害生靈、圖危社稷者，聖人于此欲收合人心，拯天下之泮渙，豈剛柔威武所能獨勝之哉？梁襄王曰：「天下烏乎定？」孟子曰：「定于一。」「孰能一之？」曰：「不嗜殺人者能一之。」六四體巽居下，至柔弱也，處近君之位而以柔巽爲體，上輔剛健之君，是能渙其群，合天下于一而獲至善之吉也。

「渙有丘，匪夷所思」者，丘，不平之處也；夷，常也。天下泮渙，險難方殷，一旦欲鉏類夷荒，使之適平，必有超然之見消患于冥冥者，豈庸常思慮所能及哉？故「渙其群，元吉」，然後繼之以「涣有丘，匪夷所思」也。《象》曰：「涣其群，元吉，光大也。」消釋險難至于元吉則光矣。坤以六二爻上行承五，君臣相合以成散險之功，故其德光大也。唐陸宣公足以當之。方德宗之狩奉天，謀聽計從，所下制書雖武人悍卒无不感動流涕，李抱真之賊不足平也。

九五，涣汗其大號，涣王居，无咎。

《象》曰：王居，无咎，正位也。

大號者，非常之號也。散天下險難以收合人心，不有非常之號，豈足以感動之？涣汗者，涣然而汗流，以諭浹洽于民心，如病之得汗，一出而不可反也。陸贄有言：「履非常之危者不可以常道安，解非常之紛者不可以常令諭。今假王者四凶，僭帝者二豎，而欲紓多難、收群心，惟在赦令而已。」奉天詔下，山東士卒聞者皆感泣思奮，然則濟涣之道豈不在號令乎？

《象》言：「王居，无咎，正位也。」叛離之際，雖假號令以震動天下，然非真主正位以凝命，中天下而立，其誰肯信之？王郎之詔非不足以欺天下也，漢之社稷卒歸光武者，豈非位號之正乎？

上九，涣其血，去，逖出，无咎。

《象》曰：涣其血，遠害也。

上九處巽之上，正應在六三之坎。巽爲風，坎爲血卦。血之在人，涣而散之則爲榮衛，結而聚之則爲癰疽。上九以剛陽處于涣外，離憂患遠矣。雖正應在三，三亦處險陷之上，无所係累，孰能害之？故如血之涣散也。去者，去其位也。既去其位而又遠出，此大臣不任事而能全身遠引者也，何咎之有？《涣》之爲卦，當天下涣離，下欲求援于上之時也。上九有剛陽之才，勢足以振物，而无兼濟之智，固不足與大有爲也，但能无咎而已。《象》曰：「涣其血，遠害也。」志在遠害保身之不暇，豈能拯天下之涣離哉？

䷻兑下坎上

節：亨，苦節不可貞。

節者，中而已。裁其過與不及，使得其中者，節之道也。事得其節，則可以通行于天下，故節然後能亨也。立節太苦，非人情所堪，故不可以爲貞也。苦節，如焦光、范粲之流是也。得其貞者，管寧是也。貞者，正也，苦節則失其正矣。節，分段支節之義。亨，象天下之事有節則心通。「苦節不可貞」，占苦過也，如味之苦，人情所不堪，故不可固守。

《彖》曰：節，亨，剛柔分而剛得中。苦節不可貞，其道窮也。説以行險，當位以節，中正以通。天地節而四時成，節以制度，不傷財，不害民。

節所以能亨者，剛柔分而剛得中也。兑下坎上，陽上而陰下，男上而女下，卦之三剛三柔各不相過，剛柔于是而分矣。二五之剛各得其中，以處君臣之正位，上下各得其節，此所以能通行于天下而无過不及之患也，此節所以能亨也。「苦節不可貞」，孔子釋之曰：「其道窮也。」節至于苦，則其勢必不可行。顔子之簞食瓢飲，「在陋巷，人不堪其憂，回也不改其樂」，此不失其正也，非苦也。伯夷、叔齊餓死首陽，立節雖苦，其道窮于一時而伸于百世之下，則苦節豈不愈于喪節乎？聖人立卦之意，貴其可行而不貴其難繼也，使聖人而貴其難行，則人有赴水蹈火而死者矣，故曰節者中而已。

「説以行險」者，險在外也，説以行之則不蹈于險矣，此言九五居險之中，困而能亨也。「當位以節，中正以通」者，此論二五中正，各當其位，故陰陽得其節而其道不窮也。「天地節而四時成」者，陰陽二氣寒暑相循，如環之无端，春夏之發生必節以秋冬之肅殺，然後歲功成焉。聖人體此象，節以制度，不傷財，不害民，此節之能亨，其道不窮而可貞者也。聖人制經國之術，必量入爲出，上之用度有節故不傷財，取于民有制故不害民。夏后氏五十而貢，商人七十而助，周人百畝而徹，其實皆什一也，此三代取民之道也。秦、隋之君至窮奢極欲，府庫空竭而百姓離叛，卒以亡天下者，由不知立制度以爲節，故海内蕩然也。

《象》曰：澤上有水，節。君子以制數度，議德行。

澤之儲水，民資以爲灌溉之利者，過與不及則有泛溢竭涸之虞。君子體此象以制數度而議德行，則无不中節。多寡之數，長短之度，非有以制之，則權衡度量皆失其平矣。德有剛柔，行有邪正，君子立德制行，務適于中而已。皋陶曰「亦行有九德，亦言其人有德」，則德與行未嘗不相因而相濟也。議者，審其剛柔緩急與夫行藏進退，不使有過與不及也。

初九，不出户庭，无咎。

《象》曰：不出户庭，知通塞也。

户庭者，户外之庭。户在内者，此門内之庭也。「不出户庭」以言慎密之至也。初以陽剛在下，方節之初，有陽剛之才，而上雖有應，險難在外，不可往也。自守以正，慎密而不出，此盡節之道，故可以无咎也。孔子曰：「亂之所生也，則言語以爲階。君不密則失臣，臣不密則失身，幾事不密則害成，是以君子慎密而不出。」孔子釋此一爻，推明不出户庭之意。蓋處節之初，當制數度、議德行之始，故慎密如此。聖人出處語默適于時而已，非知乎治亂存亡之幾微者，曷足以語此哉？故《象》曰：「不出户庭，知通塞也。」

九二，不出門庭，凶。

《象》曰：不出門庭，凶，失時極也。

九二居中正之位，當可以行之時，又有能爲之才，而不出門庭，則失其幾會矣。二于變卦爲《震》，震爲足，有可行之象而不行，失時之極，皆凶之道，此節之不得其中者也。《豐》之上六曰：「豐其屋，蔀其家，闚其户，闃其无人，三歲不覿，凶。」當豐大之時，處于明動而不履其位，其凶宜矣，與此九二時異而象同也。

六三，不節若，則嗟若，无咎。

《象》曰：不節之嗟，又誰咎也？

以六居三，陰柔而處於陽位，又下乘九二之剛而上承坎險，所謂險在前也，此可節之時而不節，禍災之至，將誰咎乎？此爻與九二相反。夫時可以有爲而失其幾會，與時之不可而强行，皆足致凶咎。九二以陽而居陰，六三以柔而寓剛，其不中正一也。嗟若者，嘆惜之聲，悔无及之象也。小人極其奢靡以快意于一時，卒至財殫力竭，窮无所歸，皆其自取，雖知憤嘆，將誰咎乎？

六四，安節，亨。

《象》曰：安節之亨，承上道也。

人臣以自處陰柔爲正，六四居近君之位，當多懼之地，能卑遜以承上，安于臣節者也。人固有徼名取譽，刻僞矯揉，爲難能之行，若公孫弘之流。然非其性之所安，則近于詐妄，此聖賢之所深嫉也。安節之亨以承上爲道，漢萬石君足以當之，文景恭儉之主而奮以恭謹稱，可謂能承其上矣。

九五，甘節，吉，往有尚。

《象》曰：甘節之吉，居位中也。

五以陽剛而履尊位，爲節之主，發號施令莫不中節。在己无矯激之行，故心逸而日休；在人无愁苦之事，故安居而樂業，吉孰如之？孔子所謂「説以行險，當位以節，中正以通」者也。以斯而往，孰不尊尚之？《象》曰：「甘節之吉，居位中也。」人之立節不可過也，過則爲苦節；不可不及也，不及則爲失節。九五能守及中之節，故上下内外无不説從，以得中正之位故也。

上六，苦節，貞凶，悔亡。

《象》曰：苦節，貞凶，其道窮也。

上六以陰柔處坎陷之極，已出乎險中，宜有以自適，而守節過中，爲難行之行，不知變通以趨時之宜，其凶宜矣。若能幡然悔悟，則其凶可亡。比之他卦「悔亡」之説，辭同而意異也。《象》曰：「苦節，貞凶，其道窮也。」上六處《節》之終，固守而不知變，取窮之道也。

䷼兑下巽上

中孚：　豚魚吉，利涉大川，利貞。〔一〕

《彖》曰：　中孚，柔在内而剛得中。　説而巽，孚乃化邦也。　豚魚吉，信及豚魚也。利涉大川，乘木舟虚也。　中孚以利貞，乃應乎天也。

《象》曰：　澤上有風，中孚。　君子以議獄緩死。

初九，虞吉，有他不燕。

《象》曰：　初九虞吉，志未變也。

九二，鳴鶴在陰，其子和之。　我有好爵，吾與爾靡之。

《象》曰：　其子和之，中心願也。

六三，得敵，或鼓或罷，或泣或歌。

〔一〕本卦原無李光傳文，僅録《周易》經文及《彖》辭、《象》辭。文津閣本同。

《象》曰：或鼓或罷，位不當也。

六四，月幾望，馬匹亡，无咎。

《象》曰：馬匹亡，絕類上也。

九五，有孚攣如，无咎。

《象》曰：有孚攣如，位正當也。

上九，翰音登于天，貞凶。

《象》曰：翰音登于天，何可長也？

䷽艮下震上

小過：亨，利貞。可小事，不可大事。飛鳥遺之音，不宜上，宜下，大吉。

小過，過之小者。聖人涉世豈有過乎？欲矯世勵俗則不可无過。過无大小，過而得其正則君子也，過雖小而不正則小人也。小過所以利貞也。《小過》自《中孚》而來，六爻相變，上下反合，《中孚》則柔在内而剛得中，《小過》則剛在内而柔得中，皆指二五也。《小過》柔在外而得中，故可小事；剛在内而不中，故不可大事也。

小過之世，陰柔得位而爲主，上下皆小人也。君子于此時有飛鳥之象焉。「鳥飛而遺其音」，猶君子當遐舉遠引而棄其聲名之時也。二剛在内，君子也。四雖上承于五而進則犯上，故不宜上。二能承三，三退則得所承，故宜下也。因時乘理，知難而退，吉孰如之？故大吉也。

《彖》曰：小過，小者過而亨也。過以利貞，與時行也。柔得中，是以小事吉也。剛失位而不中，是以不可大事也。有飛鳥之象焉。飛鳥遺之音，不宜上，宜下，大吉，上逆而下順也。

過而後亨，不過則否矣。周公誅管蔡以安王室，蓋不誅則王室危矣，周公之過不亦宜乎？故過而後能亨也。「過以利貞，與時行」者，時可以過而不過則失其幾。趨時之宜，其不正乃所以爲正也。二與五皆得中正之位，陽爲大，陰爲小，故小往大來爲《泰》，而大往小來爲《否》。

柔得中，是小者得中，故小事吉也。三四處非其位，剛失位，故不可大事也。若大過之世，則二五得位，故獨立不懼，遯世无悶，剛過而中，大者過也，故可大事也。卦體有飛鳥之象，四陰據有爲之地，如鳥之翼，二陽居内，其腹背也。沖舉者翼也。鳥之頡頏上下，翼實制之。小過之時，君子處无用之地，小人得時。當斯時也，知不可有爲則消聲匿迹，安于卑位則吉矣。

《象》曰：山上有雷，小過。君子以行過乎恭，喪過乎哀，用過乎儉。

《豫》卦言：「雷出地奮，豫。」雷之出地，物皆悦豫。「山上有雷」則其聲必震，驚遠而懼邇，所以爲小過。雷本以震物，非過之大。過恭、過哀、過儉，无傷于德，特未中乎禮之宜耳。行過乎恭，萬石君是也；喪過乎哀，曾參是也；用過乎儉，晏平仲是也。此過之小者，君子有時而爲之，所以矯正一時誕謾流蕩之俗，是皆有補于世教，聖賢君子不可免之過也。

初六，飛鳥以凶。

《象》曰：飛鳥以凶，不可如何也。

初以陰柔處于艮下，可止者也，而正應在四，四爲動初，性復剛躁，既牵于所應，不能静止，如鳥之飛，未知所棲宿，則有矰繳之禍，凶之道也。飛鳥迅疾，其離網罟畢弋之患間不容髮，其可救乎？故《象》曰：「不可如何也。」不可如何者，吾末如之何也已。

六二，過其祖，遇其妣，不及其君，遇其臣，无咎。

《象》曰：不及其君，臣不可過也。

六二以陰居陰，臣子之道也。當小過之世，宜有過者。小過之世，以中爲所遇也。配祖者妣也，承君者臣也，皆謂二也。二下配乎祖而上應于君，二與初相比，與五相應，陰柔在下而不敢越，故曰遇也。爲臣而能盡臣道，不敢過而當臣之分，何咎之有哉？

九三，弗過防之，從或戕之，凶。

《象》曰：從或戕之，凶如何也！

九三以陽剛而處下卦之上，上六以陰柔而爲之正應，此君子小人異趨而苟合者。九三恃其剛正，徑情直行而不爲過防之謀，必爲所害矣。戕，賊害之也。小人常有害君子之心，能深思慮患而過防之，或可免咎，不然其凶必矣，故曰「從或戕之，凶」也。既爲小人所害，雖有明智之士不能爲之計矣，故《象》曰「從或戕之，凶如何也」。如何者，言末如之何也已。

九四，无咎，弗過遇之。往厲必戒，勿用永貞。

《象》曰：弗過遇之，位不當也。往厲必戒，終不可長也。

小過之世，上下四陰，二陽處无用之地，是剛不勝柔，又履非其位，惟晦迹同塵，危行言遜，避禍可也。以陽剛而過于陰柔，弗敢過也，乃合其宜，故曰「无咎，弗過遇之」。方群陰用事、小人得路之時，求動而進則危矣，故當戒慎恐懼，亦勿固守其静貞而昧於幾權也。處小人之間，求進則爲所擠陷，守節則爲所忌嫉，蓋處位不當，姑静以俟天道之復而已。故《象》曰：「弗過遇之，位不當也。往厲必戒，終不可長也。」言小人之過，其敗不旋踵也。

六五，密雲不雨，自我西郊。公弋取彼在穴。

《象》曰：密雲不雨，已上也。

《小過》四陰而二陽，陰柔而處五，爲小過之時陰盛而不能有所施，有密雲之象。西，陰方也。以陰柔而處小過之時，雖得尊位，豈能流寬大之澤于天下？故如密雲不雨，失來蘇之望也。《小畜》之《象》曰：「密雲不雨，尚往也。自我西郊，施未行也。」小過之時，五爲之主。「公」謂五也，王、公皆尊稱也。「公弋而取彼在穴」，失三驅之義。夫三驅之禮，禽逆未從已則捨之，取其有向順之心。孔子弋不射宿，今乃取彼在穴，則物不得遁矣，故去王而稱公，斯小過之義也。《象》言「密雲不雨，已上」者，陰氣已上，至于盛極而陽不應，所以不能雨，成施物之功。上而能下則及物矣，雨自上下者也。今上而不下，不能成雨，故曰「已上也」。

上六，弗遇過之。飛鳥離之，凶，是謂災眚。

《象》曰：弗遇過之，已亢也。

上六以陰柔而居震動之極，弗當于位，弗遇于理，過之極也。如鳥之飛，必離矰繳之患，凶其宜矣。君子制行，適于中而已，太卑與亢皆致凶之道，故初與上皆飛鳥之象，初太卑而上亢極也。災由外來，眚自己取，皆凶之實也。

《象》曰「弗遇過之，已亢」者，動而過之，上下皆陰，處于卦極，于時爲已亢也。四以陽承陰，知所尊事，故弗過遇之；上六以陰過中，過其君也，故弗遇過之，四所以得无咎而上爲已亢也。

䷾ 離下坎上

既濟：亨小，利貞，初吉終亂。

聖人身履險難，以撥亂興衰，既定之後，如乘舟已濟，此離下坎上卦之所以爲《既濟》也。險難在上，非明者孰與濟之？亨小，言小者亨也。既濟之後，大者已亨，又能亨其小，則物无不亨矣。物无不亨則天下安定，以正固守之則可以永保其安矣。初吉終亂，言治安之難保也，此唐魏徵對太宗以守成之難于創業也。明皇用姚崇、宋璟則治，用李林甫、楊國忠則亂；德宗用陸贄則安，用盧杞則危。以此知危亡之禍當在既濟之後，古人所以不畏多難而畏无難也歟！

《彖》曰：既濟，亨，小者亨也。利貞，剛柔正而位當也。初吉，柔得中也。終止則亂，其道窮也。

既濟，亨小，非所亨者小，蓋无小而不亨也，故曰「小者亨也」。陽大而陰小，故《泰》言「小往大來」，《既濟》三陽皆處三陰之下，以陽下陰，是大者既濟而能亨其小者也。當既濟之時，三陰三陽各當其位，二與四以陰居陰，三與五以陽居陽，此君子小人各得其所之象，故孔子釋利貞曰「剛柔正而位當也」。夫以明濟險，以柔濟剛，以陰濟陽，何往而不濟乎？故初吉也。

《既濟》自《泰》卦而來，乾以二升而之五，坤以五降而之二，陰陽相易而成《既濟》，然水火之性燥濕不同，非水滅火則火亦能耗水，況水在火上，炎上潤下之性豈能終止乎？惟道家龍虎顛倒之術，腎水之真火、心液之真水交之有時，用之有數，然亦危道也，不然，長生不死之術夫人而能爲之矣。蓋《既濟》之後復爲《未濟》，循環无窮乃能成道，未有止而不亂者，非達乎進退存亡之幾、明乎消息盈虛之理者，曷足以知此？

《象》曰：水在火上，既濟。君子以思患而豫防之。

水在火上，所以相濟以成造物之功，然水火之性本不同也，若已濟而不知治亂安危之幾，則水火相息，有時而傾覆矣。君子體此象以思患而豫防之，故居安則慮危而不敢安其位，當治而思亂則不敢有其治。豫防者，沉幾先物，必有超乎衆人思慮之外者，故危難既濟之後，又能消患于未萌之前。《鴟鴞》之詩曰：「迨天之未陰雨，徹彼桑土，綢繆牖户。」周公可謂知此矣。

初九，曳其輪，濡其尾，无咎。

《象》曰：曳其輪，義无咎也。

初以剛動之才，履險涉深以應上者也。當既濟之初，物皆求濟，故不避險難而曳其輪，濡其尾，故得无咎也。輪運車中者，履險故曳輪；尾處獸後，涉河故濡尾。卦有自内適外者，則以初爲尾，《遯》與《既濟》《未濟》是也。《象》曰「曳其輪，義无咎」者，聖人救時之志，雖轍環天下，人莫得而議之，何咎悔之有乎？

六二，婦喪其茀，勿逐，七日得。

《象》曰：七日得，以中道也。

上水下火卦之爲《既濟》。火之于水，妻道也，六二正應九五，故有婦之象焉。茀者，所以屏蔽而爲容飾者也。婦人欲有所行，必有屏蔽之飾，喪其茀，无以屏蔽，勿可行也。既濟之時，雖君臣相應，然君當求臣以自濟，禮貌不至，幣聘不先，雖退而窮處可也。六二處中正之位，人君欲共濟天下，捨我其誰哉？故勿逐，七日必得也。《象》言「七日得，以中道」者，所履中正，志應在五，君臣之義終无失也。陰陽消長之理不過七日，《復》卦言「七日來復」是也。

九三，高宗伐鬼方，三年克之。小人勿用。

《象》曰：三年克之，憊也。

九三雖非君位，以陽寓陽，剛健之至，故以當高宗威武之君也。水火燥濕異性，有戰伐之象。鬼方，幽陰之方，遠役也。三年克之，疲憊之甚。傅説嘗誨以「干戈省厥躬」，則高宗之失蓋在于此。使當時已有一傅説，必能諫止之，以此知高宗嘗用小人矣，故《易》舉以爲萬世之戒。唐太宗伐遼之役，其勞人費財，後亦悔誤，乃嘆曰：「使魏徵在，必无此行。」然則興衰撥亂之主既濟之後，乃欲貪土地、求貨財，用兵不已以疲憊中國，未有不亂亡者。秦、隋之末是已。陸希聲曰：「三年然後克之，言其功之晚也。君子居之其力猶憊，小人用之則必喪邦。水火之性極則相反，猶君子小人也。」豈不然哉？

六四，繻有衣袽，終日戒。

《象》曰：終日戒，有所疑也。

六四處近君之位，人君恃以濟難，猶舟楫也。善濟莫如舟，非有以預備之，則有沉溺之變。先儒以「繻」爲「濡」。衣袽所以塞舟漏也，以象危懼可畏之狀。聖人于既濟之時，思患而豫防之，无所不至，既有防患之具，又終日戒慎，惴惴然常若處漏舟之上，則禍亂何由而至乎？此處既濟之時也。四在高位，當既濟之後，功業已盛，主所疑也，非深自戒慎，其能免乎？自古人臣有濟難之才，功高位重而主不疑者，漢有張良，唐惟郭子儀，蓋其自處有道也，故《象》曰「終日戒，有所疑也」。

九五，東鄰殺牛，不如西鄰之禴祭，實受其福。

《象》曰：東鄰殺牛，不如西鄰之時也。實受其福，吉大來也。

九五爲既濟之主，時方已濟，未有不湛溺者。聖人于此致其防微杜漸之意，故雖祭祀之間，未嘗不示以儉約，故殺牛之豐不如禴祭之薄也。古之祭者必有其時，天地鬼神其可以非道干之乎？九五以一陽而處坎之中，中實而有孚信者也。聖人求福之道，孚信而已。祭祀以時，雖蘋蘩之薦、二簋之薄亦足以交神明。若徒繁文而誠不至，物豐而時未可，神其吐之矣。

東、西者，陰陽之位。「東鄰」謂紂，「西鄰」謂文王也。爻辭但言「不如西鄰之禴祭」，而孔子乃云「不如西鄰之時」，則知殺牛爲非時矣。使當其時，豈必皆用禴祭乎？時之既濟，守常足矣，而求福于非常，如祭之非時而徒事繁文者，未必獲福。苟有誠信，吉大來也。六五履尊居正，其獲福必矣，故《象》曰「實受其福，吉大來也」。

上六，濡其首，厲。

《象》曰：濡其首，厲，何可久也？

上以陰柔而處无難之極，湛于宴安而不知變，又无剛果能濟之才以乘剛履險，其危可知。居既濟之終，水火二姓各欲返其位，如《泰》之上六是已，故有濡首之象焉。聖王兼濟天下之道，必爲長久之計，既濟之終而濡其首，若沉溺于宴安而不知返者，其危亡可立而待也。

䷿ 坎下離上

未濟：亨，小狐汔濟，濡其尾，无攸利。

《未濟》雖陰陽各不當位，而上下内外有應，故有亨之理。方時多難，君臣同心，上下協力，事无不濟者，此未濟所以亨也。狐雖多疑而小者勇決，衆皆疑而未濟，三陰得位而有應，此幾之可以自濟也，故曰「小狐汔濟」也。汔，幾也。「濡其尾，无攸利」者，欲濟而濡其尾，是終不能濟，故无所往而利也。

《彖》曰：未濟，亨，柔得中也。小狐汔濟，未出中也。濡其尾，无攸利，不續終也。雖不當位，剛柔應也。

《未濟》以柔得中，故亨。六五以陰柔而居尊位，爲未濟之主，將以求濟者也，而下有九二爲之正應，當未濟之時而得能濟之臣，如文王當紂之世得閎夭、散宜生之流，卒以濟大難也。「小狐汔濟，未出中」者，此言九二雖有剛健之才而未能出乎險中，故濡其尾，无攸利也。時之未可而意在必濟，故終之實難，聖人所以貴乎有始有卒也。然未濟終于必濟，以有上下之助也。水火之性本相違而實相濟，未濟者既濟之始，而既濟則未濟之終。坎、離，南、北之正，相爲終始者也，故曰「未濟，男之窮也」。韓康伯曰「剛柔失位，其道未濟，故曰窮也」，而程氏謂「三陽皆失位，聞之成都隱者」，此説本因于康伯，隱者之言適相契耳。至王輔嗣釋《履》卦曰「履，不處也」，亦謂陽爻皆以不處其位爲吉，其説豈不甚妙，奚必它求哉？

《象》曰：火在水上，未濟。君子以慎辨物居方。

火在水上爲《未濟》，如乾在坤上之爲《否》，水火相交，所以致用。今炎上者處乎上，潤下者處乎下，水火各行，坎、離不爲用，何以成造化之功？火在水上，所以爲《未濟》也。君子體此象以慎獨而不敢交物，各居其方而不相紊也。天地絪緼，萬物化醇，雲雷屯，乃君子經綸之時，聖人退藏于无用之地，何以慰生民之望乎？然則未濟者非聖人之得已也。

初六，濡其尾，吝。

《象》曰：濡其尾，亦不知極也。

險難之世，民方塗炭，非有絶人之才，未易濟也。初以陰柔居《未濟》之始，志欲有爲而才不足，雖履危涉難，奮不顧身而爲之，必有濡尾之憂，爲可吝也。夫舉事必有首尾終始之象也，善慮事者非始之難，終之實難，故曰：「有始有卒者，其惟聖人乎。」不能度才量力，徒勇于有爲而卒于不見成功，故可鄙吝也。極，終也。既濡其尾，則是不能克終，故《象》曰「亦不知極也」。

九二，曳其輪，貞吉。

《象》曰：九二貞吉，中以行正也。

人君當險難未濟之時，必資剛健中正之臣，然後能克濟大業。輪者，車所恃以行遠者也。非剛健中正者能之乎？九二之臣是也。九二上應六五之君，君之所恃猶之車有輪也，險難未平，能驅馳經營，雖轍環天下，必正而後吉也。曳其輪者，盡力于經營，如周公之于成王是也。觀周公勤勞王家，處危疑之地，責深任重而成王卒无所疑，非中以行正者，能之乎？

六三，未濟，征凶，利涉大川。

《象》曰：未濟，征凶，位不當也。

處險之極，以陰柔而居陽剛之位，以此求濟必不勝，動則危矣。然所應在上，水火之性雖相克而相濟，應于未濟之極，乃有可濟之道。坎、離處南、北陰陽之正，終必交際，故以涉大川爲利也。

九四，貞吉，悔亡。震用伐鬼方，三年有賞于大國。

《象》曰：貞吉，悔亡，志行也。

九四當未濟之時，居近君之位，當以柔順爲先，而九剛健，宜于有悔也。然能以剛行正，拯君之難，以盡臣道，故得吉而悔可亡也。鬼方，夷狄之險遠者也。震用伐鬼方，先聲所至，如雷之震動。此人臣假君之威權以震懾遐方，或不戰而屈人兵者，故雖三年之久而有賞于大國，如李牧之守雁門以備匈奴是也。異乎既濟之時，蓋既濟之時守成而已。《象》曰：「貞吉，悔亡，志行也。」人臣未嘗无欲行之志，非信任之專，安能遂其素志哉？

六五，貞吉，无悔。君子之光，有孚吉。

《象》曰：君子之光，其暉吉也。

興衰撥亂之主，非剛健之才未易濟也。而六五當未濟之時，雖陰无斷，而賴九二剛健中正之臣爲之正應，四上二陽相爲夾輔，五處尊位有文明之德，能虛己而任用之，故貞吉而无悔也。无悔者，直无可悔之事，非止悔亡而已。孟子以有諸己之謂信，積而至于充實而有光輝之謂大〔一〕。五體離之中，有文明之象，故稱其光，而《象》曰「其暉吉」者，光之發散爲暉，有君子之光其散而見于

〔一〕「謂」，原無，據《孟子》（宋刻《四書章句集注》本）及上文句式補。

外者不可掩也，吉孰大焉？

上九，有孚于飲酒，无咎。濡其首，有孚失是。

《象》曰：飲酒濡首，亦不知節也。

上九處《未濟》之終，當坎離之極，理在必濟，蓋无平不陂，无往不復，否終則當復泰矣。當斯時也，非可矯妄而處，中心誠實，盡夫樂天知命之道，以飲食燕樂而已，如此，乃可无咎也。雖然，君子當未濟之時，安時處順可也，沉湎荒淫而不知止，則失其有孚之道矣，故《象》曰「飲酒濡首，亦不知節也」。如阮嗣宗、劉伯倫之徒，豈足以濟物哉？

附録

「文淵閣四庫全書」所收《讀易詳説》書前提要

臣等謹案：《讀易詳説》十卷，宋李光撰。光字泰發，上虞人。崇寧五年進士，官至參知政事，謚莊簡。事迹具《宋史》本傳。光爲劉安世門人，學有師法。紹興庚申，以論和議忤秦檜，謫嶺南，自號讀易老人，因攄其所得以作是書，故于當世之治亂，一身之進退，觀象玩詞，恒三致意。如解《坤》之六四云：「大臣以道事君，苟君有失德而不能諫，朝有闕政而不能言，則是冒寵竊位，豈聖人垂訓之義哉。故《文言》以括囊爲賢人隱之時，而大臣不可引此以自解。」又解《否》之初六云：「小人退黜之時，往往疾視其上，君子則窮通皆樂，未嘗一日忘其君。」解《蠱》之初六云：「天下蠱壞，非得善繼之子堪任大事，曷足以振起之。宣王承厲之亂〔一〕，修車馬，備器械，復會諸侯于東都，卒

〔一〕「厲」，原作「幽」，據文津閣本、《史記·周本紀》及《四庫全書總目》本書《提要》改。

成中興之功，可謂有子矣〔一〕，故考可以無咎。然則中興之業，難以盡付之大臣。《蠱》卦特稱父子者以此。」其因事抒忠，依經立義，大旨往往類此。

史載其紹興中奏疏云：「淮甸咫尺，了不經營；長江千里，不爲限制。晉元帝區區草創，猶能立宗社，修宫闕，保江浙，未聞專主避敵如今日也。」其退而著書，蓋猶此志矣。光嘗作胡銓《易解序》曰：「《易》之爲書，凡以明人事。學者泥于象數，《易》幾爲無用之書。邦衡説《易》，真可與論天人之際。」又曰：「自昔遷貶之士，率多怨懟感憤，邦衡流落瘴鄉，而玩意三畫，可謂困而不失其所亨，非聞道者能之乎？」其《序》雖爲銓作，實則自明其著述之旨也。書中于卦爻之詞，皆即君臣立言，證以史事，或不免間有牽合。然聖人作《易》以垂訓，將使天下萬世無不知所從違，非徒使上智數人，矜談妙悟，如佛家之傳心印、道家之授丹訣。自好異者推闡性命，鉤稽奇偶，其言愈精愈妙，而于聖人立教牖民之旨，愈南轅而北轍，轉不若光作是書切實近理，爲有益于學者矣。

自明以來，久無傳本，朱彝尊《經義考》亦云「未見」，兹從《永樂大典》薈萃成編，原缺《豫》《隨》

〔一〕「謂」，原作「爲」，據本書《蠱》卦初六爻辭傳文及文義改。

《无妄》《睽》《蹇》《中孚》七卦及《晉》卦六三以下〔二〕；其《復》與《大畜》二卦，《永樂大典》本不缺，而所載光解《復》卦缺後四爻〔三〕，《大畜》則一字不存，《繫辭傳》以下亦無解。其爲原本如是，或傳寫佚脱，均不可知，姑仍其舊。其書《宋史》作《易傳》，諸家書目或作《讀易老人解説》，或作《讀易詳説》，殊不畫一，而十卷之數則並同，殆一書而異名也。今從《永樂大典》，題爲《讀易詳説》，仍析爲十卷，存其舊焉。

乾隆四十六年九月恭校上

總纂官臣紀昀、臣陸錫熊、臣孫士毅

總校官臣陸費墀

《會稽續志·李光傳》

李光，字泰發，上虞人。入太學，登崇寧五年進士第。調衢州開化令，知平江府常熟縣。朱勔方

〔二〕「七卦」，《四庫全書總目》本書《提要》作「六卦」。按：此處稱「七卦」，但列舉僅六卦，檢《讀易詳説》知尚闕《大壯》卦。

〔三〕「《復》卦缺後四爻」，《四庫全書總目》本書《提要》作「《復》卦闕《大象》及後四爻」，檢《讀易詳説》知實不闕《大象》，《總目》誤。

以花石得幸，勢焰熏灼，光不爲屈，械繫其奴。勔怒，諷轉運使移光知吴江。光即日以狀上于郡，將致仕以歸。會有直其事者，而光挺挺自若，勔終不能害也。宣和二年，召爲太常博士。五年，遷司封員外郎。因進對極論時事，語及用事大臣，黜知桂州陽朔縣。召爲司勛員外郎，遷符寶郎。欽宗即位，權右司諫，首論宦官譚稹、梁方平喪師辱國，梁師成締交蔡京、王黼，表裏蒙蔽，罪皆當誅。遷侍御史，極論蔡攸、朱勔姦惡，請正典刑。有彗星出寅、艮間，議者謂外裔滅亡之證，光言：「《春秋》書災異以戒人君，不聞歸之外裔。」疏奏，耿南仲力排之，謫監汀州酒税。建炎元年，高宗即位于南京，除祕書少監，趣赴行在。會杭寇陳通爲變，道路不通，未及供職，除知江州，力辭得請，主管西京崇福宫。三年五月，除知宣州。九月，南陵報水軍叛于繁昌，逼縣境。光遣奇兵夜擊之，賊潰。十一月，金人入寇，郡縣皆不能支，光獨力修守備，金人不敢入境。

先是，宣之諸邑上供秋租，廪藏水際，以便舟楫。光悉令輸郡廪，人初不謂然，及後城困幾月，贍兵養民賴此以濟，始服光之先識。巨盜戚方破寧國，抵城下。光即日下令戒嚴，民六十以下十五以上悉登城，違者並以軍法。光設牙帳于南壁，躬撫士卒。賊圍益急，或請光盡室從西門遁去，光曰：「我一家獲全，其奈一城生靈何！」詰朝，誦言于衆曰：「昨暮有教光攜家潛出者，當以軍法從事。姑且置之。城脱或不保，引劍之計已決，義不汙賊手。」兵民感泣，其氣益倍。賊兵百道來攻，光隨宜應之。賊所屬意急攻者唯南壁，咸負户而登，守者束薪芻，灌以油，作火牛，乘風投之，盡爇賊所負，其衆披靡。城中遥見昭亭山神數見，人心益安。南水門有神龍，尾兩歧，見于光衣間。每賊攻急，龍輒至，光即其所立祠以禱。援兵至，賊自焚攻具請降，光不許，遂夜燒營遁去。据樞密樓炤《宣城事實》修入。除徽猷閣待制、知臨安府。

紹興元年九月，除知婺州。甫到郡，即入爲吏部侍郎。紹興二年，除吏部尚書。大將韓世清本苗劉黨，久駐宣州，橫甚，至擅發倉庫，招收逋逃，朝廷調發不行。光奏：「若不速行處置，竊慮日復一日，滋蔓難圖，伏望密詔大臣，乘其未發，早賜驅除。」未幾，除光淮西招撫使，將帶神武軍統制王瓔一軍人馬以行。因諉光取道宣城，分揀世清一軍。面授密旨，宰執皆不預聞。陛辭日，賜金帶、象笏，且有大用之語。是時朝廷草創，國用未裕，雖宰相猶服犀帶，是賜蓋異恩也。光以二月晦日至宣城，駐於城外。光度世清越日必至講月旦賀禮，預設方略以待之。詰旦，果至。光使人就縛于坐，世清出語頗不遜。光呼劊子至，欲行軍法。世清倉皇，但乞憐而已。光命檻赴行在，即出所降黄牓入城，曉諭兵衆，於一日之間分隸其兵，莫敢有喘息者。世清悍將，其軍精勇，是行僚屬爲光危之，而光乃擒之于談笑之頃。世清至行在，竟正典刑。三月，除端明殿學士、江南東路安撫大使兼知建康府兼壽春滁濠廬和無爲宣撫使。時太平州軍兵陸德爲變，因守臣，殺兵官，據城以叛，朝廷就委光措置，遂盡擒德黨。尋爲言者所攻，遂奉祠去。五年二月，除知湖州。七月，除知平江府。十一月，除禮部尚書。六年，除知温州。七年，除江南西路安撫大使。八年五月，除安撫制置大使。十月，除吏部尚書。十二月，除參知政事。

秦檜新得政，藉光舊望以鎮服中外。時金方通和，檜欲弛兵，撤淮甸武備，收諸將兵權。光極言其不可。檜以光異己，頗怨之。會有旨令宰執侍從各薦西北流寓之士，光前後所薦凡三十餘人，多知名士，檜皆指爲朋黨，置不問。一日，與光辯論于上前，詰難再三。檜辭〔一〕，光因奏：「觀檜之意，是欲壅蔽陛下耳目，竊弄威柄，誤國莫大于此，願陛下察之。」明日，留身乞去。上曰：「卿昨面叱秦檜，舉措如古人。朕退而嘆息，方寄卿以腹心，何乃引去？」光奏：「臣與宰相争論，不可留。」章九上，除資政殿學士，與郡。光辭，改提舉臨安府洞霄宫。十一年，安置藤州。十四年，移瓊州。二十年，移昌化。光既再謫，潘良貴、程瑀、胡寅皆以通書奪官，或鐫職。二十五年，秦檜死，始量移郴州。二十八年，聽自便。二十九年，卒于蘄州，年八十二。孝宗皇帝登極，追復資政殿學士，尋賜謚莊簡。

紹興初，戚方寇宣城，光極力守禦，城賴以全。宣人德之，相與繪像建祠。淳熙初，守臣因邦人之意請于朝，詔賜廟額曰褒烈。初，光嘗從劉安世講學，得其精微。故晚年遷謫，深入瘴地，遠涉鯨海，略不以爲意。人謂于死生禍福之際無所屈撓，實似安世云。在海外自號「博物居士」，日講《周

〔一〕「辭」下，嘉慶十三年刻本《會稽續志》有一「屈」字。

易》一卦，因著《易傳》十卷。其他著述有文集四十卷、《兵略》十卷、《神仙傳》十卷。

（録自《會稽續志》卷五「人物」，見「景印文淵閣四庫全書」第四八六册，第五〇八—五一〇頁）

《宋史·李光傳》

李光，字泰發，越州上虞人。童稚不戲弄，父高稱曰：「吾兒雲間鶴，其興吾門乎！」親喪，哀毁如成人，有致賻者，悉辭之。及葬，禮皆中節。服除，游太學，登崇寧五年進士第。調開化令，有政聲，召赴都堂審察，時宰不悦，處以監當，改秩，知平江府常熟縣。朱勔父沖倚勢暴横，光械治其家僮。沖怒，風部使者移令吴江，光不爲屈。改京東西學事司管勾文字。劉安世居南京，光以師禮見之。安世告以所聞於温公者，曰：「學當自無妄中入。」光欣然領會。除太常博士，遷司封。首論士大夫諛佞成風，至妄引荀卿「有聽從，無諫諍」之説，以杜塞言路；又言怨嗟之氣，結爲妖沴。王黼惡之，令部注桂州陽朔縣。安世聞光以論事貶，貽書偉之。李綱亦以論水災去國，居義興，伺光于水驛，自出呼曰：「非越州李司封船乎？」留數日，定交而别。除司勳員外郎，遷符寶郎。

郭藥師叛，光知徽宗有内禪意，因納符，謂知樞密院蔡攸曰：「公家所爲，皆咈衆心。今日之事，非皇太子則國家俱危。」攸矍然，不敢爲異。欽宗受禪，擢右司諫。上皇東幸，憸人間兩宫，光請集議奉迎典禮。又奏：「東南財用，盡於朱勔；西北財用，困於李彦；天下根本之財，竭於蔡京、王黼。名爲應奉，實入私室，公家無半歲之儲，百姓無旬日之積。乞依舊制，三省、樞密院通知兵民財計，與户部量一歲之出入，以制國用，選吏考核，使利源歸一。」

金人圍太原，援兵無功。光言：「三鎮之地，祖宗百戰得之，一旦舉以與敵，何以爲國？望詔大臣別議攻守之策，仍間道遣使檄河東、北兩路，盡起强壯策應，首尾掩擊。」遷侍御史。時言者猶主王安石之學，詔榜廟堂。光又言：「祖宗規摹宏遠，安石欲盡廢法度，則謂人主制法而不當制於法；欲盡逐元老，則謂人主當化俗而不當化於俗。蔡京兄弟祖述其説，五十年間毒流四海，今又風示中外，鼓惑民聽，豈朝廷之福？」蔡攸欲以扈衛上皇行宫因緣入都，光奏：「攸若果入，則百姓必致生變，萬一驚犯屬車之塵，臣坐不預言之罪。望早黜責。」時已葺擷景園爲寧德宫，而太上皇后乃欲入居禁中。光奏：「禁中者，天子之宫。正使陛下欲便温清，奉迎入内，亦當躬禀上皇，下有司討論典禮。」乃下光章，使兩宫臣奏知，於是太上皇后居寧德宫。

金人逼京城，士大夫委職而去者五十二人，罪同罰異，士論紛然，光請付理寺公行之。太原圍急，奏：「乞就委折彦質盡起晉、絳、慈、隰、澤、潞、威勝、汾八州民兵及本路諸縣弓手，俾守令各自部轄。其土豪、士人願爲首領者，假以初官，應副器甲，協力赴援。女真劫質親王，以三鎮爲辭，勢必深入，請大修京城守禦之備，以伐敵人之謀。」又言：「朱勔托應奉脅制州縣，田園第宅，富擬王室。乞擇清强官置司，追攝勔父子及奉承監司、守令，如胡直孺、盧宗原、陸寘、王仲閎、趙霖、宋晦等，根勘驅磨，計資没入，其强奪編户産業者還之。」李會、李擢復以諫官召。光奏：「蔡京復用，時會、擢迭爲臺官，禁不發一語；金人圍城，與白時中、李邦彦專主避敵割地之謀。時中、邦彦坐是落職，而會、擢反被召用，復預諫諍之列。乞寢成命。」不報。光丐外，亦不報。彗出寅、艮間，耿南仲輩皆謂應在外夷，不足憂。光奏：「孔子作《春秋》，不書祥瑞者，蓋欲使人君恐懼修省，未聞以災異歸之外夷也。」疏奏，監汀州酒税。

高宗即位，擢秘書少監，除知江州；未幾，擢侍御史，皆以道梗不赴。建炎三年，車駕自臨安移蹕建康，除知宣州。時范瓊將過軍，光先入視事，瓊至則開門延勞，留三日而去，無敢譁者。光以宣密邇行都，乃繕城池，聚兵糧，籍六邑之民，保伍相比，謂之義社。擇其健武者，統以土豪，得保甲萬餘，號「精揀軍」。又栅險要二十三所謹戍之，釐城止爲十地分，分巡内外，晝則自便，夜則守城，有警則戰。苗租歲輸邑者，悉命輸郡。初讙言不便，及守城之日，贍軍養民，迄賴以濟。事聞，授管内安撫，許便宜從事，進直龍圖閣。

杜充以建康降，金人奪馬家渡。御營統制王𤫉、王琨素不相能，至是，擁潰兵砦城外索鬥。光親至營，諭以先國家、後私讎之義，皆感悟解去。時奔將散卒至者，光悉厚賚給遣。有水軍叛于繁昌，逼宣境，即遣兵援擊，出賊不意，遂宵遁。進右文殿修撰。光奏：「金人雖深入江浙，然違天時地利，臣已移文劉光世領大兵赴州，併力攻討。乞速委宣撫使周望，約日水陸並進。」潰將邵青自真州擁舟數百艘，剽當塗、蕪湖兩邑間，光招諭之，遺米二千斛。青喜，謂使者曰：「我官軍也，所過皆以盜賊見遇，獨李公不疑我。」於是秋毫無犯。他日，舟過繁昌，或紿之曰：「宣境也。」乃掠北岸而去。

劇盜戚方破寧國縣，抵城下，分兵四擊。光募勇敢劫之，賊驚擾，自相屠蹂。朝廷遣統制官巨師古、劉晏兼程來援。賊急攻朝京門，纜竹木爲浮梁以濟。須臾，軍傅城，列砲具，立石對樓。光命編竹若簾揭之，砲至即反墜，不能傷。取椏木爲撞竿，倚女墻以禦對樓，賊引却。劉晏率赤心隊直擣其砦，賊陽退，晏追之，伏發遇害。師古以中軍大破賊，賊遁去。初，戚方圍宣，與其副並馬巡城，指畫攻具。光以書傅矢射其副馬前，言：「戚方窮寇，天誅必加，汝爲將家子，何至附賊。」二人相疑，攻稍緩，始得爲備，而援師至矣。嘗寘匕首枕匣中，與家人約曰：「城不可必保，若使人取匕首，我必死。汝輩宜自殺，無落賊手。」除徽猷閣待制、知臨安府。

紹興元年正月，除知洪州，固辭，提舉臨安府洞霄宫。除知婺州，甫至郡，擢吏部侍郎。光奏疏極論朋黨之害：「議論之臣，各懷顧避，莫肯以持危扶顛爲己任。駐蹕會稽，首尾三載。自去秋迄今，敵人無復南渡之意，淮甸咫尺，了不經營，長江千里，不爲限制，惴惴焉日爲乘桴浮海之計。晉元帝區區草創，猶能立宗社，修宫闕，保江浙。劉琨、祖逖與逆胡拒戰於并、冀、兗、豫、司、雍諸州，未嘗陷没也。石季龍重兵已至歷陽，命王導都督中外諸軍以禦之，未聞專主避狄如今日也。陛下駐蹕會稽，江浙爲根本之地，使進足以戰、退足以守者，莫如建康。建康至姑熟一百八十里，其隘可守者有六：曰江寧鎮，曰磵砂夾，曰采石，曰大信，其上則有蕪湖、繁昌，皆與淮南對境。其餘皆蘆蓧之場，或碕岸水勢湍悍，難施舟楫。莫若預於諸隘屯兵積粟，命將士各管地分，調發旁近鄉兵，協力守禦。乞明詔大臣，參酌施行。」

時有詔，金人深入，諸郡守臣相度，或守或避，令得自便。光言：「守臣任人民、社稷之重，固當存亡以之。若預開遷避之門，是誘之遁也，願追寢前詔。」上欲移蹕臨安，被旨節制臨安府見屯諸軍，兼户部侍郎、督營繕事。光經營撙節，不擾而辦。奏蠲減二浙積負及九邑科配，以示施德自近之意。戚方以管軍屬節制，甚懼，拜庭下。光握手起之，曰：「公昔爲盜，某爲守，分當相直；今俱爲臣子，當共勉力忠義，勿以前事爲疑。」方謝且泣。兼侍讀，因奏：「金人内寇，百姓失業爲盜賊，本非獲已，尚可誠感。自李成北走，群盜離心，儻因斯時顯用一二酋豪，以風厲其黨，必更相效慕，以次就降。」擢吏部尚書。大將韓世清本苗傅餘黨，久屯宣城，擅據倉庫，調發不行。光請先事除之，乃授光淮西招撫使。光假道至郡，世清入謁，縛送闕下伏誅。初，光於上前面禀成算，宰相以不預聞，怒之。未至，道除端明殿學士、江東安撫大使、知建康府、壽春滁濠廬和無爲宣撫使。時太平州卒陸德囚守臣，據城叛，光多設方略，盡擒其黨。

秦檜既罷，吕頤浩、朱勝非並相，光議論素與不合。言者指光爲檜黨，落職奉祠。尋復寶文閣待制、知湖州，除顯謨閣直學士，移守平江，除禮部尚書。光言：「自古創業中興，必有所因而起。漢高因關中，光武因河内，駐蹕東南，兩浙非根本所因之地乎？自冬及春，雨雪不已，百姓失業，乞選臺諫察實以聞。兼比歲福建、湖南盜作，范汝爲、楊么相挺而起，朝廷發大兵誅討，殺戮過當。今諸路旱荒，流丐滿路，盜賊出入。宜選良吏招懷撫納，責諸路監司按貪贓，恤流殍。」議臣欲推行四川交子法于江浙，光言：「有錢則交子可行。今已謂椿辦若干錢，行若干交子，此議者欲朝廷欺陛下，使陛下異時不免欺百姓也。若已椿辦見錢，則目今所行錢關子已是通快，何至紛紛？其工部鑄到交子務銅印，臣未敢給降。」除端明殿學士，守台州，俄改温州。

劉光世、張俊連以捷聞。光言：「觀金人布置，必有主謀。今已據東南形勢，敵人萬里遠來，利於速戰，宜戒諸將持重以老之。不過數月，彼食盡，則勝算在我矣。」除江西安撫、知洪州兼制置大使，擢吏部尚書，逾月，除參知政事。時秦檜初定和議，將揭榜，欲籍光名鎮壓。上意不欲用光，檜言：「光有人望，若同押榜，浮議自息。」遂用之。同郡楊煒上光書，責以附時相取尊官，墮黠虜姦計，隳平時大節。光本意謂但可因和而爲自治之計。既而檜議徹淮南守備，奪諸將兵權，光極言戎狄狼子野心，和不可恃，備不可徹。檜惡之。檜以親黨鄭億年爲資政殿學士，光於榻前面折之，又與檜語難上前，因曰：「觀檜之意，是欲壅蔽陛下耳目，盜弄國權，懷姦誤國，不可不察。」檜大怒，明日，光丐去。高宗曰：「卿昨面叱秦檜，舉措如古人。朕退而嘆息，方寄卿以腹心，何乃引去？」光曰：「臣與宰相争論，不可留。」章九上，乃除資政殿學士、知紹興府，改提舉臨安府洞霄宫。十一年冬，中丞万俟卨論光陰懷怨望，責授建寧軍節度副使，藤州安置。越四年，移瓊州。居瓊州八年，仲子孟堅坐陸升之誣以私撰國史，獄成；吕愿中又告光與胡銓詩賦倡和，譏訕朝政，移昌化軍。論文考史，怡然自適。年逾八十，筆力精健。又三年，始以郊恩，復左朝奉大夫，任便居住。至江州而卒。孝宗即位，復資政殿學士，賜謚莊簡。

（録自百衲本《宋史》卷三六三，上海涵芬樓影印元至正刊本，並以明成化刊本配補）